gnaz graf v. Attems | Alloysia Gr. v. Inzaghi | Carl Graf zu Lodron | Therese Fr. v. Gumpenberg

riedrich Gr. v. Attems | Thekla Gr. zu Lodron

Anna Gräfin v. Attems

Spiegelfeld

MEIN STAMMBAUM STEHT IN ÖSTERREICH

Gisbert Spiegelfeld

MEIN STAMMBAUM STEHT IN ÖSTERREICH

Erzähltes und Erlebtes

VERLAG FÜR SAMMLER GRAZ

Umschlagbild: Schloß Oberkindberg um 1870

Bild auf der Rückseite des Buches:
Thekla Attems-Lodron mit Schwester und Tochter bei einer Ausfahrt im Grazer Feld.
Ölgemälde v. Ebersberg 1866.

ISBN 3-85365-065-1

Printed in Austria

Inhalt

Vorwort

Die Genealogie, die Wissenschaft von Ursprung, Folge und Verwandtschaft der Geschlechter wurde von allen Kulturvölkern dieser Erde seit undenklichen Zeiten gepflegt. Überall, wo Familientraditionen hochgehalten wurden oder wo sich Ansprüche auf Macht und Besitz aus Erbfolge und Blutlinien ableiten ließen, wo es um Erhaltung von Recht und Ansehen ging, waren Menschen zu allen Zeiten um Nachweise ihrer Abstammung bemüht. Die Bücher des Alten Testamentes der Heiligen Schrift lieferten den Königen der Stämme des Gottesvolkes nach dessen Teilung den Nachweis ihrer Abstammung von den Erzvätern und bilden in gleicher Weise die genealogischen Grundlagen für die Geschlechtsregister Jesu Christi aus den Federn der Evangelisten Matthäus und Lukas. Der Islam ist um sorgfältige Beweise der Abstammung und der Nachkommenschaft seines Religionsstifters Mohammed bemüht, und dem heutigen Kaiser von Japan, der noch vor wenigen Jahren göttliche Verehrung genoß, wird die direkte Deszendenz von der Sonnengöttin Amaterasu zugeschrieben. Seit sich die Genealogie zu einer wirklichen Wissenschaft entwickelt hat, bilden die Grundlagen ihrer Forschung Urkunden, Lehenbücher, Kirchenbücher, Adels- und Universitätsmatrikeln, Bürger- und Ratslisten, Innungsverzeichnisse, Grabmäler und vorhandene Geschlechterreihungen. Die beiden Hauptformen tabellarischer Demonstration sind

Stammtafel und Ahnentafel. Die Stammtafel zeigt in graphischer Form die Geschlechterfolge aller von einem gemeinsamen Vorfahren abstammenden Glieder eines Geschlechtes. Schon frühzeitig bediente man sich hiebei der bildlichen Darstellung eines Baumes, dessen Wurzeln aus dem Leib des gemeinsamen Vorfahren sprießen und in dessen verzweigten Ästen die späteren Nachkommen angeführt sind. In umgekehrter Weise zeigt die Ahnentafel die väterlichen und mütterlichen Vorfahren einer bestimmten Person, und zwar je in einer Ebene 2 Eltern, 4 Großeltern, 8 Urgroßeltern und so fort in einer nach oben fortgesetzten Reihung der sich von Ebene zu Ebene verdoppelnden Generationen von Vorfahren. Da auch diese Darstellung dem Schema eines sich in der Höhe weit verzweigenden Baumes ähnelt, hat man sich auch hiefür der graphischen Form eines Stammes mit vielen Ästen und Zweigen bedient und diese ebenfalls als Stammbaum bezeichnet.
Jeder Mensch hat seinen Stammbaum. Und gerade so, wie jeder Mensch ein einzelnes und unverwechselbares Individuum ist, ist kein Stammbaum auf dieser Welt dem anderen gleich, mit Ausnahme der von leiblichen Geschwistern. In der Theorie sind natürlich alle Stammbäume einer Menschheitsgeneration gleich „alt", d.h. in ihrer höchsten Verzweigung gleich „hoch". Der jeweils höchste Zweig müßte Adam und Eva zeigen, die Stammeltern des Menschengeschlechtes. Die Ahnenreihe eines Menschen kann demnach nur fälschlicherweise als besonders „lang" oder besonders „kurz" bezeichnet werden. Somit unterscheiden wir uns also nicht in der Anzahl der Generationen von Vorfahren, sondern lediglich in der Kenntnis und Nachweisbarkeit deren Identität. Je bedeutender diese Vorfahren oder zumindest einzelne unter ihnen in ihrem Leben gewesen sind, je deutlicher ihr Bild aus dem grauen Nebel der Vergangenheit hervorleuchtet, je mehr Erinnerungen an ihre Existenz sie ihrer Nachwelt hinterlassen haben, um so leichter wird es einem späten Nachfahren fallen, sie als seine Aszendenten nachzuweisen. Und je mehr Aszendenten nachgewiesen sind und je höher die Generationen, denen sie angehört haben, um so vollständiger und „älter" wird sich der Stammbaum des späten Nachfahren gestalten.
Es werden gewiß nicht immer nur historisch bedeutsame Menschen mit edler Gesinnung und ruhmvollen Taten einen „alten" und ehrwürdigen Stammbaum zieren. Unter den 126 Vorfahren, die ein vollständiger Stammbaum über 6 Generationen, also bis zu den Ururururgroßeltern enthält, werden in jedem Falle auch historisch völlig unbedeutende Ahnen in mehr oder weniger großer Anzahl enthalten sein.
Die Bedeutsamkeit mancher anderer mag oft gar nicht in ruhmreichen Leistungen liegen, sondern eher in der Besonderheit ihres Charakters, wohl auch im negativen Sinne, oder in manch fehlerhaftem Verhalten. Das Alter unserer nachgewiesenen Abstammung

und die „Reinheit" unseres Stammbaumes besagt nur wenig über die Qualitäten unserer Vorfahren, die ja alle nur Menschen waren mit all ihren Fehlern und Schwächen, mit ihren Sorgen und Nöten, mit ihren Trieben und ihrem Versagen zu allen Zeiten, ehedem wie heute. Dessen sollte sich der stolze Betrachter seines eigenen Stammbaumes stets bewußt sein.

Im übrigen sollten die Ergebnisse der genealogischen Forschung nicht überschätzt werden. „Mater semper certa, pater saepe incertus".

Sogar der erste Teil dieser bedauernswerten Tatsache ist anfechtbar. Wäre dem nicht so, hätte Salomons Weisheit anläßlich seines berühmt gewordenen Urteils nicht bemüht werden müssen. Was aber den zweiten, den väterlichen Teil obigen Zitates betrifft, so hat mein Vater, der über beträchtliche genealogische Erfahrungen verfügte, des öfteren geäußert, eine Garantie für das tatsächliche Zutreffen seines Stammbaumes übernehme er nur bis zu inklusive seinen Großmüttern. Und mein Vater war ein gütiger und großzügiger Mann.

Ich sagte schon, daß jeder Mensch seinen Stammbaum hat. Aber nur wenige kennen ihn. Und nur ganz wenige pflegen ihn. Man muß kein Genealoge sein, um seinen Stammbaum zu kennen und zu pflegen. Ein wenig Interesse an der Vergangenheit der eigenen Familie und eine gewisse Sammlerleidenschaft sind schon vorauszusetzen. Ein Grundstock an Daten und Unterlagen ist meist vorhanden. Unsere Vätergeneration war ja von der um „Rassenreinheit" besorgten Obrigkeit unseligen Angedenkens gezwungen worden, ihre Abstammung per „Ahnenpass" nachzuweisen, wodurch das ganze Volk der Deutschen mit einemmal zu Ahnenforschern wurde, die Kirchenbücher und Matrikeln von Pfarr- und Gemeindeämtern durchstöberten. Seither hat fast jeder von uns eine knappe Vorstellung von seinem Stammbaum, zumindest von den unteren Ästen. Um sich etwas höher hinaufzuschwingen, bedarf es schon gründlicherer „Pflege". Mit Fleiß und Spürsinn ist Vergessenes aufzudecken und Unbekanntes zu erforschen. Aus trockenen Daten und kurzen Notizen entstehen zunächst graphische Tabellen, die später von kundiger Hand zum kunstvollen Bild des Stammbaumes gestaltet werden.

Die alten Adelsgeschlechter freilich bedurften nicht erst des Anstoßes durch die Rassentheorien der braunen Machthaber. Das Klettern in eigenen oder nahestehenden Stammbäumen war in diesen Kreisen seit Jahrhunderten ein ungemein beliebter Sport. Es wurden, was die erklommenen Höhen im stammeseigenen Geäst anlangte, oft regelrechte Wettkämpfe ausgetragen. Kein Wunder, daß innerhalb dieses Standes viele Genealogen heranwuchsen, deren Wissenschaft mit der Zeit so etwas wie ein standesgemäßes Teilgebiet der Allgemeinbildung wurde.

Der geehrte Leser dieser Aufzeichnungen wird gebeten, an meiner Hand die Äste meines Stammbaumes zu erklimmen und sich etliche bemerkenswerte Blüten in seinem Gezweig anzusehen. Keine Angst, ich werde ihn nicht allzuhoch hinaufzerren, ich will auch dafür sorgen, daß er sich nicht verirrt. Die Blüten, die ich ihm zeigen will, sind nicht immer nur schön, es sind auch absonderlich gestaltete darunter, solche mit eigenartigem Duft, manche schillernd in prächtigen Farben, anziehend und gefährlich zugleich für das honigsuchende Insekt, strotzend von künftiger Fruchtbarkeit die einen, andere aber still und bescheiden im Schatten verblühend.
Der Leser möge sich nicht stoßen an den komplizierten Bezeichnungen der Gewächse, die ich ihm zeigen werde im hohen Geäst; das ist nun einmal so in der Botanik – und auch in der Genealogie. Es sind lange Namen mit vielen Titeln und Prädikaten, hinter denen stets nur irdische Geschöpfe stehen, Menschen, wie wir alle, nackt und in Unschuld geboren. Sie alle haben ihre Spuren über die steinigen Straßen dieser Welt gezogen, manche rüstig vorwärtsschreitend, andere auf krummen Bahnen unüberwindbare Hindernisse umgehend. Die einen hochgereckten Hauptes, das Ziel fest im Blick, die anderen gebeugt unter schwerer Last, todesmatt schon am Beginn ihres Weges. Ihr Ende haben sie alle erreicht. Und was an ihnen irdisch war, liegt in tiefen Gräbern und Grüften unter schweren steinernen Platten. Die langen klingenden Namen in goldenen Lettern, die steingeschnittenen Wappen darauf, vermögen nichts zu ändern daran, daß darunter menschliches Gebein der Ewigkeit entgegenmodert, im Tode gleich allen Geschöpfen dieser Erde.

„VÄTERLICHERSEITS“

Wappen der Grafen von Spiegelfeld.

Pensionierte „Pensionopolis“

Ich kam in Graz zur Welt. Die Welt war damals gar nicht in Ordnung und hierzulande stimmte überhaupt nichts.

Noch keine fünf Jahre waren vergangen, seit der Erste Weltkrieg beendet war und die ehrwürdige alte Donaumonarchie sich in unzählige Bestandteile aufgelöst hatte.

Das kleine neue Österreich war sich noch nicht einmal seines Namens sicher und noch weniger seiner Zukunft. Viele große Politiker des Auslandes gaben ihm keine Überlebenschance und manchen von ihnen war dies recht. Aber noch viel mehr eigene Staatsbürger bezweifelten die Lebensfähigkeit ihres Landes, die sich ja nun wirklich nirgends abzeichnete. Und auch hier wiederum war es manchen recht. Heute sagt man, daß Österreich damals ein Staat war, den keiner wollte. Das ist natürlich übertrieben, denn es gab sehr viele Menschen, die ihrer Heimat auch jetzt noch, da sie klein und schäbig geworden war, in Liebe anhingen und vieles auf sich nahmen an Opfern und Entbehrung, um dem neuen Österreich das Leben zu erhalten.

Ich meine jetzt nicht sosehr die geistigen und vielleicht auch leiblichen Väter und Großväter jener zahlreichen Gruppe heutiger Österreicher, für die der Begriff Österreich und seine Geschichte erst im Jahre 1918 überhaupt zu existieren begannen. Ich will deren Verdienst um den Aufbau des neuen Staatswesens keinesfalls schmälern. Aber ich denke, so einfach, oder besser, so einseitig kann es nicht gewesen sein. Denn die Grundlagen, die dieser neue Staat zum Leben brauchte, mußten von allen seinen aufbauwilligen Bürgern beigebracht werden. Und daß es solche Bürger in allen getrennten Lagern dieses Landes gab, ist sicher, und ebenso sicher scheint mir, daß Österreich

neben dem neuen und vielfach revolutionärem Gedankengut auch wesentliche Werte und Erfahrungen aus seiner Vergangenheit benötigt und erhalten hat, um seinen drohenden Untergang zu überleben. Gewiß hat es viele Leute gegeben, und ich habe später so manche von ihnen gekannt, für die mit dem Zusammenbruch des alten Habsburger Reiches ihre Welt untergegangen war, die das Gestern glorifizierten und das Heute verachteten und die kein Morgen sehen konnten, weil sie den Weg dorthin mit rückwärts gewandtem Gesicht betraten. Und gewiß standen ihnen gegenüber jene Menschen, die vermeinten, daß für sie nach einer langen Finsternis nunmehr die Morgenröte im Osten stand, und die aus ihrer Vergangenheit nichts, aber auch gar nichts mitzunehmen bereit waren auf ihren Weg in die Zukunft. Die Gegensätzlichkeit dieser beiden Gruppen schien wie eine unüberbrückbare Kluft und sollte sich noch etliche Jahre später in dramatischer Art als solche erweisen. Aber dann war da noch jene Gruppe von Patrioten, die die Realität erkannten und anerkannten und die bereit waren, diesen neuen Staat Österreich zu lieben und ihm zu dienen und die zugleich das Andenken an den alten ehrwürdigen Vielvölkerstaat blutwarm im Herzen trugen und dem entmachteten Repräsentanten in respektvoller Trauer verbunden blieben.
Es gab also sehr wohl Menschen, die den Staat, den niemand wollte, das neue Österreich, sehr wohl wollten. Zu diesen Menschen zählten sich wohl die meisten Mitglieder des Adels, jenes Standes, dem meine Familie seit Jahrhunderten angehörte, so auch alle meine Verwandten und natürlich auch meine Eltern. Wenn ich früher sagte, daß hierzulande nichts stimmte, so galt dies freilich auch für die Lebensumstände meiner Familie.
Wir lebten in Graz, der würdevollen alten „Pensionopolis“ der Monarchie, die einmal im Mittelpunkt des Reiches gelegen war. In die Idylle dieser alten Stadt hatten sich Generationen von hohen Militärs und Beamten zurückgezogen, wenn sie aus dem aktiven Dienst geschieden waren. Hunderte von ihnen hatten seit dem Spätbiedermeier in der Stadt ihre sichtbaren Spuren hinterlassen. Viele schlicht-vornehme Villen in den damals stillen Straßen und Gassen des Geidorf- und Leonhardviertels, die einst Domizil ergrauter Würdenträger gewesen sind, präsentieren sich heute oft als zweckentfremdete Verpackung eines modernen Inhaltes, wie etwa einer funkelnden Zahnarztpraxis oder computergesteuerten Werbeagentur. Die schnurgerade lange Elisabethstraße, heute von ampelgequälten Blechlawinen verstopft – zu Ende der achtziger Jahre hatte man noch auf ihrer Fahrbahn Stroh aufgeschüttet, damit der damals todkranke Sohn des Dichters Anastasius Grün, Theodor Graf Auersperg in seiner Sterbestunde nicht durch Verkehrslärm gestört würde – , diese Elisabethstraße war dereinst und noch bis zum Ende des ersten Krieges Schauplatz prunkvoller Leichenbegängnisse, wenn verstorbene Exzellen-

Ausrufung der Republik in Graz.

zen ihren letzten Weg zum Friedhof nach Sankt Leonhard unternahmen. Ein Gang durch diesen Friedhof führt uns heute noch die letzten Jahrzehnte der Donaumonarchie vor Augen. Wie ein Wohnungsverzeichnis altösterreichischer Prominenz reiht sich Inschrift an Inschrift mit klangvollen Namen und mit noch klangvolleren Adelsprädikaten. So manches Prädikat bezieht sich auf die Ortsbezeichnung eines nordböhmischen oder oberitalienischen Gefechtsschauplatzes, und dann wissen wir, daß beim Begräbnis dieses toten Offiziers der berühmte schwarze Ritter vor dem Sarge einhergeritten ist: Letzter Gnadenerweis des Obersten Kriegsherrn an seinen getreuen pensionierten Offizier. Kein Wunder, daß wir da beim Studium von Rangbezeichnungen und Titeln von irgendwoher ganz leise die Melodie des alten „Gott erhalte“ zu hören vermeinen.

Als ich geboren wurde lag Graz, einst Mittelpunkt der Donaumonarchie, nun hart an zwei Staatsgrenzen des neuen Österreich. Knapp im Süden unterbrach die jugoslawische Grenze die Südbahnlinie nach dem einst österreichischen Hafen Triest, und nur wenige Kilometer im Osten kontrollierten ungarische Zollbeamte die seltenen Züge auf der Ostbahnverbindung nach Budapest. Graz war zur Grenzstadt geworden. Aber das war nun im neuen Österreich nichts Besonderes mehr, denn diesen zweifelhaften Rang genossen nunmehr fast alle österreichischen Landeshauptstädte. Österreich war so klein geworden, daß sich fast jeder Bezirk als Grenzbezirk fühlen mußte.
Wir lebten in der Villa meiner Großmutter, die als Witwe eines Generals so, wie viele ihrer Freundinnen, ein echtes Relikt der „Pensionopolis" war. Freilich hatte mein Großvater kein prunkvolles Begräbnis mit dem schwarzen Ritter gehabt, denn er war erst im Jahre 1921 gestorben. An gebrochenem Herzen, sagte man uns, weil er zu jenen gehört hatte, die das tragische Ende des Krieges und den Untergang des Kaiserreiches als Untergang ihrer Welt empfunden hatten.
Wir lebten also in der Villa, die mit ihrem großen Park auf dem Hügel und den vielen Zimmern als vornehm galt. Die Haushaltung war kostspielig und stammte in ihrem Umfang noch aus besseren Zeiten. Man beschäftigte noch die gleiche Anzahl von Dienstboten wie vordem, obwohl kaum mehr festliche Empfänge veranstaltet wurden. Aber es schien undenkbar, das Personal, das seit Jahrzehnten im Haushalt beschäftigt war, auf die Straße zu setzen. Überdies aber hatte meine Familie sowie ungezählte andere einen Großteil ihres Vermögens verloren, teils durch die patriotisch motivierte Zeichnung von nun wertlos gewordenen Kriegsanleihen, teils durch den Verlust nunmehr ausländisch gewordener Wertpapiere, und vor allem durch die zur Zeit meiner Geburt wütende Geldinflation. Man konnte sich also den hohen Aufwand für die Haushaltung gar nicht mehr leisten. So behalf man sich mit dem Verkauf von Wertgegenständen und verlängerte nur die unausgeglichene Situation. Noch Jahre nach dem Vermögensverlust war die Anzahl unseres Hauspersonals höher als die der Familienmitglieder. Es gab einen Diener, eine Kammerjungfer, eine Köchin, ein Stubenmädchen, ein bis zwei Küchenmädchen, ein Kinderfräulein sowie fallweise Kindermädchen und Bedienerinnen.
Meine Familie muß damals wohl weit über ihre Verhältnisse gelebt haben, aber es scheint, daß dies meinen Eltern und vor allem meiner Großmutter nicht ganz zu Bewußtsein gekommen ist. Die spärlichen Maßnahmen, die sie hie und da zögernd setzten, um die Haushaltungskosten dem arg dezimierten Vermögen anzupassen, kamen immer zu spät. Mangels einschlägiger Erfahrungen muß es einfach an Entschlußkraft gefehlt haben, dem schlagartig eingetretenen Verlust mit sofortiger drastischer

Villa Attems-Spiegelfeld um 1870. Stahlstich nach C. Reichert.

Einschränkung entsprechend zu begegnen. Man zog es vor, den überhöhten Lebensstandard durch Verkäufe realer Werte zu finanzieren, und so wanderte in diesen Jahren so manches gute Stück aus unserem Hause. Ich finde heute noch in Museen und Häusern erfolgreicherer Zeitgenossen das eine oder andere Bild oder Möbelstück, das zu meiner Kinderzeit noch unser Haus geschmückt hat. Und mit leiser Wehmut betrachte ich hin und wieder die leeren Schmucketuis meiner Großmutter, die sich bis heute in rührender Anhänglichkeit in manchen alten Schränken erhalten haben. Ich habe nie daran gedacht, meine Großmutter oder meine Eltern wegen ihres sehr unvorteilhaften Umganges mit ihren Vermögenswerten zu kritisieren. Einmal schon grundsätzlich deshalb, weil es ihr Eigentum war, für dessen Verwendung sie niemandem Rechenschaft schuldeten, und zum anderen, weil ich ihren seelischen Konflikt, den ihnen ihre Zeit auferlegt hatte, zu verstehen bemüht bin.

Die „Gesellschaft“

Wie sehr unterschieden sich doch die Wertmaßstäbe jener Generation von unserer heutigen. Wir haben nach harter Schule und mehrmaliger leidvoller Erfahrung gründlich umzudenken gelernt und dabei ein fixes Anpassungsvermögen an geänderte Verhältnisse und eine weitgehende Elastizität entwickelt. Der rasche Erwerb und der rasche Verlust irdischer Güter sind uns vertraut geworden. Beständigkeit und Sicherheit sind für uns offenbar nur mehr Begriffe unerfüllbarer Sehnsüchte. Geographische oder gesellschaftliche Seßhaftigkeit sind uns fremd und „der Platz, auf den wir hingehören“ hat für uns keine Bedeutung mehr.

Wie anders dachten da unsere Vorfahren. Sie waren hineingeboren in eine bestimmte Gesellschaft, in ihre Gesellschaft, in der sie ihr Leben lang verblieben. Ihr Weg war von Geburt an vorgezeichnet: Erziehung, Heirat, Berufslaufbahn, Pension und Familiengruft waren darauf die Meilensteine. Und die strengen gesellschaftlichen Konventionen waren die Randbegrenzungen ihrer Straße. Was sich geziemte oder was sich nicht geziemte, das waren die Maßstäbe ihres Verhaltens. Auf dieser schmalen vorgeschriebenen Straße zogen sie ihre Bahn. Brauchtum, Moral, Pflichterfüllung, Religion und Tradition waren ihre Triebkräfte, Ehre und Ansehen ihre irdischen Zwischenziele. Die Zugehörigkeit zu ihrer Gesellschaftsschicht war dabei Marscherleichterung und Last zugleich, denn es ging sich freilich leichter in enger Tuchfühlung mit anderen, die gleichgeschaltet waren. Man marschierte gleichsam mit detaillierten Geländekarten durch die Gegend, auf denen die Gefahren etwaiger Abweichungen vom Wege ver-

zeichnet waren. Anderseits aber fungierte die Gesellschaft wie eine Vielzahl unbarmherziger Kontrollposten, die scharfäugig jeden Fehltritt und jedes geringste Abweichen von der gemeinsamen Marschrichtung registrierten. Die Einhaltung der Richtlinien der Gesellschaft war von allergrößter Bedeutung, denn sie gewährleistete die Unanfechtbarkeit des Platzes, den man in ihr innehatte.
Die Allmacht, die die „Gesellschaft" auf die Generation unserer Großeltern ausübte, ist uns heute schwer verständlich. Was war überhaupt die Gesellschaft? Es gab deren etliche. Man sprach in den Städten von der „ersten", „zweiten" und „dritten" Gesellschaft und jedermann glaubte genau zu wissen, wer wohingehörte. Die Zugehörigkeit zu einer dieser Gruppen war wie ein Stempel. Die soziale Herkunft war in erster Linie maßgeblich. Bildung, Heirat oder Beruf waren zwar förderlich und konnten in der dritten und zweiten Gesellschaft noch einigermaßen, in der ersten Gesellschaft aber wohl kaum mehr etwas an der Platzbestimmung ändern. Hier galt einzig und allein der Geburtsschein als Eintritt und Platzkarte. Die Grenzen zwischen den einzelnen Gesellschaften waren sehr genau gezogen und fast unüberwindbar, was freilich nicht ausschloß, daß mancher, der sich mit seinem Platz unterbewertet fühlte und nach Höherem strebte, den Versuch unternahm, sie zu überwinden. Es bedurfte großer Hartnäckigkeit und kostspieliger Anstrengungen, die solch ein illegaler Grenzgänger unternehmen mußte, um ins andere Lager zu gelangen. Dort wurde er nicht etwa ausgestoßen oder verjagt, ja oftmals sogar freundlich aufgenommen und mit Interesse behandelt. Man duldete den Snob in der ersten Gesellschaft, man schätzte ihn als flotten Tänzer, man profitierte gerne von seiner Bildung, man genoß sein Amüsement und seinen Charme, man traf sich auf seinen prunkvollen Empfängen und man half ihm gerne dabei, sein Geld auszugeben. Aber man anerkannte ihn nie als Mitglied der ersten Gesellschaft. Selbst wenn ihm Vermögen oder Verdienste und kaiserliche Huld einen Adelstitel bescherten, hatte er nicht viel gewonnen. Dann galt er als Parvenu, als Neureicher, und etwaige spätere eheliche Verbindungen mit seiner Familie galten als des Geldes wegen, das man verachtete, selbst dann, wenn man nur wenig besaß.
Man konnte natürlich unbestritten der ersten Gesellschaft angehören, ohne selbst über ein ansehnliches Vermögen zu verfügen. Die Familien des Hochadels, die die Kernschicht dieser Gruppe bildeten, waren meist recht begütert, vor allem die „Majoratsherren". Oft aber gab es jüngere Geschwister und deren Nachkommen, die zwar klingende Titel, aber nur bescheidene Mittel geerbt hatten. Da das Vorhandensein eines entsprechenden Vermögens bei standesgemäßen Heiraten oder bei sonstigen gesellschaftlichen Verbindungen weit weniger ins Gewicht fiel als der untadelige Stammbaum und der adelige Name, waren die minderbemittelten Nachkommen großer

Familien in solchen Fällen ihren reichen Verwandten gegenüber nicht unbedingt benachteiligt.
Abgesehen von den zuvor beschriebenen grenzüberschreitenden Versuchen gab es zwischen den verschiedenen Gesellschaftsschichten wenig Berührung. Zu sehr waren sie voneinander nach Geburt und Gebräuchen verschieden. Diese Unterschiedlichkeiten zeigten sich nicht sosehr auf grobe und auffällige Art, und sie waren oft für einen Uneingeweihten und Außenstehenden kaum erkennbar. Es waren vielmehr kleine, oft winzige und nur für den Insider wahrnehmbare Differenzen. Diese zu empfinden gehörte eben ganz einfach zu den angeborenen, sehr feinfühligen Fähigkeiten eines standesbewußten Mitgliedes der ersten Gesellschaft, die Andersartigkeit eines nicht ganz Dazugehörigen sofort zu erkennen. Schon bei seinem Eintreten konnte sich dieser verraten: wenn er etwa an die Tür des Salons klopfte oder vielleicht eine nicht entsprechende Begrüßungsfloskel anbrachte – etwa „Küß die Hand", oder wenn er eben diesen Handkuß um eine Nuance anders als der angeborenen unnachahmlichen Art entsprechend praktizierte. Ein „Mahlzeit!" oder „Prosit!" waren gleichermaßen verräterisch wie etwa die peinliche Vermeidung volkstümlicher Bezeichnungen für Begriffe, die in einem Salon nach Meinung des Fremdlings eigentlich gar nicht erwähnt werden dürften. Er wird erstaunt gewesen sein, wenn der Hausherr ungeniert vom „Häusl" sprach, wohingegen er, der Fremdling, wenn überhaupt, so doch „Toilette" gesagt hätte, was ihn wiederum verraten hätte. Man war ja in den Salons der ersten Gesellschaft viel freizügiger in der Wahl der Themen und der Ausdrücke als in den Gesellschaften niederer Kategorien, die man einer wesentlich geschraubteren Ausdrucksweise zieh.
So sprach man zum Beispiel über Körperteile oder Krankheiten niemals unter Verwendung der medizinischen, oftmals lateinischen Bezeichnungen, sondern man nannte diese natürlichen Dinge bei ihrem natürlichen Namen. Wenn man sich nicht, was freilich auch vielfach verbreitet war, des französischen Vokabulars bediente, was den Fremdling manchmal auch wieder verwirrte.
Ich würde bei dieser Gelegenheit gerne darauf verweisen, daß man sich in der „ersten Gesellschaft", ich meine im österreichischen Hochadel, niemals jenes näselnden Tones bedient hat, mit welchem man in späten Filmen, Theaterstücken oder Witzen den Grafen Bobby oder andere Wiener Aristokraten nachzuahmen pflegt. Dieses durchaus nicht hochadelige Näseln war vielmehr vor der Jahrhundertwende die Ausdrucksweise einer ganz bestimmten Klasse arrivierter Ministerialbeamter oder in den niederen Adelsrang aufgestiegener Bürger, die sich durch diese künstlich angelernte Sprachschattierung ganz bewußt von der Sprache zurückgebliebener Klassen unterscheiden wollten.

Es ist für uns heute nicht leicht zu verstehen, daß man zu Zeiten unserer Großeltern so sehr um die Unterscheidung zwischen den Gesellschaftsklassen bemüht war, ja, daß sogar innerhalb der einzelnen „Gesellschaften" noch streng auf die Einhaltung gewisser Rangordnungen geachtet wurde. So etwa war es gar nicht selbstverständlich, daß ein Graf X vom Fürsten Y ohne weiteres empfangen wurde. Man unterschied – obwohl sie alle zum Hochadel gehörten – zwischen den Trägern „geschlossener" und „offener" Kronen, zwischen „Familienchefs" und Nachgeborenen, man rangierte entsprechend der Stellung, die eine Familie bei Hofe bezog, oder der Stadt, in der sie in ihrem Palais residierte. Wien und Prag galten als hochrangig, Graz, Agram, Innsbruck oder Triest als provinziell. Diese sorgfältige Differenzierung war maßgeblich bei Einladungen und Empfängen, bei Fragen des Protokolls und der Sitzordnung. Sie war allerdings auch imstande, bösen Gesprächsstoff zu liefern, Geltungstrieb und Ehrgeiz zu entfesseln, Mißgunst zu erregen und Kränkungen auszulösen. Wer von all dem unangefochten blieb, souverän seinen Platz als den richtigen empfindend, erwies sich als wirklicher Herr, als wahre Dame.
Einem allzustarken Auseinanderdriften wirkte das ausgeprägte Standesbewußtsein des Offizierskorps der k.u.k. Armee entgegen. So wie die Armee selbst als übernationales Bindeglied den Vielvölkerstaat in Einigkeit umfaßte, fungierte der Korpsgeist ihrer Offiziere als Klammer, die die Gesellschaftsschichten zusammenhielt, denen sie entstammten. Das kameradschaftliche „Du" unter den Offizieren aller Ränge und aller Waffengattungen, die sich allesamt als höchsten Stand im Staate fühlten, war bald von den adeligen Gesellschaftskreisen übernommen worden, und fügte dort manches zusammen, was durch allzueifrige Differenzierung auseinanderzugeraten drohte.
Sosehr man sich also in der „ersten Gesellschaft" bemühte, sich gegenüber den nachdrängenden und mit der Zeit zu immer mehr Geltung gelangenden Gesellschaftsschichten abzugrenzen und zu distanzieren, so ungezwungen war der Kontakt, den man zu ganz anderen Ständen in offenherziger Weise pflegte. Vor allem in den österreichischen Alpentälern gab es stets sehr freundliche Beziehungen zum Bauernstande. Bis zur Mitte des vergangenen Jahrhunderts waren zum Großteil die Bauern dem landbesitzenden Adel untertänig gewesen. Die jahrhundertealte Wechselbeziehung zwischen der Grundobrigkeit und den Untertanen führte in den meisten Fällen zu einer wechselseitigen Abhängigkeit, die zu einem Nährboden für menschliche Beziehungen werden mußte. Die weithin christlich patriarchalische Lebenseinstellung der Grundherren hat hier mit wenigen Ausnahmen zwischenmenschliche Beziehungen aufkommen lassen, die vor der Aufhebung der Grundherrlichkeit den Dienenden seiner Menschenwürde nicht beraubten und dem freigewordenen Bauern später ein menschliches Verhältnis

auf beinahe ebenbürtiger Basis mit seinem adeligen Grundnachbarn ermöglichten. Sehr ähnlich verhielt es sich mit den Beziehungen der adeligen Häuser zu ihren Angestellten und den Dienstboten. Es war keine Seltenheit, daß mittellose Familien, meistens bäuerlichen Herkommens, durch mehrere Generationen hindurch im selben Adelshause häusliche Dienste verrichteten und ebenso war es durchaus nichts Besonderes, daß so mancher Diener und so manche Köchin oder Kammerzofe durch dreißig, vierzig oder mehr Jahre bei ihrer Herrschaft blieb. Diese langjährige Treue zum selben Hause konnte nur auf dem Boden humaner Beziehungen gedeihen, die gegenseitig gepflegt und gefördert wurden. In den meisten Häusern, und so war es auch bei uns, waren die „Leute" den Mitgliedern unserer Familie, und dies in allen Lebenslagen, weit enger verbunden, als es heutzutage zwischen Arbeitnehmern und Arbeitgebern der Fall sein kann. Gerade diese enge zwischenmenschliche Beziehung muß es gewesen sein, die die jahrzehntelange Treue der meisten unserer Hausangestellten begründete. Die materiellen Vorteile waren mager, sie waren bescheiden untergebracht, erhielten geringen Lohn und wenig Freizeit. Aber sie waren die Freunde der Kinder, die Vertrauten der Eltern und die Weggefährten meiner Großmutter durch ein langes Leben. Sie waren wortwörtlich die Stütze des großen und umständlichen Haushaltes, und ebenso wie dieser Haushalt einst Voraussetzung und Ausdrucksform der gesellschaftlichen Stellung unserer Familie gewesen war und auch weiterhin nach Meinung meiner Großmutter bleiben mußte, war an eine Demontage des Personals nicht zu denken. So also lebten wir gegen die Zeit, gegen jegliche ökonomische Erwägung und gegen die Vernunft.
Einmal, es war in späteren Jahren, und wir hatten schon ein Telefon, war meine Mutter überrascht, als sie zufällig hörte, wie die Großmutter einem telefonischen Anrufer erklärte, leider morgen nicht zum Tee erscheinen zu können, da sie sich zur selben Stunde auf dem Bahnhof mit jemand treffen müsse, der „auf der Durchfahrt" sei. Meine Mutter griff ein und erinnerte die Großmutter daran, daß ihr diese doch versprochen hatte, am nächsten Nachmittag auf uns Kinder aufzupassen, da die Gouvernante ihren freien Tag und sie selbst eine andere Verpflichtung habe. Was denn das für eine Bewandtnis mit dem Bahnhof habe, wo doch kein Mensch mehr „durchfahre", seit Graz eine Grenzstadt sei. Da gestand die gute Großmama, erst trotzig und dann unter Tränen, daß sie doch unter keinen Umständen der Anruferin – es war eine gute Freundin – eingestehen könne, mangels eines zweiten Kindermädchens selbst Hausdienste verrichten zu müssen. Arme Großmama, wie mußtest du an der langsam abbröckelnden Pracht deiner gesellschaftlichen Stellung gelitten haben, daß du, sonst ehrlich und aufrichtig, zu einer unbeholfenen Notlüge Zuflucht nahmst.

Kindheit

Um uns Kinder war ein Paradies errichtet; wir waren die wahren Nutznießer der Segnungen einer echten Großfamilie. Obwohl gewissenhaft beaufsichtigt von Gouvernanten oder Kindermädchen, genossen wir ein großes Maß an Freiheit. Unsere Eltern zeigten für unsere kindlichen Streiche viel Verständnis, und die gute Großmutter, die wir immer als das Oberhaupt der Familie ansahen, ergriff stets unsere Partei, wenn es dennoch zu Konflikten kam. Die Dienstboten des Hauses, die uns liebten, ertrugen geduldig alle unsere Eingriffe in die Hausordnung und entfernten oft mit vieler Mühe die Folgen so manchen Malheurs, das wir nach unbesonnener Kinderart angerichtet hatten. Der Garten um die Villa war so groß, und die von uns bevorzugten Schlupfwinkel so weit vom Hause entfernt, daß wir glaubhaft behaupten konnten, wir hätten die Stimmen nicht gehört, die uns zum Essen, zum Studium oder zu den Hausaufgaben gerufen hatten. Dann saßen wir zur Verzweiflung der Gouvernanten in schwindelnder Höhe auf den Ästen riesiger Parkbäume oder versuchten, durch den Gartenzaun kleine halbverwelkte Veilchensträuße an vorbeiziehende Sonntagsausflügler zu verkaufen. Solche, mehr oder weniger harmlose Spitzbübereien, wurden – soferne sie ans Tageslicht kamen – entsprechend geahndet. Die Ahndung unserer Straftaten war einem komplizierten System unterworfen. Es gab eine Art von Rangordnung, die je nach der Schwere des Verbrechens gehandhabt wurde. Die kleinen und harmlosen Vergehen wurden in den meisten Fällen direkt von den Betroffenen behandelt, die zu Schaden gekommen waren. Meist wurden diese verzeihlichen Verfehlungen durch mehr oder weniger strenge Ermahnung seitens des Beleidigten und durch das Vorbringen einer eventuell sogar mit Tränen garnierten Entschuldigung unsererseits

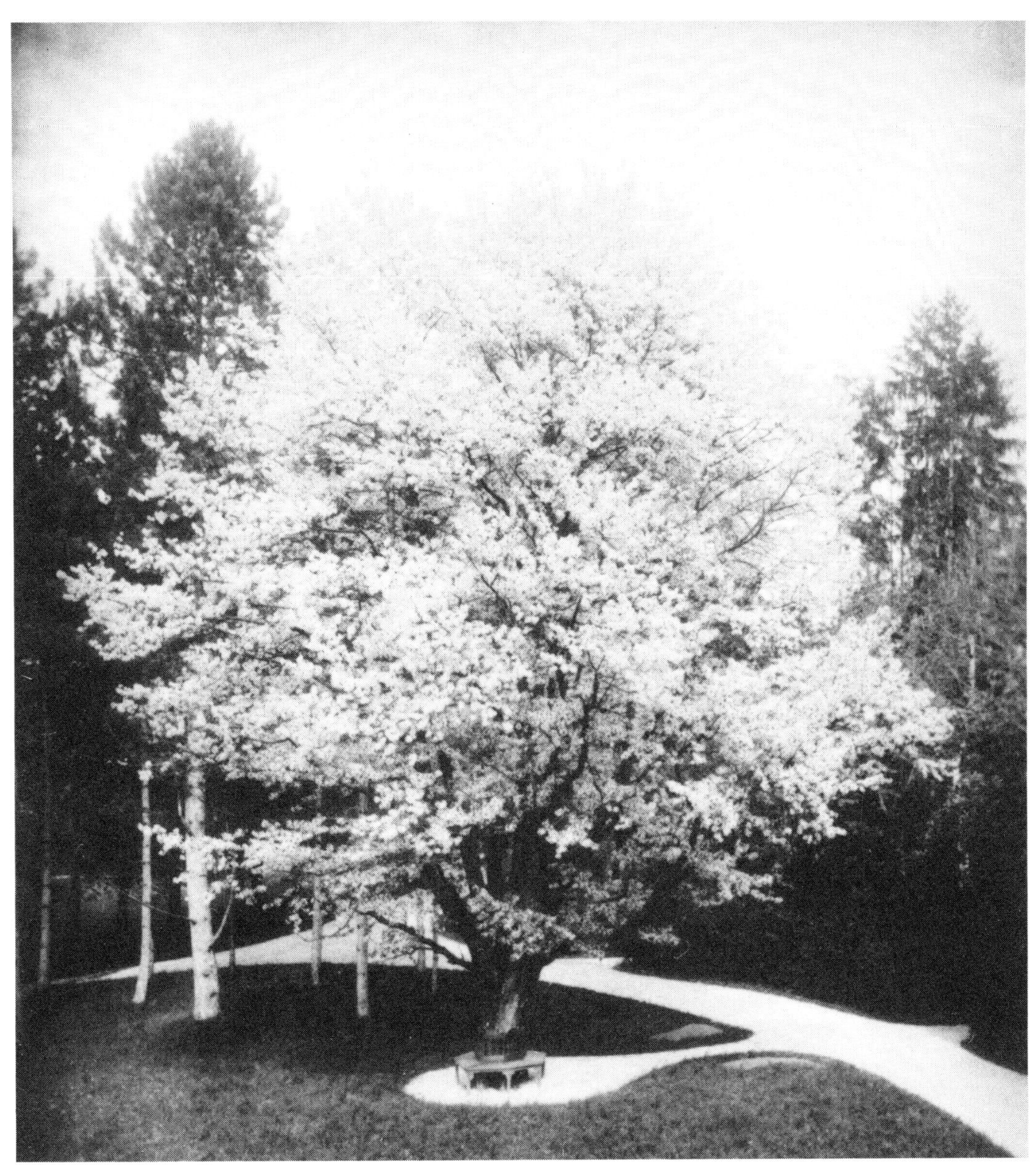

Der riesige Kirschbaum im Garten der Villa in Graz.

aus der Welt geschafft. Gröbere Gesetzesverletzungen freilich fielen schon in die Kompetenz der Gouvernante, „des Fräuleins", deren wir im Laufe unserer frühen Jugend mehrere verbraucht haben. Diese Damen verfügten über ein reichhaltiges Arsenal von Ahndungsmöglichkeiten, welches sie zur Beibehaltung von Sitte und Ordnung, aber auch zur Stützung ihrer eigenen Autorität durchaus nötig hatten. Hier konnte die Wahl getroffen werden zwischen: im Winkel-stehen, im Winkel-knien, kürzerem oder längerem Zimmerarrest, Verbot der Teilnahme an beliebten Spielen, Entzug diverser Vergünstigungen oder die Aufgabe schriftlicher Strafarbeiten. Die letzteren waren bei uns besonders unbeliebt, und sie konnten sich zu einer wahrhaften Tortur auswachsen, wenn sie etwa zeitlich mit ähnlichen Strafaufgaben zusammenfielen, die uns abzuverlangen sich ein von uns belästigter Klassenlehrer in der Schule für notwendig gehalten hatte. Wie viele Nachmittage meines jugendlichen Lebens habe ich wohl statt auf dem Fahrrad oder beim Ballspiel an meinem tintenbekleckststen Arbeitstisch verbracht, meinen armen Fingern hundertmal den Satz: „Ich soll dem Fräulein keine freche Antwort geben!" abquälend und zwischendurch ein gesondertes Schulheft mit dem hundertfachen Gebot: „Ich darf meine Jause nicht während des Unterrichtes verzehren!" beschmierend. Ich glaube kaum, daß sich meine Manieren durch diese Maßnahmen sehr gebessert oder meine Essensgewohnheiten erheblich geändert haben. Es kann aber sein, daß meine heute noch halbwegs lesbare Handschrift auf ungezählte Übungsstunden zurückzuführen ist, zu denen mich diese pädagogischen Maßnahmen als Kind gezwungen haben.

Schwerere Verbrechen, deren Behandlung die Kompetenz der Gouvernante überschritten, wurden meiner Mutter zur Ahndung überwiesen. Die Anwendung des von ihr geübten Repertoirs war schmerzhaft, in seelischer und körperlicher Weise. Ob es nun die einmalige oder mehrmalige Verbannung von der elterlichen Tafel oder vom gemeinsam eingenommenen Nachmittags-Tee war oder der Ausschluß aus dem Kreise der Zuhörer, wenn die Mutter uns „Geschichten" erzählte – Stunden höchster Glückseligkeit – ob es die Streichung eines Besuches bei Freunden oder der Teilnahme an einem Feste war oder ob es sich um körperliche Züchtigung handelte, die uns die Mutter durch Verabreichung kräftiger Ohrfeigen mit dem Handrücken zuteilte, wobei ihre Ringe für spürbare Strafverschärfung sorgten, immer war uns das Bewußtsein, die Mutter und ihre Liebe zu uns enttäuscht zu haben, ein echter seelischer Schmerz, der weit mehr brannte als alle körperliche Züchtigung.

In den ganz seltenen Fällen von Kapitalverbrechen wurde die allerhöchste Instanz eingeschaltet, unser Vater. Diese „Staatsaktionen" haben mich, so selten sie stattfanden, stets tief beeindruckt. Wir haben schon sehr frühzeitig erkannt, daß unser Vater, ein grundgütiger Mann, der sein Leben lang keinem Geschöpf etwas zuleide getan hat, für die Durchführung von Strafexekutionen höchst ungeeignet war. Wir fühlten, daß er für uns und unsere Untaten grenzenloses Verständnis hatte und daß es seiner Natur zuwider lief, nur weil es die pädagogische Praxis von damals so verlangte, die Reitpeitsche zu schwingen, anstatt dem Verirrten durch Beispiel und richtige Worte wieder auf den rechten Weg zu bringen. Ich weiß heute, daß mein guter Vater jeden seiner ungeschickt angebrachten Peitschenschläge in seiner Seele tausendfach schmerzlicher spürte, als sie mein reuig dargebotener Hinterteil wahrgenommen hat. Aber gerade dieses Wissen, das damals als ahnungsvolle Erkenntnis in uns reuigen Sündern aufglomm, hat diesen zunächst mißlungen erscheinenden Strafmaßnahmen zu segensreicher Wirkung verholfen. In ungezählten Situationen meines späteren Lebens hat mir die Erinnerung an den tiefen Kummer meines Vaters, wenn er zu meiner Züchtigung berufen war, geholfen, den rechten Weg zu wählen.

Ich bin mir dessen bewußt, daß die meisten jungen Eltern von heute die Erziehungsmethoden vom Anfang unseres Jahrhunderts sehr kritisch bewerten. Es ist nicht meine Absicht, mich hier in fachliche Erörterungen einzulassen, weder in der Niederschrift dieser Erinnerungen noch in Gesprächen mit meinen eigenen Kindern, die an ihren Kindern völlig andere pädagogische Theorien praktizieren. Ich möchte nur vermeiden, daß mit den Eltern und Erziehern, die damals vor fünfzig Jahren ihre Aufgaben nicht minder ernst genommen haben als die heutigen Kritiker, zu einseitig ins Gericht gegangen wird. Ich glaube, daß bei Beurteilung von Erziehungspraktiken der Erfolg oder Mißerfolg am besten im späteren Produkt erkannt werden kann. Und ich wehre mich dagegen, daß die Produkte der damaligen Erziehung, das sind die heute fünfzig- bis sechzigjährigen Großeltern, pauschal als Fehlleistung falscher Pädagogik gelten sollen. Ich persönlich fühle mich weder als seelengeschädigtes Geschöpf, dem Wille, Würde und Freiheit von fremder Autorität aus dem kindlichen Leibe geprügelt worden sind, noch als brutaler Machtmensch, der nach dem erlernten Beispiel seinerzeitiger Züchtiger seinen Mitmenschen mit Waffe und Gewalt zur Gefahr wird. Man wird schwerlich der ganzen Generation der heutigen Großeltern eine solch mißliche Entwicklung nachsagen können, obwohl sie gewiß zum allergrößten Teil Produkte einer Erziehungsmethode sind, die solcher Auswirkungen geziehen wird. Mit einer endgültigen Auswertung des Für und Wider der damaligen und der heute bevorzugten Erziehungslehren kann wohl erst beim Vorliegen der heute in Entwicklung befindlichen Endprodukte gerechnet werden. Ich werde dann wohl schon recht alt sein, aber vielleicht wird mir noch die Genugtuung zuteil, daß man dereinst meine Generation als eine halbwegs brauchbar gewesene akzeptiert.

Meine Kindheitserinnerungen reichen weit zurück. Ich weiß heute noch, wie sehr ich über die neuen Horizonte beeindruckt war, die sich mir erschlossen, als ich soweit herangewachsen war, daß ich am Boden stehend die Tischplatte und die sich darauf befindlichen Gegenstände sehen konnte, zu deren Anblick es bisher gefahrvoller Kletterpartien auf umherstehenden Stühlen oder der Zumutung des Ruhigsitzens auf den Knien des Kindermädchens bedurft hatte. Zu dieser Zeit muß es gewesen sein, daß mein jüngerer Bruder, der Alexander hieß und Lexi gerufen wurde, sich einer Häkelnadel bemächtigte und mich mit dieser durch einen Stich in meinen Handteller verletzte. Meine akustische Reaktion muß eindrucksvoll gewesen sein. Die herbeigeeilten Erwachsenen versuchten, mich zu beruhigen, was mich veranlaßte, die Gefährlichkeit meiner Verwundung dadurch zu dokumentieren, daß ich erklärte, ich sei bis tief in die Gedärme hinein verletzt. Das daraufhin ausbrechende Gelächter hat mich in einen Seelenzustand versetzt, den ich in diesem Augenblicke zum ersten Mal bewußt wahrnahm und der für meine künftigen Entwicklungsjahre signifikant bleiben sollte: ich war beleidigt. Seit diesem Tage gab es für mich Tausende von Anlässen, mich unverstanden zu fühlen, übergangen oder ungerecht behandelt. Der Umstand, daß ich unter uns drei Brüdern der mittlere war, dessen Lebensgenuß lange Zeit durch die Begriffe „noch nicht“ und „nicht mehr“ erheblich eingeengt war, hat diese latente Bereitschaft, beleidigt zu sein, unter der ich litt und mich anderen unleidlich machte, gewiß gefördert. Denn immer wieder mußte ich zur Kenntnis nehmen, daß ich „noch nicht“ alt oder reif genug war, um die Vorzüge zu genießen, die meinem, um ein Jahr älterem Bruder Fritz zugebilligt wurden und daß ich andererseits „nicht mehr“ so klein und schonungsbedürftig war, um an den Vergünstigungen, die mein um zwei Jahre jüngerer Bruder Lexi genoß, zu partizipieren. In der engen Bandbreite der mir zugebilligten Bewegungsfreiheit stieß ich immer wieder hart gegen diese Begrenzungen, was mir oftmalige kränkende Verweise, verletzende Belehrungen oder auch manche Strafe einbrachte. Ich zeigte mich jedoch wenig einsichtig, überschritt die mir gesetzten Grenzen oft mit Absicht und begann, in den Revieren meiner Brüder zu wildern. Da die rechtmäßigen Inhaber dieser Reviere, meine Brüder, auf diese Art langsam für mich zum Feindbild wurden, kam es in steigendem Maße zu tätlichen Auseinandersetzungen, in denen ich, da es ja letzten Endes zu einem Zweifrontenkrieg führte, meist der blutende Verlierer war. Nach einer gewissen Zeit aufreibender Kämpfe nach beiden Richtungen muß wohl die vernünftige Überlegung in mir obsiegt haben, daß ein Bündnis mit einem der beiden Widersacher für mich von Vorteil sei, meine Position stärken und mich zum erfolgreichen Kampf in eine Richtung befähigen würde. Ich wählte als Bundesgenossen meinen jüngeren Bruder Lexi, der sich mir, offenbar durch dieses Angebot seines älteren

Wir drei Brüder: Fritz, Lexi und Gisbert.

Bruders geehrt, vertrauensvoll anschloß. Fürderhin bildeten wir eine geschlossene Streitmacht, die meist erfolgreich gegen die ausufernden Majoratsrechte unseres älteren Bruders ankämpfte und auch sonstige feindliche Attacken von dritter Seite siegreich abzuwehren imstande war. Dieses Erfolgserlebnis verhalf mir zum langsamen Abbau der Komplexe, unter denen ich früher gelitten hatte. Ich fühlte mich nun weniger verfolgt und mißverstanden und entwickelte ein durchaus ausgeglichenes Selbstbewußtsein. Der später und auch heute noch in mir sehr stark ausgeprägte Gerechtigkeitssinn hat seine Grundlagen jedoch gewiß in jenen Jahren bekommen, da ich glaubte, stets um meine Gerechtigkeit kämpfen zu müssen. Unserem ältesten Bruder Fritz hat die durch uns erkämpfte Eindämmung seiner Machtbefugnisse gewiß nicht geschadet. Seine Erstgeborenen-Rechte waren, mangels eines Fideikommiß-Besitzes in unserer Familie, ohnedies nur theoretische. Auch war er bald aus jenen Jahren herausgewachsen, in denen sein Interesse in erster Linie den Mitgliedern der engsten Familie gegolten hat, und wir jüngeren Brüder waren für ihn einfach uninteressanter geworden. Erst viel später, in den letzten Jahren unserer Jugend, an der Schwelle zum Erwachsensein, als wir unser Elternhaus zu verlassen im Begriff waren, haben wir drei unsere brüderliche Verbundenheit wieder entdeckt und ihr in sehr scheuer Form zaghaft Ausdruck verliehen. Wie glücklich bin ich heute über diese kurze Zeit des Sichwiederfindens. Denn an ihrem jähen Ende stand der Tod, der unseren Bruder Fritz auf einem der grausamen Schlachtfelder Rußlands genommen hat.

Die kindliche Waffenbrüderschaft mit meinem jüngeren Bruder aber hat zu einer innigen brüderlichen Verbindung geführt, die ein ganzes langes Leben angehalten hat. In diesen, meinen Erinnerungen, soll noch oft von ihr die Rede sein.

Ich mag acht Jahre alt gewesen sein, als ich eines Sonntags, während einiger unbeaufsichtigter Stunden, meinen Bruder Lexi nahe an den Rand des Todes brachte. Wir hatten ein paar alte Pfeifen aus dem Nachlaß meines Urgroßvaters gefunden, und ich hatte unseren guten alten Diener Franz zu überreden verstanden, uns diese Pfeifen mehrmals mit dem von ihm bevorzugten starken Tabak zu stopfen. Schnell hatte ich meinen Bruder dazu verführt, sich mit mir hinaus auf die Schanzelgasse zu begeben, wo wir uns vor einer Anzahl biederer Vorstadtbürger, die ihre sonntägliche Runde auf der ringförmigen Holzbank rund um die riesige Platane bei unserem Gartentor genossen, als pfeifenrauchende junge Herren aus gutem Hause produzierten. Die braven Leute waren ein wenig erstaunt, aber sie schienen uns nicht genügend beeindruckt, sodaß wir das beiläufige Vorbeiflanieren etliche Male wiederholten. Dazu war jedoch das mehrmalige Stopfen der Pfeifen erforderlich, wozu sich der alte Franz – Wachs in unseren Händen – auch ohne weiteres bereitfand. Als wir mit der Zeit enttäuscht erkannten, daß die undankbare Umwelt nicht geneigt schien, unseren Darbietungen die gebührende Achtung zu zollen und als andererseits in unserem Inneren merkwürdige und bis dato noch nicht gekannte Vorgänge zu wirken begannen, zogen wir uns in die Villa zurück, wo wir mit letzter Kraft das eheliche Schlafgemach unserer Eltern erreichten. Dort fand man uns einige Stunden später. Lexi lag in tiefer Bewußtlosigkeit, mit schneeweißem Gesicht und flatterndem Herzen auf dem Bette. Ich lag auf den Knien vor ihm und las ihm – dem vermutlich Sterbenden – schluchzend die erschütterndsten Passagen aus dem damals beliebten Roman „Das Singerlein" von Dolores Viser vor. Einige Stunden später hatte man uns aus einer schweren Nikotinvergiftung ins Leben zurückgeholt. Die durch unsere Mutter verabreichte Strafe ist mir entfallen. Ich erinnere mich jedoch genau, daß unser Vater dem guten Diener Franz eine Belohnung zugesteckt hat, weil er erfaßt hatte, daß seinen Söhnen durch diesen alten Mann schon in jüngster Kindheit das Rauchen gründlich abgewöhnt worden war. Was mich betrifft, so hat mein Vater bis in mein zwanzigstes Lebensjahr recht behalten.

Der Franz

Es ist an der Zeit, über eines der wichtigsten Mitglieder unseres Haushaltes zu berichten, das ich mir aus den ersten fünfzehn Jahren meines Lebens wegzudenken nicht vorstellen kann: unseren Diener Franz Strasser. Im Jahre 1891, im Geburtsjahre meines Vaters, war er als junger Offiziersdiener meines Großvaters, eines damals neunundzwanzigjährigen Kavallerieoffiziers bei den Viererdragonern, zur Familie gestoßen. Er hat meinem Großvater in allen Garnisonen und bei allen Manövern treu gedient und wurde in späteren Jahren mit dem Amt des Kammerdieners meiner Großeltern betraut. Er war in seinem Leben nie verheiratet und so betrachtete er die Familie meiner Großeltern als die seine. Er hat die Söhne der Familie durch zwei Generationen auf seinen Knien gewiegt, er war der Freund und Vertraute, nicht nur der Kinder des Hauses, sondern auch des jeweiligen Hausherrn und dies blieb er durch siebenundvierzig Jahre. Er hat die Rittmeisterstiefel meines Großvaters geputzt und in späteren Jahren die Generalsuniform gebürstet. Mit gleicher Sorgfalt hat er dereinst das Manöverbesteck poliert wie Jahrzehnte später das Familiensilber. Er hat die militärische

Mein Großvater vor Kaiser Franz Joseph I. Leipziger Völkerschlacht-Feier in Wien am 18.10.1913.

Meldung meines Großvaters an Erzherzog Karl an der Front am 9. 11. 1916. 12 Tage später starb Kaiser Franz Joseph I. und Karl war Kaiser von Österreich.

Karriere meines Großvaters miterlebt, hat dessen Orden und Auszeichnungen kunstvoll zu Glanz gebracht und hat sie im November 1918 in Ehrfurcht verwahrt und behütet, als sie von der Uniform getrennt waren, weil dieser kaiserliche Ehrenrock auf einmal nicht mehr als solcher galt. Unerschütterlich hielt er weiter zu seinem Herrn und betreute ihn, der nun kein schneidiger und bewunderter General mehr war, sondern wie tausende seiner Offizierskameraden ein um seine Autorität gebrachter Kriegsverlängerer, verspottet und mißachtet und preisgegeben dem Hohn der aus Disziplin und Ordnung geratenen hungernden Massen. Die Welt herum schien zu versinken, aber der Franz blieb, in Gleichmut und absoluter Verläßlichkeit. Er diente meinem Großvater, half ihm durch die kommenden Jahre, die dieser, zutiefst verbittert und frühzeitig gealtert, in Wehmut und Trauer ertrug. Und als endlich das gequälte Herz meines Großvaters seinen Dienst aufsagte, da kleidete der Franz seinen toten Herrn ein letztes Mal in seinen Waffenrock und richtete ihn zum letzten Appell. Als die trauernde Familie vom Friedhof in St.Leonhard zur Villa zurückkehrte, da war der Franz auf seinem Posten, und unverändert lief alles nach seiner Ordnung.
Mein Vater, der kurz zuvor geheiratet hatte, zog mit seiner jungen Frau in die Villa, und bald gab es wieder drei Generationen, die der Franz betreute. Er stand wie ehedem dem großen umständlichen Haushalt und dem übrigen Gesinde vor, er sorgte für die Pflege der alten Möbel und des Silbers und für die korrekte Abhaltung der Mahlzeiten an der großen Familientafel. Damals gab es noch fünf Mahlzeiten täglich: Frühstück, Gabelfrühstück – dies vor allem für die Kinder – Mittagessen, Jause und Souper. Das Frühstück erhielten die verschiedenen Familienmitglieder auf ihren Zimmern, das Gabelfrühstück wurde meist stehend und formlos eingenommen, die Jause – meist Tee mit Gebäck, soferne es keine Gäste gab –, wurde im Salon serviert. Mittag und Abend aber traf man sich im großen Eßzimmer, an der Tafel, deren Vorbereitung, Pflege und Bedienung dem Franz oblag. In meiner Erinnerung höre ich heute noch sein „es ist serviert“, mit dem er die im Salon versammelte Familie in das Speisezimmer bat. Sein Dienst dort und der Dienst der ihm behilflichen Stubenmädchen verlief nach genauem Zeremoniell. Niemals kam ein hörbares Wort über seine Lippen, während er die Abfolge der vier oder fünf Gänge mit weißen Handschuhen servierte oder seine Helfer mit kurzen Blicken kommandierte. Niemals schien er der Konversation der Anwesenden auch nur eine Spur von Aufmerksamkeit zu widmen, und daher habe ich es stets für sehr überflüssig gehalten, wenn heikle Teile der Konversation oftmals in französischer Sprache abgehandelt wurden. Dem übrigen Dienstpersonal gegenüber schien mir diese Maßnahme taktlos zu sein, dem Franz gegenüber aber, der seines Amtes mit der weltentrückten Würde eines Hohepriesters waltete, war sie völlig unangebracht.

Es gab einige Räume im Hause, die als unangefochtenes Hoheitsgebiet des Franz galten. Das Speisezimmer, in dem er seinen Tafeldienst zelebrierte, war stets der glanzvollste Platz seines Auftretens. An den Nachmittagen fand man ihn für Stunden in einem kleinen Raume, dem sogenannten Silberputzkammerl, in dem er das bei der Tafel benützte Besteck und Silbergeschirr reinigte und polierte. Um keinen Preis hätte er diese Arbeit an jemand anderen abgegeben, und an eine Erledigung dieser Pflicht etwa in der Küche war nicht zu denken. Mit höchster Sorgfalt war er darauf bedacht, daß die schweren silbernen Griffe der Tafelmesser nicht ins Wasser gerieten, was bei der damaligen Bauart dieser Geräte schädlich gewesen wäre. Diese Teile behandelte er trocken, unter Verwendung geheimnisvoller weißer Pulver, die er nach eigenen Rezepten mischte. Das Ergebnis dieser Arbeit war tatsächlich glanzvoll, und unsere bescheidenen Silberutensilien genossen damals einen Höhenflug, den sie seither nie wieder erlebten. Dann gab es im „Souterrain" eine Kammer, in der Bodenpasten, Farben, Möbelpolituren, Leimtigel, Farbtöpfe, Pinsel aller Größenordnungen, Sägen, Feilen und sonstiges Handwerkszeug in reichtser Auswahl aufgestapelt waren. Dies alles diente dem guten Franz zur Durchführung unaufhörlich anfallender Reparaturen und Instandsetzungen, die von sämtlichen Mitgliedern des Haushaltes und der Familie leichtfertig verursacht und mit dem beiläufigen Hinweis kommentiert wurden: „Der Franz wird's schon richten." Der Franz hat alles gerichtet: geborstene Wasserleitungsrohre, gebrochene Stuhlbeine, Tintenflecke auf den Parkettböden, Kurzschlüsse, verstopfte Abläufe, zerkratzte Polituren, verschraubte Glühbirnen, sperrige Türschlösser, verbogene Fahrräder und jede Art ruinierten Kinderspielzeugs. Immer rief man nach dem Franz. Immer kam er und machte alles gut.

Der Franz stammte aus einem oberösterreichischen Bauerndorf. Sein ganzes Wesen, seine Fähigkeit, seine Beständigkeit, eine seltsame Mischung von Naivität und Bauernschläue und vor allem seine innige Frömmigkeit und tiefe Religiosität muß er aus dem schweren Boden seiner Heimat, von den immerwährenden Schicksalskämpfen seiner Vorfahren in diesem Lande und aus dem gottergebenen Geiste seines Elternhauses mitgebracht haben. Seine völlig abgerundete Persönlichkeit ruhte gleichsam in sich selbst; er zeigte nie Zweifel, nie Unsicherheit und er glich einem Fels in der Brandung und war der ruhende Pol in unserem lebhaften Hause. So wie er die verschiedenen, einander fast widersprechenden, aber jedenfalls ergänzenden Facetten seines Wesens in einer abgerundeten Persönlichkeit vereinigte, so unterschiedlich Art und Ort seiner diversen Funktionen gestaltet sein mochten – hier mit souveräner Würde seines Amtes im prächtigen Speiseraum waltend, dort den mächtigen Kessel der altmodischen Zentralheizung betreuend, hier unerwünschte Besucher am Haustor höflich abweisend, dort in einem dunklen Raum des Souterrains im groben Arbeitsgewand die Schuhe putzend – immer erfüllte derselbe und der ganze Mensch sein selbes und ganzes Amt im selben und ganzen Wirkungsbereich.

Es mag typisch für den Franz sein, daß mir heute bei der Aufzählung der Räume, deren ich mich als seiner Wirkungsstätten erinnere, an letzter Stelle jene kleine, etwas feuchte, im untersten Geschoß gelegene Kammer in den Sinn gerät, die „das Zimmer vom Franz" genannt wurde. Hier verbrachte er seine wenigen freien Stunden und hier ruhte er von den Mühen des Tages aus. Außer uns Kindern respektierte natürlich jedermann die private Sphäre dieses Raumes, und so werden wieder nur wir es gewesen sein, die den Franz in kurzen Augenblicken der Entspannung oder an seinen freien Nachmittagen dort mit kindlichen Anliegen belästigt haben. Wie gerne betrachteten wir die ungezählten billig gedruckten Abbildungen von Heiligen an den gekalkten Wänden der Kammer, die er uns mit Namen und Attributen zu erklären wußte und mit der Aufzählung ihrer irdischen Verdienste, die ihnen die Aufnahme in die unermeßliche Zahl der „himmlischen Herrschaften" erwirkt hatten. Ja, so hatte der Franz den kanonischen Begriff der „himmlischen Heerscharen" für sich umgewandelt. Denn wie hätte dieser demütige Diener dem überirdischen Rang und der Erhabenheit dieser Himmlischen besser gerecht werden können, als durch die Erhebung in den Stand der Herrschaften?

Bei aller Bescheidenheit, die den Franz Zeit seines Lebens ausgezeichnet hat, war er in der Eintreibung einer von ihm aufgestellten Forderung unerbittlich. Die österreichische Nationalbank hat in den Jahren um 1935 eine schöne Silbermünze herausgebracht, die den Wert von fünf Schillingen repräsentierte und in sehr dekorativer Form das Gnadenbild des berühmten österreichischen Wallfahrtsortes von Mariazell, die „Magna Mater Austriae" zeigte. Dieses jedermann zugängliche Zahlungsmittel sollte in der Bevölkerung das etwas kränkelnde Staatsbewußtsein stärken. Beim Franz, der stets ein guter österreichischer Patriot gewesen war, mochte diese Absicht unnötig gewesen sein. Das Erscheinen dieser Münze verursachte hier eine völlig andere und von den Herausgebern gewiß nicht beabsichtigte Wirkung. Der Franz hatte offenbar irgendwo gehört, daß man mit dem Betrage von fünf Schillingen – soferne man solch verderbliche Wünsche hegte – in sündhaften Etablissements ein Abenteuer erkaufen konnte, dessen Nutzen für den Körper ein höchst fragwürdiger, dessen Folgen aber ohne jede Frage für die Seele in höchstem Maße schädigend waren. Wenn es auch nicht Sache des Franz sein konnte, derartig lasterhafte Geschäfte zu verhindern, so wurde ihm aber doch der Gedanke unerträglich, daß ab nun der gebenedeiten Mutter von Mariazell die Schande widerfahren konnte, als Zahlungsmittel für den Kauf und die Begehung einer gottes-

Franz Straßer, genannt Der Franz.

lästerlichen Todsünde mißbraucht zu werden. Der Franz beschloß, dies zu verhindern. Die einzige Erfolgschance sah er in der Bemühung, dieses der Entehrung dienende Zahlungsmittel aus dem Verkehr zu ziehen. So forderte er von meiner Mutter, die ihm allmonatlich seinen bescheidenen Lohn auszahlte, ab nun solange den ihm zukommenden Entlohnungsbetrag in Mariazeller-Fünf-Schilling-Münzen auszuzahlen, bis diese Prägung aus dem Verkehr verschwunden wäre. Da er selbst bis auf wenige bescheidene Ausnahmen, etwa seinen Pfeifentabak, für sich persönlich kaum Ausgaben tätigte, sondern all sein Geld für einen wohltätigen Zweck sparte, schien ihm sein hochgestecktes Ziel erreichbar. Er legte nunmehr all seinen Lohn wie bisher zu seinen Ersparnissen, aber nun nicht mehr bei einer Bank, die ihm diesbezüglich unverläßlich schien, sondern in einer Schublade in seiner Kammer. Er löste sein Bankdepot auf und ließ sich auch dieses Geld in Form der frommen Münze aushändigen, welches er sodann in eben dieser Schublade deponierte. So sammelte er durch Jahre die Mariazeller-Fünf-Schilling-Stücke, solange, bis sie tatsächlich aus dem Verkehr gezogen wurden. Dieser Erfolg allerdings war nicht ihm und seiner aufopfernden Aktion allein zuzuschreiben. Die Ursache lag vielmehr in der Auflösung der Österreichischen Nationalbank, die ihre Existenzberechtigung verloren hatte, als 1938 durch den deutschen Einmarsch ganz Österreich, die österreichische Währung und mit ihr die „Magna Mater Austriae“ aus dem Verkehr gezogen waren. Der gute Franz hat diese kleine Genugtuung, die in der Tragödie von 1938 für ihn enthalten war, nicht lange genossen. Er starb bald darauf, und die Erfüllung seines Testamentes brachte uns einigermaßen in Schwierigkeiten. Die Erben waren die Pfarre von St.Leonhard und das Blindenbetreuungsinstitut zur Heiligen Odilia. Die große Menge der frommen österreichischen Fünf-Schilling-Stücke in seiner Schublade hatte ihren Geldwert verloren, anderseits stellte sie freilich einen erheblichen Silberschatz dar, dessen Hortung aber auf Grund bestehender Gesetze verboten gewesen war. Man fand jedoch irgendeinen Weg, um den begünstigten Erben die Wohltaten des alten Franz zukommen zu lassen, der, Jahre zuvor, während seiner gottgefälligen Sammlertätigkeit nicht geahnt hatte, daß er sich mit den irdischen Gesetzen in Konflikt befand.

Aber ich will noch nicht von seinem Tode reden. Ich will mich noch seiner letzten Jahre erinnern, als er wirklich noch eine „Stütze unseres Hauses“ war, dessen schon stark verblassenden Glanz er immer wieder aufs Neue aufpolierte. In dieser Zeit feierten wir sein vierzigstes Dienstjubiläum. Aus diesem Anlaß wurden einige nahe Verwandte, der Pfarrer von St.Leonhard und ein offizieller Repräsentant einer zuständigen Arbeitnehmerorganisation zu einem feierlichen Mittagessen geladen. Ich sehe heute noch das todunglückliche Gesicht des armen Franz vor mir, der, auf einem

Ehrenplatz an der Seite meiner Großmutter niedergezwungen, Tischreden und Gratulationen über sich ergehen lassen mußte, und dem zu seiner Verzweiflung – zum ersten Mal in seinem Leben – die Speisenfolge serviert wurde. Alle Einzelheiten dieser Feierstunde müssen dem Franz in allerhöchstem Maße zuwider gewesen sein. Die Tatsache, daß er nunmehr vierzig Jahre demselben Hause und derselben Familie gedient hatte, schien ihm ganz gewiß keines Aufhebens wert, denn dieses Haus galt ihm als sein Platz auf dieser Welt und diese Familie als seine Familie und wo denn hätte er diese vielen Jahre sonst verbringen sollen. Und daß über diese Selbstverständlichkeit so viel und ehrend gesprochen wurde, mochte er gar nicht recht verstehen und der Dank und die Anerkennung einer ihm völlig fremden und absolut nichtssagenden Arbeitnehmerorganisation waren ihm unbegreiflich. Am ärgsten aber muß er unter dem Zwange gelitten haben, der ihm für diese Stunde einen Platz zuwies, den er nie als den seinen ersehnt hatte und den er nie, und auch in dieser Stunde nicht, zu beanspruchen gedachte. So saß er denn, gepeint und unglücklich auf seinem Ehrenplatz, ohne in die Servierdienste der übrigen Hausangestellten eingreifen zu können und gewiß auch ohne die schönen Worte und glatten Phrasen in sich aufzunehmen, die ihm da gewidmet wurden. Armer Franz, ich glaube, sein Dienstjubiläum wäre für ihn am schönsten gefeiert worden, wenn man dieses überhaupt nicht erwähnt hätte.

Bald darauf trat der Franz in sein Pensionsalter ein. Für ihn änderte sich hiedurch nicht allzuviel. Er erhielt eine bescheidene Rente von der Pensionsversicherungsanstalt und selbstverständlich behielt er seinen Platz in unserem Hause. Daß er seinerseits nicht daran dachte, auch nur einen Bruchteil seiner bisherigen Obliegenheiten aufzugeben und daß auf der anderen Seite sich die finanzielle Lage unserer Familie schon bedrohlich verschlechtert hatte, brachte meine Eltern in einen ernsten Konflikt. Man konnte sich einen Diener überhaupt nicht mehr leisten, ja, man konnte einen äquivalenten Lohn für die weiterhin von dem Franz freiwillig geleistete Arbeit kaum mehr aufbringen, abgesehen davon, daß man dadurch sein Recht auf den Rentenbezug gefährdet hätte. Der Franz selbst wollte von einer Bezahlung durch meine Eltern gar nichts wissen. So fand man eine Lösung, die allseits befriedigte: der Franz wurde zeitweise außer Haus „verliehen". Auch in unserer Stadt waren, bedingt durch den erfolgten politischen, wirtschaftlichen und gesellschaftlichen Strukturwandel der letzten Jahrzehnte, neue Kreise zu Vermögen und Ansehen gekommen, die ihre neue Position durch aufwendige Haushaltungen in frisch adaptierten alten Herrschaftsvillen unter Beweis stellten. Man hatte reichlich Geld, entsprechende Beziehungen, einflußreiche Freunde, man hatte kostspielig eingerichtete moderne Wohnungen, günstig erworbenes Tafelsilber, kostbare Toiletten und reichen Schmuck. Dies alles wollte man zeigen und so veranstaltete man gerne größere Gesellschaften oder auch, weil dies immer noch als vornehm galt, gepflegte Diners. In manchen solcher Häuser hatte man aber offenbar noch nicht genügend Zeit gehabt, die wahrhaft feine Art, den wirklich eleganten Stil zu entwickeln, der einem so leicht und selbstverständlich über manche noch nicht ganz ausgeschliffene Unebenheit und Unsicherheit hinweghelfen konnte. In den Kaufpreisen der erworbenen antiken Möbel, dekorativer Ahnenbilder und Schmuckokkasionen aus alten, nunmehr verarmten Familien, war deren früher praktizierter Lebensstil leider nicht mitenthalten gewesen. In dem ehrlichen Bestreben, dieses bedrückende Manko wenigstens bei wichtigen Gelegenheiten dann und wann auszugleichen, kam man auf die Idee, sich durch vorübergehende Dienstleistungen von ehemaligem herrschaftlichem Dienstpersonal aushelfen zu lassen. So manche alte Herrschaftsköchin wechselte aus ihrer Rentnerstube für einen Tag an den modernen Herd einer blitzenden neureichen Küche, und so mancher nunmehr pensionierte Kammerdiener zog noch einmal seine weißen Handschuhe an, um gegen ein gar nicht so geringes Entgelt ein recht unbeholfenes Personal beim Dienst an einer fremden Tafel zu dirigieren. Als besonderer Geheimtip galt in Graz für solche Gelgenheiten der „Spiegelfeld Franz". Unter Mithilfe meiner Eltern wurden einige Arrangements getroffen, denen zufolge der Franz in etlichen nunmehr renommierten Häusern zu festlichen Anlässen seinen gewohnten Dienst verrichtete. Natürlich wurde bei der Auswahl der sich für den Franz bemühenden Haushaltungen auf sein stark ausgeprägtes Standesbewußtsein Rücksicht genommen. Man bemühte sich, ihn nur dort zum Einsatz zu bringen, wo man den althergebrachten kultivierten Stil um seiner selbst willen zu pflegen gewillt war und nicht etwa aus parvenuhafter Geltungssucht. Der Franz war zufrieden. Nebem dem klingenden Lohn, den er sich – natürlich – in Mariazeller-Fünf-Schilling-Stücken auszahlen ließ, freute ihn die Möglichkeit, sein perfektes Wissen und seine erprobten Erfahrungen auch an andere Häuser und andere Menschen weitergeben zu können, zumal in unserem Hause diese Gelgenheiten immer seltener geworden waren. So hat er, der stets vollkommene Kammerdiener, der sein Amt mit der Würde eines Hohepriesters nunmehr auch an fremden Altären verrichten konnte, noch in späten Jahren missionarisch gewirkt.

Als der Franz die Bürde seines Amtes durch sein letztes Lebensjahr trug, war der Glanz unseres Hauses schon sehr stark verblaßt. Schon lange war die Anzahl unseres Personals erheblich reduziert worden, es gab keine Kammerjungfer mehr, keine Küchenmädchen, keine Gouvernante. In der Küche waltete die Mizzi, ein dralles Wesen, die sich mit einer Bedienerin auch die Arbeit in den Zimmern teilte. Schon lange hatte es kein feierliches Diner mehr gegeben, und Gäste an unserer Tafel waren selten geworden.

Man hatte lernen müssen, sich nach der Decke zu strecken und die Ausgaben den Einnahmen anzupassen, die nur mehr aus dürftiger Quelle flossen. In allen Lebensbereichen wurden Einschränkungen vorgenommen, und die Sparsamkeit wurde überall zum höchsten Gebot erhoben. Es gab nur mehr drei einfache Mahlzeiten täglich, und die Folge der aufgetragenen Speisen war knapp und bescheiden. Aber immer noch wurden sie, wenn auch mit zittriger Hand, vom alten Franz in untadeliger Weise serviert, und immer noch saß er am Nachmittag in seiner kleinen Putzkammer und polierte das Silber wie ehedem. Soweit es auf ihn ankam, wehrte der Franz den Einbruch der neuen Zeit in unser Haus ab und war unermüdlich bestrebt, den äußerlichen Niedergang unserer Familie zu verschleiern. Dieses rührende Bemühen war allerdings ebenso erfolglos wie überflüssig. Denn die graue Dämmerung, in der unser Haus langsam versank, fand nirgends sonderlich Beachtung. Denn sie wurde weithin überschattet von drohendem, dunklem Gewölk, das sich an der Grenze unseres Vaterlandes, unserer Heimat Österreich, zusammenzog. So klar meine Eltern und wir mit ihnen das heranbrausende Unheil erkannten, so fassungslos waren wir, als es über uns hereinbrach, vom Großteil des verblendeten österreichischen Volkes als Sieg und Heil bejubelt, begrüßt mit Sprechchören und schwingenden Fahnen. Ja, es war wahrhaft eine neue Zeit, die da lautstark verkündet wurde, neu in ihren Wertmaßstäben, neu in ihrer Gesetzlosigkeit, in ihrem Größenwahn und ihrer Verführungskunst. Neu auch in ihrer Intoleranz und im Haß gegen ihre Gegner, neu in den radikalen Methoden, Gegner zu verfolgen und zu eliminieren.

Selbst schon am ersten Tage gewaltsam um die materiellen Grundlagen ihrer Existenz gebracht, hatten sich unsere Eltern in die Isoliertheit unseres Hauses zurückgezogen, von wo sie beschämt und angeekelt die Turbulenz der sie umgebenden Ereignisse beobachteten. Selbst von den zunächst unlösbar erscheinenden Problemen des täglichen Bedarfes für unsere Familie bedroht, in oftmaligen würdelosen Verhören gequält, durch beschämende Hausdurchsuchungen belästigt, gerieten sie in Schrecken und Empörung durch die Nachrichten über weit grausamere Geschicke, die so manchen ihrer befreundeten oder bekannten Gesinnungsgenossen widerfahren waren. Die nächsten Monate waren für unsere Eltern, aber auch für uns Halbwüchsige, die bald zur Fähigkeit, all dies zunächst Unbegreifliche zu begreifen herangereift waren, eine Kette des Unglücks, der Sorgen und der Schmach. Unser altes Haus, einst Hort der Geborgenheit und des Kinderglücks, hatte seine Nestwärme verloren, seine Sicherheit, es war nicht mehr unsere Festung, es war Schauplatz widerlicher Aktionen der Geheimen Staatspolizei, ein Platz für Spione und Verräter. Längst wußten wir, daß die Köchin Mizzi den Auftrag der Geheimpolizei hatte, uns zu bespitzeln und Auskünfte

über unsere Gäste, unsere Gespräche und unser volksfeindliches Treiben zu beschaffen. Eine Aufkündigung ihres Dienstes ohne triftigen Grund schien höchst gefahrvoll, und so behielt man sie im Hause, ohne sich die Kosten hiefür leisten zu können. Jedes verfängliche Thema mußte vermieden werden, jedes offene Gespräch war gefährlich. Wahrlich, unser Haus war uns fremd geworden, kalt und düster.
Aber nicht ganz so fremd, daß nicht noch eine freundliche Seele darinnen gewaltet hätte, nicht ganz so kalt, daß der letzte wärmende Funke verglommen wäre, nicht ganz so dunkel, daß nicht in der kleinen Putzkammer ein letztes Licht geschimmert hätte, von einer Kerze, die sehr kurz und sehr flackernd geworden war: unverdrossen und unbeirrt saß da immer noch der alte Franz, der bis in diese wirren Tage treu und beständig seinen Dienst verrichtet hat. Er pflegte die dürftig gewordene Tafel, er putzte das selten gebrauchte Silber, er putzte es mit zitternden Händen, er putzte, bis ihm der letzte Löffel zu Boden fiel. Dann legte er sich in seine Kammer, zum Sterben. Aufgeschreckt rief man Arzt und Rettung, brachte ihn ins Spital, sorgte für Operation und beste Behandlung. Aber es sollte nicht sein. Seine Uhr war abgelaufen, sein Dienst beendet. Er starb still und bescheiden und ohne viel Aufhebens ging er hinüber zu den „himmlischen Herrschaften", wo ihm, wie ich annehmen möchte, all der Glanz, den er in siebenundvierzig Jahren des Putzens und Polierens in unserem Hause geschaffen hat, als ein ewiges Licht herrlich umstrahlen möge.
Wir haben den Franz am Friedhof in St.Leonhard zu Grabe getragen. Sein Grab liegt unmittelbar neben der Gruft meiner Großeltern, denen er so lange treu gedient hat und inmitten vieler Gräber von Verwandten und Freunden der Familie, inmitten vieler Gäste, die der Franz bei Tisch bedient hat, vieler Freunde des Hauses, die auch seine Freunde waren. Ich meine, dies ist ein guter Platz für ihn, und wenn ich vor seinem Grabe stehe, dann ist es mir oft heute noch, als hörte ich seine Stimme melden: „Es ist serviert."
Das Begräbnis des Franz glich einer Demonstration. Von überall her kamen sie zu Hunderten: all die vielen Freunde meiner Großeltern und Eltern, all die Verwandten und Bekannten, die früher in unserem Hause verkehrt hatten, all die letzten Überlebenden der „Gesellschaft", die in Verfolgung und Bedrängnis lebten, um die es still geworden war, sie kamen, um dem „Spiegelfeld Franz" die letzte Ehre zu geben. Dem Franz, der ihnen – lang, lang ist's her – das Tor zur Villa geöffnet hatte, der sie empfangen hatte, der ihnen aus den Mänteln geholfen hatte, der sie in formvollendeter Weise bedient hatte, durch Jahre und Jahrzehnte, der sie und ihre Familien gekannt hatte, all ihre Adressen und Telefonnummern, und der ihnen ein langes und untadeliges Dienerleben vorgelebt hatte, von einer Zeit her, die noch die ihre gewesen war, bis

in die Tage ihres Niederganges. Noch einmal, vielleicht ein letztesmal, kamen sie alle zusammen, sie, die schon gar nicht mehr in diese neue Zeit gehörten und formten einen langen dunklen Zug, der weit herüberreichte, aus guten alten Tagen. Man ließ sie gewähren. Es war ja nur eine stille Demonstration auf einem Friedhof.
Tags darauf erschienen, wie schon so oft, die uns sattsam bekannten Beamten der Geheimen Staatspolizei in unserem Hause. Sie kämen, sagten sie, diesmal in einer erfreulichen Angelegenheit. Es sei höheren Orts mit Genugtuung vernommen worden, welch ein lobenswertes Beispiel echter „Volksgemeinschaft" mein Vater gegeben hätte, als er seinen Diener in so würdiger Form bestattet habe. Meinen Vater erfaßte heiliger Zorn. Von „Volksgemeinschaft" halte er gar nichts. Und nicht ihretwegen, sondern aus reiner Liebe zum Franz, der ein Freund und Mitglied seiner Familie gewesen sei, auf dessen Knien, er, der Vater, als Bub geritten sei, und den er schon lange vor der Erfindung der „Volksgemeinschaft" geliebt habe, aus reiner Liebe also, unaufgefordert, seien sie alle gekommen und keineswegs, um „an höherem Orte Genugtuung auszulösen". Und mit großer Geste entließ mein Vater die Beamten der Geheimen Staatspolizei. Daß ihn dieses höchst ungebührliche Verhalten nicht in ärgste Bedrängnis gebracht hat, mag wohl der raschen Fürsprache des guten alten Franz bei den „himmlischen Herrschaften" zu verdanken sein.

Der „Gotha“

Man nannte meinen Vater einen wandelnden „Gotha“. Der „Gotha“ – das weiß der Leser – war ein unentbehrliches Handwerkzeug aller adeligen Familien, ein Nachschlagwerk, in dem alle Mitglieder dieser Kaste, mit Namen, Daten, Titeln und vor allem ihrer Abstammung genau verzeichnet waren. Ein Vorläufer des heutigen „Who is who“, aber mit anderen Voraussetzungen. Wer sich in „Who is who“, dem Goldenen Buche der heutigen Oberen Zehntausend, finden will, der muß etwas geleistet oder etwas erwirtschaftet oder erreicht oder bezahlt haben. Sein Stern muß in der Gegenwart leuchten, hoch oben am Himmel der Wirtschaft, der Finanz, der Politik, der Wissenschaft oder der Kunst. Niemand fragt, aus welcher Dämmerung, aus welcher Richtung, von welchen Horizonten der Stern seine Bahn gezogen hat. Wichtig ist, daß er die blendet, die zu ihm aufblicken. Ganz anders der „Gotha“. Seit der Mitte des 18.Jahrhunderts gab der Verlag Justus Perthes in der thüringischen Stadt Gotha seine „Genealogischen Taschenbücher“ heraus, in denen, rangmäßig getrennt, alle Adelshäuser Deutschlands und Österreichs mit allen ihren Mitgliedern verzeichnet waren. Eine Ausnahme machte nur der „Gothaische Genealogische Hofkalender“, der in drei Abteilungen die Genealogie der europäischen regierenden Fürsten (Abteilung I), die Genealogie der deutschen Standesherren (Abteilung II) und die Genealogie von anderen, nicht souveränen, fürstlichen Häusern Europas verzeichnete. Der Hofkalender war weinrot gebunden und trug eine goldgeprägte Fürstenkrone.

Das grüngebundene „Gothaische Genealogische Taschenbuch der gräflichen Häuser“ war mit der neunzackigen Grafenkrone geziert, das violette „Gothaische Genealogische Taschenbuch der freiherrlichen Häuser“ mit der siebenzackigen Freiherrenkrone. Angehörige der uradeligen und adeligen Häuser fanden sich in hellblauen Bänden, geziert mit der Blätterkrone.
Die Herausgabe dieser Bände muß einer Königsidee des Hauses Perthes entsprungen sein. Es muß sich um ein absolut sicheres Geschäft gehandelt haben, denn zu den Abnehmern zählte nahezu jede deutsche und österreichische Adelsfamilie, die zumindest die Bände bezog, in denen sie selbst verzeichnet war. Aber bei der Verzweigtheit aller adeligen Familien untereinander und bei der Vielfältigkeit der Blutsverbindungen zu den Rängen darunter und darüber, wäre der ledigliche Besitz des eigenen Ranges nur ein armseliger Torso geblieben. Jede halbwegs genealogisch interessierte Familie bezog deshalb jährlich mehrere Bände dieser Taschenbücher, weil man ja auch auf dem laufenden bleiben mußte, über die erfolgten Heiraten, Geburten und sofort. Die „Gothas“ pflegte man meist nicht in der Bibliothek seines Hauses aufzubewahren, sondern man hielt sie griffbereit in nächster Umgebung. Waren sie doch verläßliches Auskunftsmittel in täglich wiederkehrenden Fragen, bei der Erörterung von Themen, um die die täglichen Gespräche kreisten. Um wirklich im Bilde zu sein über den Träger eines eben genannten Namens oder über einen Menschen, den man eben erst kennengelernt hatte, über einen angesagten Besuch, über einen neu zur Garnison versetzten Offizier, über den Bräutigam einer jüngst verlobten entfernten Nichte, um ihn als vollen Menschen gleichsam in Fleisch und Blut sich vorstellen zu können, mußte man wissen, „wer er war“, das heißt, wer sein Vater war, wer seine Mutter, mit wem aus seiner Verwandtschaft man eventuell verwandt oder befreundet war, in welchem Regiment sein Vater, sein Großvater gedient hatte, mit welchen Häusern er versippt war, woher seine Familie stammte, wie alt sie und welcher Art ihre Besitztümer waren. Dies alles war genau im „Gotha“ verzeichnet. Mit kundiger Hand hatte der Suchende rasch gefunden, was er wissen wollte. Nichts freilich enthielt das Gothaische Taschenbuch über Bedeutung, menschliche Qualitäten oder Leistungen des gesuchten Standesgenossen, nichts über seine Neigungen, seine Hobbies, wie man heute sagt, nichts über seine Bildung und seine Interessen. Dies alles stand auf einem anderen Blatt und interessierte zunächst nicht. Zu gegebenem Zeitpunkt würde man auch das, soferne nötig, in Erfahrung bringen. In einer Gesellschaft, die so sehr der Vergangenheit verhaftet war, die sich so gerne in ihrer eigenen Geschichte spiegelte, interessierte zuvorderst das Woher und weniger das Wohin.
Natürlich stand auch im Salon meiner Eltern eine bunte Reihe der „Gothas“ in greif-

barer Nähe und in häufiger Benützung. Mein Vater, der sich oft und gerne in genealogische Fragen vertiefte, zog sie oft zu Rate. Auf großen Papierblättern pflegte er gemeinsame Blutslinien weit voneinander entfernter Häuser zu ziehen und überraschende Abstammungstheorien zu beweisen. Eingehende Studien trieb er unter Zuhilfenahme des sogenannten „Huebner", eines vierbändigen Vorgängers der „Gothaischen Tagebücher" aus dem frühen 18. Jahrhundert.
Auf den wissenschaftlich exakten genealogischen Tabellen dieses Werkes, die weit in die Vergangenheit zurückgriffen, bewies er unsere Abstammung von einigen Größen, die in den Himmeln verschiedener Religionen verehrt werden: zu unseren Ahnen zählen die Heilige Elisabeth von Thüringen, die Heilige Hedwig und Mohammed, der Glaubensgründer des Islam. Freilich versteigen sich Huebners genealogische Tabellen auf ihrem weiten Weg in die Vergangenheit, wenn sie das frühe Mittelalter durchschritten haben und versuchen, die Geschlechterreihen des Altertums auszuleuchten, nur allzu gerne ins Phantastische. Wenn sie etwa die Geburts- und Sterbedaten der Urväter nach und vor der Sintflut zu wissen vorgeben und dabei die Jahreszahlen, mit der Erschaffung der Welt beginnend, in aufsteigender Reihe nennen, oder wenn sie manche Geschlechter exakt datiert bis zu Adam und Eva zurückzuverfolgen wagen (Adam, geb. im Jahre 0, gestorben im Jahre 1033), bringen sie den naiven Leser zu ungläubigem Staunen, den Genealogen und Historiker aber zu Skepsis und Ärgernis.
Abseits aber von den gewagten Kletterpartien in den höchsten Höhen und Zweigen oft wolkenragender Stammbäume, drehten sich unsere täglichen Tischgespräche sehr häufig auch um Fragen der Abstammung. „Wer ist sie?" war die oft gestellte Frage, mit der man einen zu Debatte stehenden Mitmenschen näher lokalisieren wollte. „Ist sie wer?" kam beinahe einer Existenzfrage gleich, die entscheiden sollte, ob die Besprochene zu den Kreisen der Gesellschaft zählte, oder ob sie nicht weiter erörterungswürdig war. Mindestens bis zur Großmutter mußte die Abstammung klar zu Tage liegen und das natürlich in doppelter Auflage: väterlicherseits und mütterlicherseits. Da mein Vater, wie es sich gehörte, ja nicht nur meine Mutter geheiratet hatte, sondern auch deren ganze Familie, die damit für uns Kinder zu unserer Abstammung mütterlicherseits wurde, hatten wir schon in frühester Jugend genau zu unterscheiden, welche Blutslinie uns diesen oder jenen Onkel, Vetter oder sonstigen Verwandten beschert hatte. „Väterlicherseits" und „mütterlicherseits", das waren zwei getrennte Welten, die einen einzigen Berührungspunkt hatten, und das waren wir selbst.

Spiegelfeld

„Väterlicherseits“, das war für uns die eine, die linke Hälfte unserer Umwelt, soweit sich diese in gesellschaftliche, verwandtschaftliche oder genealogische Bereiche einordnen ließ. Die linke Hälfte deshalb, weil sie sich dem Betrachter einer Ahnentafel auf der linken Seite zeigte, ähnlich wie von der Ministerbank des Parlamentes aus gesehen auf der linken Seite die Abgeordneten der „linken Parteien“ plaziert sind. „Väterlicherseits“, das war für uns der Vater, die Großmutter, die Villa, Graz, die Steiermark, unser eigener Familienname und die Namen unserer Vorfahren Attems, Bussy, Lodron, Inzaghi, Gumppenberg, mit allen ihren Zusammenhängen, mit ihren Nachkommen, die unsere Onkel, Tanten, Vettern und Kusinen waren, mit ihren Schlössern und Besitzungen, mit ihrer Geschichte und ihren Geschichtchen. Wenn ich den geneigten Leser nunmehr freundlich einlade, mich in das Gebiet zu begleiten, das ich mit dem Begriff „väterlicherseits“ umreiße, dann muß ich wohl mit dem Namen meiner eigenen Familie beginnen. Und wenn ich ganz zu Beginn meiner Niederschrift behauptet habe, daß die Welt in den Tagen meines Eintrittes in dieselbe durchaus nicht in Ordnung war, dann galt dies auch für meinen eigenen Namen. Es sei hier daran erinnert, daß nach dem Ersten Weltkrieg und dem Ende der Monarchie ein von den neuen Machthabern flink beschlossenes Gesetz den adeligen Familien den Gebrauch ihrer Adelstitel und Prädikate untersagte. Nach der so angeordneten Amputation verblieb den Nachkommen uralter Familien nur mehr der nackte Namen, der aber – in den meisten Fällen – in vergangenen Jahrhunderten zu so großer Bedeutung herangereift war, daß er seinen

Träger, auch nach Wegfall all des zierenden Beiwerks, wie ein guter Markenname, als Produkt eines anerkannten Hauses auswies. So blieb ein Angehöriger, etwa der uralten Familie Lodron auch nach der Abhalfterung seines Titels „Graf zu" und seiner Prädikate „Laterano und Castelromano" immer noch ein „Lodron" und, weil sein Haus schon durch viele Jahrhunderte unter dem Namen Lodron firmiert hatte, der ihm ja durch das neue Gesetz nicht genommen wurde, änderte sich für diesen nicht allzuviel. Ein gleiches galt für fast alle österreichischen Adelshäuser, an deren Namen ein Prädikat oder deren mehrere angefügt waren. So blieb der Graf Coreth zu Coredo und Starkenberg fürderhin ein Coreth, der Graf und Herr von und zu Sprinzenstein und Neuhaus ein Sprinzenstein und der Graf Czernin von Chudenitz und Morzin ein Czernin. Nicht so einfach gestaltete sich die vorgeschriebene Entadelung meiner Familie, die zu den ganz wenigen gehörte, deren eigentlicher Name im Laufe von Jahrhunderten in den Schatten seines Prädikates zurückgetreten war. Unser eigentlicher Familienname war ursprünglich Matz. In ferner Vergangenheit hatte sich irgendein Matthias, als er daran ging, seinem Hause einen dauernden und vererbbaren Namen zu schaffen, die damals gebräuchliche Kurzform Matz zugelegt. Ein später geadelter Nachkomme durfte seinem Familiennamen Matz das Prädikat „von Spiegelfeld" anhängen, womit ein Hinweis auf eine ihm eigentümliche Herrschaft dieses Namens in der Obersteiermark gegeben war. Bei der Erhebung der Familie in den Freiherrenstand wurde der Titel „Freiherr" dem Prädikat zugeordnet und der so Erhobene nannte sich Franz Xaver Matz Freiherr von Spiegelfeld. Nach der Erhebung in den Grafenstand nannte man sich Markus oder Karl oder Heinrich Matz Graf von Spiegelfeld. Es ist verständlich, daß es die vergangenen Generationen vorzogen, sich mit jenem Teil ihres Namens zu bezeichnen, der, durch die enge Verbindung mit dem höher gewordenen Adelsrang, die „bessere Karriere" gemacht hatte. Bei der Durchsicht alter Familienpapiere fällt auf, daß der Name Matz immer mehr in den Hintergrund tritt und auf diese Weise das ursprüngliche Prädikat „von Spiegelfeld" in zunehmendem Maße als Familienname gebraucht wird. In der Generation meines Urgroßvaters schien der alte Name Matz bereits völlig vergessen. Mein Großvater und einer seiner Vettern wollten diesem Umstande entgegenwirken und ließen den schon ungebräuchlichen Namen bei der Eintragung ihrer Daten im „Gotha" und im k.u.k. Militärschematismus wieder aufleben.

Als uns nach 1919 die Republik die Führung von Titel und Prädikat verbot, forderten übereifrige Beamte die Streichung des Wortes Spiegelfeld, das schon durch viele Generationen zum einzig gebräuchlichen Namen unseres Hauses geworden war. Unter Hinweis auf die unglückselige Eintragung im Militärschematismus wollte man uns zwingen, uns fürderhin nur Matz zu nennen; ein Name, unter dem kein Mensch uns kannte. Es ist schwer zu sagen, wie der Kampf gegen den republikanischen Amtsschimmel geendet hätte, lebten wir nicht in Österreich, wo nichts so heiß gegessen wie gekocht wird, wo selten etwas bis zum bitteren Ende hartnäckig durchgefochten wird, wo man viel für den Weg des geringsten Widerstandes und für den Sieg des Gewohnheitsrechtes übrig hat. Kein Mensch nannte uns Matz oder Herr Matz, offiziell hieß man Herr Spiegelfeld und, ohne daß wir dies veranlaßt hätten – denn das wäre ja nun wirklich gesetzwidrig gewesen – war der alte aberkannte Graf wieder da und gebräuchlich wie eh und je. Durch eine ähnliche österreichische Lösung wurde eine uns gut bekannte Familie von viel ärgerer Bedrängnis bewahrt. Es handelte sich um einen Baron Ritter von Zahony. Dieser führte seit Jahrhunderten den ehrbaren Familiennamen „Ritter" und war zum Baron geadelt und mit Bezug auf eine ungarische Lokalität, in der ein Vorfahr Ehre oder Besitz erworben hatte, mit dem Prädikat „von Zahony" ausgezeichnet worden. 1919 erklärte ein hämischer Beamter einem Mitglied dieser Familie zu dessen Verblüffung: „So, mein lieber Zahony, jetzt ist's aus mit dem Ritter." Der Gute war in seinem Eifer zu weit gegangen. Den Baron durfte er ja rechtens streichen. Auch das „von". Korrekterweise hätte auch das Prädikat Zahony fallen müssen, welches dem simplen Manne aber als Name zu gelten schien, wogegen der Name Ritter doch verdächtig nach einem k.u.k. Adelstitel roch. Der arme Baron Ritter hatte hart zu kämpfen, um die bescheidenen und existenzberechtigten Reste seines Namens zu retten.

Mit spiegelfeld'schem Familienbesitz älterer Herkunft war unser Zweig dieses Hauses keineswegs gesegnet. Wohl hatte sich 270 Jahre eine Fideikommiß-Herrschaft mit Schloß und Waldungen erhalten – eben jenes Spiegelfeld, von welchem wir unser später zum Familiennamen gewordenes Prädikat herleiteten – aber dieser Besitz war – satzungsgemäß immer nur auf einen ältesten Sohn vererbbar – nie in unsere Linie gelangt. Das Recht des Erstgeborenen, das zu allen Zeiten und in allen Kulturen dieser Welt stets eine bedeutsame, oftmals mit tragischen und blutigen Ereignissen gespickte Rolle gespielt hat, war unserem Zweig der Familie niemals zugute gekommen. Schon mein Urgroßvater war ein „Puis né", ein Nachgeborener, der keine Erbrechte am Fideikommiß-Besitz hatte. Auch mein Großvater und ebenso mein Vater waren spätgeborene Söhne und Gründer immer jüngerer Linien des Hauses, die sich immer weiter von der Erbberechtigung am Fideikommiß entfernt hatten. Überdies ist der Fideikommiß-Besitz durch Anwendung einer sehr selten gehandhabten Regelung der Familie auf ebenso unglückliche wie unnotwendige Weise verlorengegangen.

Im Jahre 1894, also in tiefster Friedenszeit, beantragte der damalige Fideikommiß-Besitzer, mein Großonkel Heinrich Spiegelfeld die Erlaubnis zum Verkauf seiner

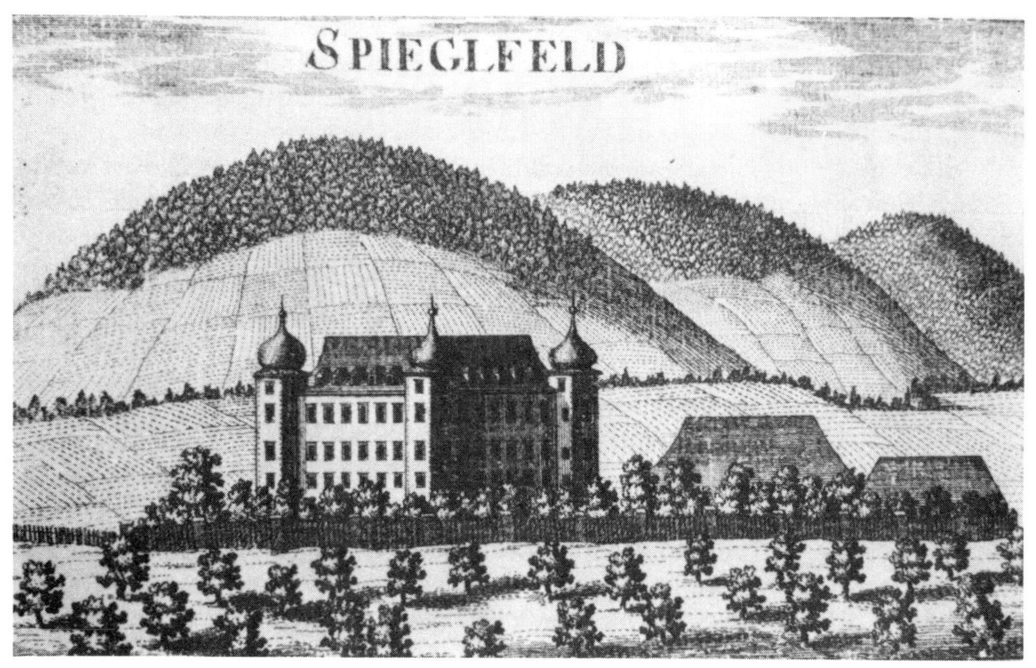

Schloß Spiegelfeld nach Matth. Vischer um 1680.

Herrschaft und zur Umwandlung des Erlöses in ein Geldfideikommiß. Heinrich war unverheiratet und kinderlos, lebte in seinem ebenfalls zum Fideikommiß gehörenden Hause in Graz (dem heutigen Dom-Pfarrhof gegenüber dem Dom und dem Mausoleum Kaiser Ferdinands II.). Auf seinem Schloß Spiegelfeld in der Pfarre St.Lorenzen im Mürztal wohnte seine betagte Mutter. Diese hatte einen sogenannten „Homme d'affaires", einen Berater in finanziellen Angelegenheiten, der zugleich ihr Hausgeistlicher war. Durch unglückliche Spekulationen dieses, zumindest seinen ökonomischen Aufgaben keineswegs gewachsenen Beistandes, kam die Mutter um ihr Vermögen und der Besitz in erhebliche Verschuldung. Heinrich sah als einzigen Ausweg den Verkauf seiner ganzen Habe und erbat die entsprechende Zustimmung der Fideikommiß-Behörde. Der Käufer, das Grazer Domkapitel, verlangte die Räumung der Gebäude. Diese wurde von Heinrich auf eine Weise vollzogen, die ihm seine Familie durch Generationen nicht verzeihen konnte. Er ließ die gesamte Inneneinrichtung versteigern, ohne seine Familienangehörigen hierüber zu verständigen. So manches wertvolle Stück hätte für uns gerettet werden können, wenn mein Großvater rechtzeitig informiert worden wäre.

So aber kam alles unter den Hammer und geriet in fremde Hände. Selbst die Dokumente des sehr alten Familienarchivs, also Papiere, die für Außenstehende kaum einen Wert haben konnten, wurden in Bausch und Bogen versteigert. Sie gerieten an den Fleischhauer des Dorfes, der darin die blutigen Produkte seines Metiers verpackte. Ich besitze heute noch eine leere Kartonmappe mit der Aufschrift „Seltene Goetheana, das meiste von Goethes eigener Hand geschrieben". Die Mappe ist leer. Die wunderschöne Eisentüre des Archivs, bemalt mit unserem Wappen und der Aufschrift „Diplomatisches Archiv", hat später ein Cousin meines Vaters irgendwo im Antiquitätenhandel gefunden und zurückgekauft. Er hat sie als Eingangstüre zur Bibliothek eines von ihm erworbenen Schlosses verwendet, das er dann später wieder verkauft hat. Ich habe die Türe beim heutigen Eigentümer dieses Schlosses besichtigt, aber keinen Weg für einen abermaligen Rückkauf gefunden.

Meine Großeltern und die übrigen Mitglieder der Familie waren entsetzt, als sie über den erfolgten Verkauf von Spiegelfeld und über die Versteigerung der gesamten Inneneinrichtung Nachricht erhielten. Die ohnehin nicht sehr innigen Beziehungen zum Majoratsherrn wurden durch dieses unwürdige Verhalten noch kühler und in der ganzen Familie sprach man durch zwei Generationen von ihm nur als dem „Feind". Der „Feind" ist dreißig Jahre später, nachdem sich auch die letzten Reste des Geldfideikommisses durch ungeschickte Verwaltung und durch die Inflation verflüchtigt hatten, nach einem Leben in karger Einsamkeit in den Armen meiner Großmutter, die ihm gütig verziehen hatte, gestorben.

Mein Großvater, der über den Verlust des alten Familienbesitzes sehr verärgert war, diente damals bei den „Ennser Dragonern", wo ein Jahrzehnt zuvor Erzherzog Franz Ferdinand Eskadronskommandant gewesen war.

Meine Großeltern gehörten zum engeren Freundeskreis des Thronfolgers und waren öfters seine Gäste. Unsere Familie bewahrt noch heute zahlreiche Briefe des hohen Herrn, die meine Großeltern auf eines seiner Schlösser einladen oder über persönliche Angelegenheiten des Erzherzogs informieren, wie etwa über seine unglückliche Verfassung auf einem Kuraufenthalt in Ägypten, dem er sich wegen seines Lungenleidens zu unterziehen hatte. Manchmal nennt der Erzherzog meine Großmutter die „gute Haut", einer von ihr gerne gebrauchten Ausdrucksweise entsprechend. In einem Schreiben an die „gute Haut" berichtet er stolz und ausführlich über die Geburt seiner Tochter Sophie, die ihm höchstes Vaterglück beschert.

Auf einer Seereise, die meine Großeltern als Gäste des Thronfolgers im Freundeskreise unternahmen, wollte sich der übermütig gelaunte Gastgeber vor den Damen produzieren. Er kletterte kühn auf den hohen Schiffsmast und rutschte dann, an einem schräg gespannten Seil sich mit den bloßen Händen festhaltend, wiederum herunter. Auf Deck gelandet, stand er lachend vor seinen entsetzten Gästen mit blutigen Händen, von denen die Haut in Fetzen hing. Die hilfsbereite Fürsorge der Damen schien ihn amüsiert zu haben.

Als meine Großeltern einmal zu einem Essen in seinem neu eingerichteten Schlosse zu Konopist in Böhmen zu Gast waren, erzählte Erzherzog Franz Ferdinand ihnen, daß ihm Beamte des Hofmobiliendepots im Vollzug ihres Auftrages, geeignete Bilder für das umgestaltete Schloß zu besorgen, eine Reihe von fremden Ahnenbildern dahergebracht hätten, die aus der Versteigerung der Einrichtung des Schlosses Spiegelfeld stammten und somit die väterlichen Vorfahren meines Großvaters darstellten. In alten Unterlagen bewahre ich heute noch den Lieferschein des Hofmobiliendepots über den Transport von zehn spiegelfeldischen Ahnenbildern, die Seine Kaiserliche Hoheit Erzherzog Franz Ferdinand meinem Großvater großzügig als Geschenk überlassen hat. Die heimgekehrten Bilder, letzte Überbleibsel aus dem alten Familienmajorat sind uns, meinem Bruder und mir, nicht zuletzt ihres ehrenvollen Irrweges bis ins kaiserliche Haus, besonders eng ans Herz gewachsen.

Meine Großeltern als Gäste des Thronfolgers auf einer Seereise vor Dalmatien.

Das „Werkl“

Die Beziehungen meines Großvaters zur kaiserlichen Familie hatten für ihn schon sehr frühzeitig, in seinen allerersten Kindertagen, begonnen. Mein Großvater war 1862 in Salzburg zur Welt gekommen. Sein Vater, mein Urgroßvater, war damals Landespräsident von Salzburg und residierte in jenem Hause, in dessen Turm das berühmte Glockenspiel dieser Stadt täglich erklingt. In Salzburg lebte damals der Bruder des Kaisers, Erzherzog Ludwig Viktor, der sich aus persönlichen, peinlichen und dem Hofe nicht förderlichen Ursachen auf kaiserliche Veranlassung an die Salzach zurückgezogen hatte. Er war ein absonderlicher Herr, der es schätzte, seine Gäste zu schockieren oder in Verlegenheit zu bringen, indem er ihnen etwa exotische Speisen vorsetzen ließ, die sie nicht fachgerecht zu verzehren wußten. Er soll sich an der Unsicherheit der Unglücklichen geweidet haben, die vergebens darauf warteten, wie er, der erlauchte Herr des Hauses, die Hürde nehmen würde. Solche oder ähnliche kleine Grausamkeiten, die der Bitternis über seine Verbannung vom Hofe entsprungen sein mögen, hat der Erzherzog meinen Urgroßeltern nie zugefügt. Seinem stets freundschaftlichen Verhalten ihnen gegenüber entsprach auch ein kleines, für den hochmögenden Herrn vielleicht bescheidenes, aber für die Beschenkten sehr liebenswertes Geschenk: anläßlich der Geburt meines Großvaters brachte der Erzherzog meiner Urgroßmutter eine Spieldose, deren winzige Nägel auf einer Messingwalze die Zähne eines stählernen Kammes zum Klingen bringen. Das kleine „Werkl“ spielt zwei Melodien aus der damals hochgeschätzten Oper „Die lustigen Weiber von Windsor“ von Otto Nicolai. Meine Familie hat diese freundschaftliche Gabe eines hochgestellten, einsamen und gewiß unglücklichen Mannes, dem meine Urgroßeltern menschlich nahe gekommen sind, stets in Ehren gehalten. Seit nunmehr hunderdreiundzwanzig Jahren wird das „Werkl“ stets nur einmal jährlich am Weihnachtsabend in ruhiger, feierlicher Stunde auf den Tisch gestellt. Knarrend wird seine Feder gespannt, ein Tröpfchen Öl in sein Gewinde getan, mit leisem Hauch aus spitzen Lippen sein Windflügel in Bewegung gesetzt. Und dann erwacht aus dem Taumel eines langen Schlafes das feine Geräder und schiebt mit winziger Kraft den ersten Nagel an den stählernen Kamm. Ein Zahn beginnt sich zu heben, dann bockt er starr und widerspenstig, der schwache Anlauf droht zu erlöschen, ein neuer Atemhauch bringt neue Kraft, weiter hebt sich der Zahn, und da – endlich – erklingt der erste Ton, ein wenig heiser noch zirpend, aber rasch gefolgt von einem zweiten, einem dritten, das Räderwerk nützt eine Pause zu neuem Schwunge und dann klingt sie auf, die fröhliche Melodie aus alten Tagen in silberhellen Tönen. Sie nimmt mich gefangen, sie wirft ihr Netz aus feinstem Gespinst über mich, der sich ihr gefesselt übergibt. Ganz dem Hören hingegeben, schließe ich die Augen, und aus dem Schatten der Vergangenheit treten nebelhafte Gestalten hervor, verdichten sich zu Bildern, zu Szenerien alter Geschichten, die nun aufsteigen aus dem Schlummer der Erinnerung. Salzburg sehe ich vor mir mit winterlichen Kuppeln und Türmen, seinen engen Gassen und verschwenderisch weiten Plätzen. Unter dem Turm des Glockenspiels erleuchtete Fenster, dahinter in der Wärme des Zimmers zwei Frauen. Eine junge und eine alte. Auf steifen Lehnstühlen sitzen sie einander gegenüber, in knisternder, in der Taille eng geschnürter, die Hüften weit umwallender Seide. Die Greisin hält ein Kind auf ihren Knien, ein sehr kleines, kaum ein paar Monate alt. Ein wenig schaukelt sie es in unbewußten wiegenden Bewegungen und in urmütterlicher Geste streicheln ihre faltigen Hände des krähenden Winzlings Wangen. Um Kinder geht das Gespräch der beiden Frauen, um das uralte, das ewige Thema, in dem sich Frauen verstehen, seit die Welt besteht. Ganz tief haben sich die beiden in ihrem Gespräch verloren, die junge Mutter, deren Leib sich unter dem geschnürten Mieder zum sechsten Male wieder zu wölben beginnt und noch dreimal sich wölben wird und ihre greise mütterliche Freundin, deren Schoß nie ein eigenes Kind getragen hat. Was Wunder, daß mit einem Schlage das frauliche, das gute Gespräch zu Ende ist, von Bestürzung und Peinlichkeit unterbrochen, daß der hohe Besuch sich eilig entfernt, von eifriger Dienstbarkeit und Entschuldigungen begleitet.

Die Beklommenheit der jungen Mutter löst sich am nächsten Morgen. Ein Paket wird abgegeben. Daraus schält sie ein grünledernes Etui, ein Schreibzeug enthaltend, mit Gänsekielen und vergoldetem Federhalter, mit Falzbein aus Perlmut und einer Schere, fein ziseliert, mit Federmessern und Siegellack und einem freundlichen Brief ihres gestrigen Besuches.

Kaiserin Caroline-Auguste, 4. Gemahlin von Kaiser Franz I.

Ich habe dieses kleine Geschenk noch heute wohl verwahrt. Ein Zettel liegt ihm bei, von meines alten Vaters Hand geschrieben: „Ich schenke Dir dieses kleine Schreibnecessaire, das von meiner Großmutter Marie Spiegelfeld stammt. Wirklich kostbar ist es aber durch seine Herkunft, nämlich durch seine Spenderin, die keine geringere war als eine Kaiserin. Als mein Großvater Landespräsident von Salzburg war, wohnte gegenüber in der Residenz die Kaiserin-Witwe Caroline-Auguste-Charlotte, die vierte Gemahlin von Kaiser Franz I. von Österreich, Tochter des Königs Maximilian I. von Bayern. Sie war mit meiner Großmutter, die damals noch eine junge Frau war, sehr lieb und besuchte sie sehr oft. Einmal hatte sie meinen Vater, der damals (1862) ein kleiner Bub war, am Schoß, und da wurde es auf einmal auf ihren Knien feucht . . . Sie hat damals meiner Großmutter dieses Geschenk gemacht, als Trost, weil für diese so ein „malheur“ sehr peinlich war. Jedenfalls können nur wenige Leute von ihrem Vater berichten, eine Kaiserin (!) angemacht zu haben.“

Die Familie Bussy

Meine Urgroßmutter Marie Spiegelfeld, geb. Comtesse de Bussy-Mignot war eine Enkelin jenes Antoine Comte de Bussy-Mignot, der sich in den Tagen der französischen Revolution und nachher für die Sache der Königstreuen große Verdienste erworben hat.

Beim Ausbruch der Revolution wurde er vom König beauftragt, ein corps de cavalerie unter dem Namen „Chevaliers de la Couronne" auf seinem Besitze in Beaujolois, wohin sich der König zurückziehen wollte, zu errichten. Nachdem der König durch die politischen Ereignisse gezwungen war, sein Vorhaben aufzugeben und die Nationalversammlung in diesem Plane und in der Errichtung der „Chevaliers de la Couronne" einen Fluchtversuch erkannt hatte, wurde Antoine de Bussy-Mignot zum Verräter erklärt, in der Nacht in seinem Schlosse Villie gefangen genommen und, nachdem man ihm kaum Zeit gelassen hatte, sich anzukleiden, nach Paris gebracht. Nach dreimonatiger Gefangenschaft wurde er zum Tode verurteilt, aber von seinem Bruder Jean und seinem späteren Schwager Baron de Julienas in der Nacht vor seiner Hinrichtung befreit.

Er verließ 1791 Frankreich und begab sich zu den Brüdern des Königs. Im November 1791 wurde er vom Comte d'Artois zum Oberst der Armee und zum Kommandanten des Corps der Chevaliers de la Couronne ernannt und mit diesem der Armee von Conde eingegliedert. Die in dieser Armee eingerissene Desorganisation bewog ihn jedoch, dieselbe zu verlassen. Ein Großteil der „Chevaliers de la Couronne" folgte ihm. Mit

diesen errichtete er 1795 ein Freicorps, welches den Namen „Bussy'sches Jägercorps zu Pferde" führte und als Reichskontingentstruppen der Bischöfe von Hildesheim und Paderborn verwendet wurde. 1797 trat er mit seinem Freicorps in die kaiserliche Armee ein und wurde vom Kaiser zum Oberst und Inhaber dieses Corps ernannt. Kaiser Franz bewilligte ihm die Errichtung eines kaiserlichen Jägerregiments zu Pferd, das fürderhin den Namen „Bussy-Jägerregiment zu Pferde" trug, und ernannte ihn zu dessen Inhaber. 1799 und 1800 zeichnete sich dieses Regiment in Schlachten und Gefechten am italienischen Kriegsschauplatz wiederholt in besonderem Maße aus. Napoleon Bonaparte begehrte im Frieden von Campo Formio ausdrücklich die Auflösung dieses Regimentes, welches im Jahre 1801 dann tatsächlich erfolgte. Antoine de Bussy-Mignot erwarb einige Besitzungen in Niederösterreich, wo er 1804, gebrochen über die Niederlage der königlichen Sache in Frankreich, der er so treu und opferwillig ergeben gewesen war, mit 49 Jahren starb.
Sein Andenken wurde in Österreich hochgehalten. Anläßlich des sechzigjährigen Regierungs-Jubiläums von Kaiser Franz Joseph I. wurde in Wien im Rahmen des großen historischen Festzuges, der die geschichtlichen Höhepunkte des Hauses Habsburg zur Darstellung brachte, auch des „Bussy'schen Freicorps" gedacht. Eine Gruppe von Offizieren, hauptsächlich Nachkommen von Antoine de Bussy-Mignot, ritt in ihrer prächtigen Uniform, in grünem Collet mit roten Aufschlägen, grüner Kappe mit schwarzem Pelz und schwarz-gelben Roßhaarbusch, in weißem Riemenzeug, in der Adjustierung also, die hundertzehn Jahre zuvor mein Ururgroßvater seinem Freicorps verliehen hatte, unter dem Jubel der Wiener am Kaiser von Österreich vorbei.
Ich besitze zwei dekorative Ahnenbilder, die Antoine und seine schöne Frau Charlotte-Antoinette de Gayardon Comtesse de Fenoyl zeigen. Die beiden auffallend schönen jungen Menschen, sie in der prunkvollen Mode des ausgehenden 18. Jahrhunderts gekleidet, er in der prächtigen Uniform seines Freicorps, pflegen meine Besucher stets sehr zu beeindrucken. Und ich gestehe, daß ich immer gerne und mit Stolz von diesen französischen Ahnen berichte.
Die weihnachtliche Spieluhr, unter deren Klängen mir all diese Bilder und Erinnerungen gekommen sind, hat sich redlich geplagt. Sie hat die ganze Walze umrundet und mit einem fröhlichen Schlußakkord die eine ihrer beiden Melodien aus Nicolais Oper beendet. Nun gilt es, den zarten Mechanismus umzustellen, denn es ist dafür gesorgt, daß eine kleine Verschiebung der Walze eine neue, bisher noch nicht zum Zuge gekommene Anordnung von Nägelchen zum Einsatz bringt. Wieder gibt es eine kleine Pause, die die ein wenig geschwächte Feder entlastet. Und dann ertönt mit neuem Schwung die neue Melodie . . .

Mein Ururgroßvater Antoine Comte de Bussy-Mignot.

Meine Urgroßmutter Marie wuchs auf einem der niederösterreichischen Schlösser ihres Vaters auf. Es müssen sehr fröhliche Mädchenjahre gewesen sein, die sie da mit ihrer Familie verbrachte. Sie war eine von sieben Töchtern, in deren Adern eine geglückte Mischung von leichtem südländischem Blute ihres Vaters mit dem ihrer österreichischen Mutter, einer Freiin von Bartenstein, pulsierte, wobei letzteres an sich schon als ein besonderer Saft bezeichnet werden kann, weil es, wie in den meisten österreichischen Häusern, einem flüssigen Querschnitt durch fast alle Völkerschaften der Monarchie entsprach. Französisches Temperament und die dem Musischen zugewandte österreichische Wesensart verbanden sich in den sieben jungen Damen zu mannigfacher künstlerischer Begabung, die auch etlichen Nachkommen in späteren Generationen beschert war. Kein Wunder, daß das Schloß Paumgarten, nahe der niederösterreichischen Grenzstadt St.Pölten, Schauplatz häufiger Feste war, zu denen die Jugend der umliegenden landadeligen Häuser sich gerne einfand. Man traf sich zu Jagden und zu fröhlichen Ausflügen, Verehrer fanden sich ein, es wurde getanzt und musiziert. In Maries Tagebuch steht zu lesen: „Gestern fuhren wir alle in die Oper nach St.Pölten. Man gab den 'Freischütz'. Wir weinten alle fürchterlich." Wie beneidenswert war doch diese Jugend des Spätbiedermeier, der die Musik und Handlung von Webers Oper noch wahre Tränen der Ergriffenheit entlocken konnten. Und das in St.Pölten!

Ein derart harmonisches und fröhliches Familienleben konnte nur in einem Hause gedeihen, dessen Grundmauern auf einer wahrhaft glücklichen Ehe der Eltern basierten. Und wirklich muß die Ehe von Markus und Katharina Bussy im Himmel geschlossen worden sein. Es ist uns überliefert, daß die beiden im Laufe ihrer einundvierzig überaus glücklichen Ehejahre oftmals den Wunsch geäußert haben, gemeinsam sterben zu dürfen, damit keiner ohne den anderen zurückbliebe. Auf wunderbare Weise wurde ihnen dieser Wunsch gewährt. Am 17. April 1862 verließ Markus für kurze Zeit das Krankenbett seiner Frau, um in der Schloßkapelle die Messe zu hören. In dieser frommen Stunde versagte sein Herz und er starb in seiner Kirchenbank während der heiligen Handlung. Als man zu Katharina eilte, um ihr schonend die Nachricht zu bringen, fand man sie tot auf ihrem Lager. Eine gnädige Fügung hatte die Herzen beider Liebenden in derselben Stunde zum Stillstand gebracht. Vierzehn Tage nach dem Tode brachte deren Tochter Marie ihr fünftes Kind, Karl, zur Welt, meinen späteren Großvater, zu dessen Geburt eben jene Spieluhr ins Haus kam, deren zarte Melodien mir all jene Begebenheiten in Erinnerung gebracht haben. Seit sechs Jahren war Marie mit meinem Urgroßvater Franz Xaver Spiegelfeld verheiratet, der damals Landespräsident von Salzburg war. Er war ein Sohn des Anton Freiherrn von Spiegelfeld, kaiserlichen

Gouverneurs von Triest, dessen schönes Empiregrabdenkmal im Dom zu San Justo später, ob seiner deutschen Inschrift, einer chauvinistischen Anwandlung zum Opfer fiel, der sich auch die italienische Geistlichkeit nicht zu entziehen vermochte. Dieser, mein Ururgroßvater Anton, war der erste kaiserliche Staatsbeamte von hohem Range in unserer Familie, dem noch sein Sohn und ein Enkel als kaiserliche Statthalter von Oberösterreich und Tirol folgen sollten.

Mein Urgroßvater Franz Xaver Spiegelfeld, Aquarell v. Petunville.

Mein Urgroßvater Franz Xaver Spiegelfeld

Franz Xaver – Maries Ehemann – war in jeder Hinsicht eine außerordentliche Persönlichkeit. Von Haus aus ohne Vermögen – schon sein Vater entstammte der sogenannten II. jüngeren Linie unserer Familie – war er ein auffallend schöner und, vor allem in seinen jüngeren Jahren, außerordentlich leidenschaftlicher Mann. Kaum der Studentenzeit entwachsen, verliebte er sich rettungslos in die Tochter eines italienischen Adeligen, der aber von einer Verbindung des mittellosen Jünglings aus Österreich mit seinem Hause nichts wissen wollte. Dieser ersann die abenteuerlichsten Wege, um sich der jungen Laura, so der Name des Mädchens, dem er in glühender Liebe verfallen war, über alle Hindernisse zu nähern. Seine Bemühungen hatten Erfolg, denn bald hatte er Gewißheit, daß Laura auch für ihn in Liebe entbrannt war. Sobald der Vater des Mädchens dessen gewahr wurde, griff er mit grausamer Hand ein. Laura wurde fortan unter strenger Bewachung gehalten, und der junge Mann, sobald er sich den Mauern des Schlosses nur näherte, mit Hunden gehetzt. Als die Sache aussichtslos geworden war, zog sich Franz Xaver tief verletzt in seine nordische Heimat zurück und vergrub sich in Einsamkeit. Durch verständnisvolle Freunde erhielt er alsbald die Nachricht, daß Laura schwerstens erkrankt war und mit dem Tode ringe. In größter Hast eilte er nach Italien, um noch einmal, einmal nur, die sterbende Geliebte in den Armen zu halten. Aber am Tore des Schlosses bedeutete man ihm, dem man abermals den Zutritt verwehrte, daß er zu spät gekommen sei. Der Leichnam Lauras lag bereits im Sarge. Von diesem Schlage fast zu Boden gestreckt, erwuchs in ihm das brennende Verlangen,

das geliebte Wesen noch einmal zu sehen, koste es, was es wolle. Er bestach einen Bediensteten, einen Gärtner, und schaffte sich Zutritt zur Kapelle.
Wir müssen uns tief in die Empfindungswelt der Romantik versenken, um die Intensität einer Leidenschaft zu erfassen, die in schauriger Szene vor unserem geistigen Auge agiert: mondversilbert, unter schwarzen Zypressen, ragt die Kapelle. Dunkle Gestalten huschen heran, Schlüssel klirren, knarrend öffnet sich das Tor. Drinnen, im Schimmer der Kerzen, wird rasch der Katafalk seiner schwarzen Behänge entblößt, vorsichtig wird der Deckel entschraubt und vom Sarge gehoben. Stöhnend vor Schmerz wirft sich der Jüngling über die leblose Gestalt, rüttelt an den schmalen Schultern und bedeckt mit heißen Küssen die geschlossenen Augen, die erkalteten Lippen. Brennenden Blickes starrt er in das bleiche Antlitz, das nicht teilnimmt an seinem Schmerz, das, wächsern und fremd, entzogen ist jeder Empfindung, entrückt jedem Begehren. Und mit einem Schlage weiß er um die Sinnlosigkeit dieses Geschehens, um das Ende aller Hoffnung. Entsetzen ergreift ihn ob seines frevelhaften Einbruchs in das geheiligte Reich der Toten. In aufwallender Scham springt er empor, wendet sich, stürzt aus der Kapelle, hinaus in die Nacht, fort, nur fort, gejagt von Schmach und Grauen.
Wir gefühlsverarmten Kinder des nüchternen zwanzigsten Jahrhunderts sollten den in unseren Augen exaltierten Handlungen des unglücklichen Jünglings unser Verständnis nicht versagen. Das Verhalten aller Menschen auf dieser Erde ist wohl nur dann richtig bewertbar, wenn wir Umwelt und Zeit unserem Urteil zugrunde legen. Um Franz Xaver gerecht zu werden, ist zu bedenken, daß seine Liebestragödie in den zwanziger Jahren des vergangenen Jahrhunderts über die Bühne ging, in einer Zeit also, da die Lektüre von „Werthers Leiden" so manchen jungen Menschen in den Selbstmord trieb, da sich Jünglinge am Busen ihrer Freunde auszuweinen pflegten und angesichts beliebter Rührstücke ganze Theatersäle von Schluchzen geschüttelt wurden.
Wir wollen hoffen, daß Franz Xaver seinen Liebeskummer bald überwunden hat. Jedenfalls sehen wir ihn zehn Jahre später verheiratet mit Marie von Martini zu Wasserberg, die ihm zwei Söhne schenkte. Deren einer starb im Kindesalter, der andere, Otto, lebte viel später als Bezirkshauptmann in Linz, mit einer Gräfin Salburg verheiratet. Wir wissen wenig von diesem kinderlos gebliebenen Paar. Auf einem Glasfenster im neuen Dom zu Linz sind sie im Bild verewigt, in einem Ruderboot sitzend, an der Seite des Linzer Bischofs Rudigier, auf einer Pilgerfahrt ins Heilige Land. Bemerkenswert an ihnen ist zumindest die Wahl des bescheidenen Vehikels, mit denen sie, symbolisch gewiß, die Fluten des Mittelmeeres bezwangen.
Franz Xavers erste Frau starb bald nach der Geburt ihrer Söhne. Aber schon zwei Jahre später vermählte sich der nicht mehr junge Witwer mit eben jener Marie Bussy, die

neunundzwanzig Jahre jünger war als er und noch ein Kind gewesen war, als er zu Beginn seiner beruflichen Karriere, als junger Beamter an der k.u.k. Kreishauptmannschaft zu St.Pölten, ihr fröhliches Elternhaus in Paumgarten besucht hatte.
Marie war keine Schönheit. Aber sie war eine liebevolle, gütige Frau, voll zärtlicher Mütterlichkeit, die ihre neun Kinder in ihrem oftmals wechselnden aber immer fröhlichen Elternhause zu prächtigen Menschen erzog. Die berufliche Laufbahn ihres Gatten brachte zugleich mit immer höheren, immer ehrenvolleren Positionen oftmalige Übersiedlungen des gesamten Hausstandes von einer Landeshauptstadt in die andere mit sich. Und immer war die neue Heimstatt alsbald ein Hort fröhlicher Gastlichkeit, erfüllt von einer lärmenden, singenden, musizierenden, theaterspielenden und tanzenden Jugend, umschwärmt von Freunden, Vettern und Kusinen ohne Zahl. Die letzten vier Kinder kamen in Linz zur Welt, wo Franz Xaver die Würde eines kaiserlichen Statthalters von Oberösterreich bekleidete. Er war neunundsechzig Jahre alt, als er zum letzten Male Vater wurde. Dreizehn Jahre später vermählte sich sein Sohn Karl, mein späterer Großvater, zweiundzwanzigjährig mit der gleichaltrigen Gräfin Anna Attems aus dem Hause Heiligenkreuz. Mein Urgroßvater Franz Xaver war auch im Greisenalter immer noch ein Bild männlicher Schönheit, aber seine einst gepriesene Geisteskraft war in den letzten Jahren der Verkalkung zum Opfer gefallen. Meine Großmutter hat mir später oft erzählt, wie sie als junge Braut ihrem künftigen Schwiegervater vorgestellt wurde. In ehrfurchtsgebietender Haltung saß der alte Exzellenz-Herr hochaufgerichtet, schön und ehrfurchtsgebietend noch in seinem Verfall. Dem respektvoll sich nähernden jungen Mädchen rief er wie eine freundliche Begrüßung die Worte eines alten Auszählreimes zu, der in den Kinderzimmern unserer Häuser damals gebräuchlich war: „Ich rieche, rieche Muskatnuß, da kommt die Gräfin Attimus!" Und das, worauf er so würdevoll thronte, war ein Leibstuhl . . .
Die Hochzeit seines Sohnes mit der also begrüßten jungen Braut hat er nicht mehr erfaßt. In geistiger Umnachtung starb er, noch ehe ein Jahr vergangen war.
Ihren vielen Erben haben meine Urgroßeltern an materiellen Werten nicht allzuviel hinterlassen, wohl aber vererbten sie manchem von ihren Nachkommen, bis in die dritte und vierte Generation, ihr fröhliches, oft leidenschaftliches Gemüt und etliches an künstlerischer Begabung. In mehreren ihrer Enkelfamilien wurde Hausmusik auf hohem Niveau betrieben, und es gab und gibt heute noch einige beachtliche Maler- und Graphikertalente unter meinen Verwandten. Vor allem möchte ich einer Kusine meines Vaters gedenken, meiner Tante Rosi Spiegelfeld, die ihre begnadete Sopranstimme zu Opernreife ausbilden ließ und an großen deutschen Bühnen, etwa in Frankfurt und Breslau, unter dem Namen Maria Rossi eine gefeierte Opernsängerin war.

Natürlich entsprach der Beruf einer Opernbühnenkünstlerin, wenn auch von hohem Range, nicht dem „comme il faut“ der damaligen Gesellschaft.

Ihr Vater, mein Großonkel Markus, Familienchef unseres Hauses und vormals Statthalter von Tirol, hatte seine Zustimmung zur Berufsausübung seiner Tochter nur sehr zögernd gegeben und auch nur unter der Bedingung, daß bei jedem ihrer öffentlichen Auftritte seine Frau in ihrer unmittelbaren Nähe, also zwischen den Kulissen, anwesend sein mußte. Dieser Bedingung wurde – zumindest während der ersten Jahre – in korrektester Weise entsprochen. Inmitten des hektischen Trubels, zwischen Ballettratten und Kulissenschiebern saß auf einem Stuhl die alte Exzellenz, geduldet und respektiert von jedermann, und bewachte in mütterlicher Sorge die Unschuld ihrer Tochter, die mehrmals wöchentlich in den Armen des Geliebten ihre Seele aushauchte. Während eines Engagements an der Breslauer Oper fiel unter den in der Garderobe abgegebenen Blumen allabendlich ein besonderes Bukett auf, dessen Karte Karl Friedrich Grafen von Pfeil als glühenden Verehrer auswies. Ob dieser zum damaligen Zeitpunkt in Kenntnis des wahren Namens der Sängerin gewesen ist, der er verfallen war, ist mir nicht bekannt. Sobald das Inkognito gelüftet war, stand einer Verlobung nichts mehr im Wege, und aus Maria Rossi wurde die Gräfin von Pfeil und Klein-Ellguth auf Wildschütz. Auf ihre geliebte Bühnenlaufbahn freilich mußte sie verzichten. Nach mehr als zwei Jahrzehnten wohlversorgten Daseins auf dem ausgedehnten schlesischen Gutsbesitz mußte die Familie unter Zurücklassung all ihrer Habe flüchten und gelangte fast mittellos in das mütterliche Elternhaus nach Innsbruck. Und dort waren es wieder Maria Rossis einstmal gefeierte Talente, die die wirtschaftliche Not der Familie in der ersten Nachkriegszeit durch die Erteilung von Gesangsunterricht an Nachwuchskünstler gemeistert hat.

Ihr Mann, der große Kenntnisse und Erfahrungen auf dem Gebiete der Landwirtschaft hatte, trug ein für eine einschlägige Beschäftigung im nachkriegszeitlichen Tirol höchst hinderliches Merkmal an sich: sobald er den Mund öffnete, verriet er seine preußisch-schlesische Herkunft durch ein Idiom, das dazumal von alpenländischen Ökonomen nicht allzugerne gehört wurde. Trotzdem gelang es einem einflußreichen Verwandten, den also Behinderten in der Tiroler Landwirtschaftskammer unterzubringen, wo er ratsuchenden Bauern mit dem Schatz seiner Erfahrungen beistehen sollte, ohne jedoch, so war ihm empfohlen worden, seine inopportune Herkunft merken zu lassen. Diese fast unlösbare Aufgabe hat er bestanden, und bald war der wortkarge Beamte ein viel gefragter Berater.

Onkel Marc

Die Rückkehr seiner Tochter in das alte gotische Haus, das im Stadtteil Hötting, hoch über der Stadt, thronte, hat mein Großonkel Markus Spiegelfeld nicht mehr erlebt. Er war zwei Jahre zuvor, in eben diesem Hause, nach einem langen, reich erfüllten Leben fünfundachtzigjährig gestorben. Seine berufliche Laufbahn hat ihm hohe Verantwortung auferlegt und viele Ehren und Würden gebracht. Wie schon sein Großvater und sein Vater diente er seinem Kaiser als Statthalter und stand in dieser Funktion lange Jahre an der Spitze des Landes Tirol. In diese Zeit fiel – 1908 – die Hundertjahrfeier der Schlacht am Berge Isel, zu deren Krönung Kaiser Franz Joseph I. seinem Kronland Tirol einen offiziellen Besuch abstattete. Die festliche Erinnerung an die ruhmreichen Tiroler Freiheitskämpfe setzten das ganze Land in helle Begeisterung. Alle Orte, die der hohe Besuch beehren sollte, stürzten sich in umfangreiche Vorbereitungen. In zahllosen Besprechungen wurden Pläne erarbeitet, Protokolle entworfen, Etikettefragen erörtert, Programme festgelegt, Komitees gebildet, Kompetenzen zugewiesen und Aufgaben verteilt. Man suchte nach Präzedenzfällen und studierte die bewährten Protokolle ähnlicher Veranstaltungen in anderen Kronländern. Wichtige Hinweise für das Zeremoniell der Begrüßung fand man in der Steiermark, die der Monarch erst vor kurzem mit seinem Besuche beehrt hatte. Hier hatten sich kuriose und auch peinliche Dinge ereignet, deren Wiederholung auch nur in Ansätzen zu vermeiden waren. Nach uraltem Protokoll hatten die Stände des Herzogtums Steiermark durch ihren jeweils höchsten Repräsentanten den Souverän an der Grenze des Landes zu empfangen und zu begrüßen. Als man dementsprechend nach dem Repräsentanten des ältesten Hauses der Steiermärkischen Landmannschaft suchte, erhob sich ein Streit zwischen den beiden uralten steirischen Häusern, den Herren und Grafen zu Stubenberg und den Grafen zu Herberstein. Jede dieser beiden Familien hielt sich schon seit langer Zeit für das älteste Adelshaus der Steiermark und beanspruchte nunmehr für sich die Ehre, den Monarchen im Namen des steirischen Adels an der Landesgrenze zu empfangen. Tief und immer tiefer griffen die beiden Familien in die Truhen ihrer Archive und überboten einander mit immer älteren Dokumenten, um ihren Anspruch zu untermauern. Landesarchive und Historiker wurden aufgeboten, und die Auseinandersetzung erregte bereits öffentliche Aufmerksamkeit. Als die ältesten auffindbaren Urkunden sozusagen im letzten Stechen gegeneinander vorgelegt wurden, stand die Sache immer noch unentschieden. Noch ältere Erwähnungen und Andeutungen frühester Ursprünge verloren sich im Nebel der Sagen. Kurz, es kam zu keiner Einigung, und man beschloß, da die Zeit drängte, die entsprechende, mit Fragen des Protokolls und der Zeremonien befaßte Stelle bei Hofe entscheiden zu lassen. Durch diese gelangte das ungelöste Problem auf den Schreibtisch des Kaisers. Franz Joseph I. griff nach der Feder und schrieb auf den weißen Rand der betreffenden Eingabe: „Der Baron Teuffenbach“. Sofort herrschte Klarheit, Beruhigung. Jedermann akzeptierte diese Entscheidung, nicht nur, weil sie vom Kaiser getroffen war, sondern vor allem, weil jedermann von ihrer Richtigkeit überzeugt war. Kaiser Franz Joseph wußte in solchen Fragen Bescheid, das war bekannt, und niemandem wäre es eingefallen, sein Urteil einem Zweifel zu unterziehen.

Wenn diese, gewiß nicht weltbewegende Begebenheit vor der kaiserlichen Reise nach der Steiermark nur für einen Kreis von Genealogen und Historikern und natürlich für die betroffenen Häuser von Bedeutung war und darüber hinaus eher dem Anekdotischen zugeordnet werden darf, so führte ein anderes Ereignis bei derselben Gelegenheit zu weit verbreiteter Peinlichkeit und Verstimmung: während des kaiserlichen Besuches in der steirischen Landeshauptstadt gab es einen Festakt an der Karl-Franzens-Universität. Deutsch-nationale Studentenverbindungen lagen seit einiger Zeit mit vielen jungen Offizieren der starken Grazer Garnison in Fehde. Hierfür werden gewiß politische Gründe maßgeblich gewesen sein, aber die eigentliche Ursache, so hieß es, lag in der heftigen Konkurrenz, die schneidige Militärs und forsche Schönerianer einander bei der Eroberung der umschwärmten Grazer Damenwelt machten. Zunächst wurden diese Auseinandersetzungen in Fechtkämpfen ausgetragen, wo sich die Studenten meist als überlegen erwiesen. Als es immer öfter zu ernstlichen Säbelduellen kam und man höheren Orts begann, sich Sorgen um die Schlagkraft der Truppen zu machen, verbot das Corps-Kommando den jungen Offizieren kurzerhand die Austragung von

Duellen mit Fechtwaffen. Die schlagenden Studentenverbindungen sahen sich um ihre Chancen geprellt und sannen auf Vergeltung. Die Gelegenheit dazu bot sich, als Kaiser Franz Joseph unter einem starken Ehrenaufgebot von Truppen der Grazer Garnison vor den Gebäuden der Universität eintraf. Die Ovationen der spalierbildenden Bevölkerung wurden von schrillen „Heil"-Rufen aus den Reihen der groß-deutsch gesinnten Studentenverbindungen übertönt. So haben die ursprünglich harmlos begründeten Auseinandersetzungen zwischen den jugendlichen Gruppen bei diesem heiklen Anlaß Formen angenommen, die einer antihabsburgischen Demonstration gleichkamen. Die Feierlichkeit war auf das empfindlichste gestört, und der Kaiser ließ seiner Verstimmung freien Lauf. Dem Statthalter der Steiermark, Graf Clary, und den übrigen verantwortlichen Instanzen wurde eine ordentliche Portion allerhöchster Ungnade zuteil.

Das Studium dieser Begebenheiten im Herzogtum Steiermark führte zu entsprechenden Bemühungen, die etwas Ähnliches beim Besuch des Monarchen in seiner gefürsteten Grafschaft Tirol vermeiden sollten. Aber wie wir später sehen werden, konnten auch die sorgfältigsten Anstrengungen gewisse Peinlichkeiten nicht verhindern. Als der kaiserliche Hofzug an der Grenzstation eintraf, wurde er protokollgemäß vom Statthalter des Landes Tirol an der Spitze einer Begrüßungsdelegation der Stände und Behörden erwartet. Nach der feierlichen Begrüßung des hohen Besuches wurde mein Großonkel in den Salonwagen befohlen, um den Kaiser auf der weiteren Reise nach Innsbruck zu begleiten. Während dieser Fahrt hatte der Statthalter seinem Souverän genauesten Bericht zu erstatten und ungezählte Fragen zu beantworten. Der Kaiser schien sich für jede Kleinigkeit zu interessieren. Er fragte nach Namen und Einwohnerzahl dieses kleinen Ortes, nach dem Eigentümer und der Besitzgröße jenes Schlosses, nach Produktion und Beschäftigtenstand jener Fabrik, nach den inkorporierten Pfarren dieses Klosters, nach dem Namen höherer Beamter jener Bezirkshauptmannschaft, nach dem Besitzer jener Viehherde und Höhe dieses Gebirgszuges. Mein Onkel, der ein gewissenhafter Verwalter seines Amtes war, kannte die Beschaffenheit des ihm anvertrauten Landes bis ins kleinste Detail. Überdies hatte er mit derartiger Befragung gerechnet und war gut vorbereitet. Es war ihm also ein leichtes, alle Fragen des Kaisers präzise zu beantworten. Dabei war ihm klar, daß dem Kaiser die meisten Antworten längst bekannt waren und daß die vielen Fragen der Erforschung seines, des Statthalters, eigenen Wissensstandes und seiner fachlichen Qualitäten galten. Es war eine Prüfung, ein Examen, das mein Großonkel sub auspiciis Majestatis glänzend bestand.

In der Landeshauptstadt Innsbruck jedoch warteten einige Pannen auf den erlauchten Besuch. Am Ende der großen Gedenkfeier am Berge Isel, zu der sich eine riesige

Mein Großonkel Markus Spiegelfeld. Kohleportrait v. Xaver Spiegelfeld.

Volksmenge eingefunden hatte, die dem Kaiser frenetisch zujubelte, überschlug sich die patriotische Begeisterung der braven Tiroler derart, daß Hunderte von ihnen, der Absperrungen nicht achtend, an den Wagen des Kaisers heranstürmten, um dort in lebensgefährlichem Gedränge die Pferde auszuspannen und selbst, mit der Kraft ihrer eigenen Körper, die prächtige Karosse samt ihrem kaiserlichen Insassen durch die jubelnde Menge stadtwärts zu ziehen. Kaiser Franz Joseph, dem jegliche Spontaneität, sobald sie die Schranken von Protokoll und Ordnung überschritt, in tiefster Seele zuwider war, und der an einem Bad in der stürmischen Verehrung seines Volkes keinerlei Gefallen fand, war zutiefst verstimmt. Mit sehr ungnädigen Worten kanzelte er die für diese Entgleisung des Programms Verantwortlichen ab und verlangte, auf dem kürzesten Wege in die Hofburg gebracht zu werden.
In den prunkvollen Festsälen dieses barocken Gebäudes, in dem der kaiserliche Hof für einige Tage Aufenthalt genommen hatte, war für denselben Abend ein feierliches Bankett vorbereitet. Man hatte sich für dieses Festmahl eine besonders effektvolle Überraschung ausgedacht. Die Stadt Innsbruck erlebte damals die Anfänge der Elektrifizierung, und man hatte die weitläufigen Trakte der Hofburg der elektrischen Stromversorgung soeben angeschlossen. Da drängte es sich geradezu auf, die Fertigstellung der Modernisierung so einzurichten, daß der erste elektrische Lichtstrahl in diesem Gebäude von der erlauchten Hand seiner Majestät höchstselbst ausgelöst würde. Es war vorgesehen, am Höhepunkt des Festmahles, Kerze für Kerze an den zahlreichen, silbernen Kandelabern zu löschen, bis der Saal in vollkommener Finsternis lag. Dann würde man seine Majestät alleruntertänigst um den entscheidenden Druck auf einen vorbereiteten Schalter bitten.
An der prachtvoll dekorierten Hoftafel hatten, neben dem Kaiser, auch einige Mitglieder des Erzhauses Platz genommen, an ihrer Spitze Erzherzog-Thronfolger Franz Ferdinand, von dessen reichlich gespannten Beziehungen zu seinem kaiserlichen Onkel alle Welt wußte. Es war jedermann bekannt und vielfach auch verständlich, daß der damals fünfundvierzigjährige Erzherzog, der vor nunmehr neunzehn Jahren durch den tragischen Tod des Kronprinzen Rudolf zum künftigen Erben der Krone avanciert war, schon lange mit Ungeduld darauf wartete, dem achtundsiebzigjährigen Monarchen auf dem Thron nachzufolgen. Die kaum mehr übersehbaren Divergenzen zwischen den Schlössern Belvedere und Schönbrunn, wo Neffe und Onkel Hof hielten, wurden von Eingeweihten genau registriert, vielfach bedauert, mancherorts eifrig geschürt.
Mein Großonkel, der als Statthalter des Kaisers selbst in der Hofburg residierte, hatte selbstverständlich Rechte und Würden des Hausherrn während der Anwesenheit des

Kaisers in dessen Hände zurückzulegen gehabt. Immerhin war ihm aber die Verantwortung und die Gestaltung aller Feierlichkeiten in der Hofburg anvertraut, und so überwachte er mit größter Sorgfalt den ordnungsgemäßen Ablauf der Festfolge.
Wie er in seinen Erinnerungen berichtet, wurden zum vorgesehenen Zeitpunkt nach und nach die Kerzenlichter gelöscht. Die Tafelmusik erklang immer leiser und verstummte zu erwartungsvollem Schweigen, als auch das letzte Licht gelöscht war. Der große Augenblick war da, der Kaiser drückte auf den Knopf und – nichts geschah. Es blieb stockdunkel. Und mitten in die quälend sich spannende, atemlose Stille hinein erklang verhalten, aber jedermann vernehmlich die Stimme des Thronfolgers: „Es werde Licht, sprach Goethe und starb" . . . Kaum war die letzte Silbe gesagt, flammten die Lichter auf. Kein „Ah" und „Oh" ertönte, kein Beifall brach aus. Alle Anwesenden starrten entsetzt auf den Kaiser, und jedermann gewahrte den eisigen Blick, den dieser seinem vorlauten Neffen quer über die Tafel zuwarf. Alle begriffen die ungeheure Taktlosigkeit, ja Beleidigung, die dem greisen Monarchen in diesem Augenblick angetan worden war. Ob beabsichtigt oder nicht, wenn auch falsch zitiert, Franz Ferdinands frivole Äußerung hatte den Kaiser sichtlich getroffen. Dieser versuchte die Peinlichkeit der Situation zu überspielen, Musik klang auf, verspäteter Applaus, jetzt erst kam die feenhafte Beleuchtung zu ihrer Geltung, wurde gelobt und bestaunt. Aber dies hatte etwas von krankhaftem Bemühen an sich, und auch die eifrig wiederaufgenommene Konversation konnte nicht über den Schock hinwegtäuschen, der alle Anwesenden erfaßt hatte. Der wohlvorbereitete festliche Abend endete in Kälte und Beklommenheit. Mein Großonkel hat sein ganzes langes Leben lang die Scham über die Schmach nicht vergessen können, die seinem kaiserlichen Herrn, dem er mit der ganzen Liebe seines Herzens diente, mitten in dem von ihm verwalteten Lande, in dem von ihm geführten Hause, in einer von ihm verantworteten Stunde zugefügt worden war.
Tage später fuhr der Kaiser durchs Land. Ganz Tirol war auf den Beinen. In allen Städten, in allen Tälern, in kleinen Dörfern, wo immer es eine Bahn gab, wo immer der Hofzug hielt, dasselbe Bild: Fahnen, Girlanden, Glockengeläut, Standschützen mit Ehrensalut, Bürgermeister, Grußworte aus dem Zylinder lesend, Gemeinderäte, tief sich verneigend, die Geistlichkeit, Kindergedichte, knicksende Frauen in Tracht, Veteranen, ordenklirrend, Bürgerstolz, uhrkettenbewehrt, hochrufendes Volk, heranbrandend, um den Kaiser zu sehen. Je nach Rang wurde die Prominenz vorgestellt. Vom Statthalter, vom Landeshauptmann, vom Bezirkshauptmann. Der Kaiser dankte, reichte die Hand, ertrug Reden und Gedichte, er lächelte freundlich, er sagte „Es war sehr schön", „Es hat mich sehr gefreut", er winkte nochmals aus dem Wagenfenster,

und weiter ging die Fahrt. Man kam nach Bozen, nach Meran, in ein abgelegenes Tal, in einen kleinen Ort. Dort, zum hundertsten Mal, dasselbe. Als die Reihe der Honoratioren abgeschritten war, alle die Namen, die man für wichtig hielt, genannt waren, alle Blumensträuße übernommen waren, stand da, zuletzt in der Reihe, mit ein wenig Abstand, ein schmächtiger, kleiner Mann. Der Kaiser hielt inne und blickte ihn fragend an. Da eine Vorstellung unterblieb, wohl, weil es dem kleinen, alten Mann an öffentlicher Funktion mangelte, trat dieser einen Schritt vor, verneigte sich leicht und sagte: „Und ich, Majestät, ich wäre lediglich der Herr von Vintler." Der Kaiser schwieg und sah den Alten lange an. Er sah in sein faltiges Gesicht, in seine Augen, und die Blicke der beiden Greise versanken ineinander. Nach einigen Sekunden reichte der Kaiser dem anderen die Hand und ohne seinen Blick von dessen Augen zu lösen, sprach er: „Ich weiß." In des anderen Augen glomm ein Leuchten auf. Der Kaiser lächelte, verneigte sich ein wenig und wandte sich zur Weiterfahrt.

Mein Großonkel, der dies gesehen hatte, verstand, was zu verstehen war. Der Kaiser wußte. Der Kaiser wußte alles. Er wußte um den Namen dieses Herrn von Vintler, dieses letzten, verarmten Sprosses einer uralten Tiroler Familie, die seit undenklichen Zeiten in diesem Tale saß, auf ihrer kleinen Burg, als des fernen Kaisers Vasallen der Sache des Reiches dienend. Sie saßen schon, als der Kaiser noch nicht Habsburg hieß, und ihre Anfänge verloren sich im Nebel fernster Vergangenheit. Nie war die Familie zu hoher Bedeutung gelangt, nie zu Reichtum und hohen Ämtern. Ihre Veste war bescheiden geblieben durch all die Jahrhunderte und war alt und brüchig geworden, wie der verwelkende Stamm der Herren von Vintler. Aber solange diese Burg stand, solange der Stamm blühte, standen und blühten sie dem Kaiser zu Diensten durch ungezählte Generationen in unveränderlicher Treue. Dies alles hatte der Kaiser gewußt. Und ebenso hatte es der Vintler gewußt. Und als die beiden Greise einander schweigend in die Augen sahen, da war dies ein Blick der Verständigung zwischen zwei Waffenbrüdern, gewechselt vor undenklichen Zeiten, zwischen zwei Herren von gleichem Range, deren Schicksal zusammengeschmiedet war durch das Band unverbrüchlicher Treue, durch den gemeinsamen Dienst am Reiche seit Urväterzeiten, durch gegenseitige Achtung auf Gedeih und Verderb. Als ihre Blicke sich ineinander vertieften, versank um sie für ein paar Augenblicke die Welt, verstummten Musik und Glockengeläut, verschwanden eitle Redner, wichtige Prominenz, aufgeblasenes Gehabe und lautes Weltgedröhn. Für einen Augenblick des einander Erkennens, des brüderlichen Grußes, der respektvollen Zuneigung zweier Herren hatte dies alles keinen Platz. Es war fort und kehrte erst wieder, als die Blicke der beiden sich voneinander lösten und als der Kaiser sich zum Gehen wandte.

Der alte Herr von Vintler wird, so denke ich, nicht viel Aufhebens gemacht haben um seine Begegnung mit seinem kaiserlichen Herrn und die wortkarge Zwiesprache mit ihm, er wird auch weiterhin still und einsam auf seiner alten Burg gehaust haben, bis seine Dienstzeit abgelaufen war und es wird ihm nicht verwunderlich erschienen sein, wenn um das Ende seiner Tage im fernen Schlosse zu Schönbrunn auch des Kaisers Uhr zum Dienstschluß geschlagen hat . . .

Mein Großonkel lebte noch lange. Er erlebte die Wahnsinnstat von Sarajevo, er überlebte die Schrecken des völkermordenden Krieges und den Untergang der Großmacht Österreich, der halb Europa in den Strudel zog. Er überlebte des letzten Kaisers Tod in ferner Verbannung und das Werden und Verderben der Ersten Republik. Die Löschung des Namens Österreich erlebte er und den Irrsinn eines zweiten Krieges. Die alte Welt ging ringsumher in Trümmer, Gesetz und Ordnung waren dahin. Aber wie ein Mahnmal aus vergangenen Tagen stand er mitten im Chaos. Aufrecht und unbeugsam, Sinnbild der Verläßlichkeit, Herr der alten Schule, Patriarch einer großen Familie. In hohem Alter setzte er noch einmal ein Zeichen seiner Lebenskraft: nach fünfjähriger Witwernschaft heiratete er zweiundachtzigjährig die vierunddreißigjährige Leonie Freiin von Bianchi, Duchessa di Casalanza. Durch diese Ehe erhielt er einen Schwiegervater, der einundzwanzig Jahre jünger war als er und in der Statthalterei zu Innsbruck unter ihm gedient hatte. Wir wissen von seiner Frau, daß diese Ehe keineswegs als „Mariage blanche“ bezeichnet werden konnte und daß diese vier Jahre zu den glücklichsten ihres Lebens zählten. Auf dem Sterbebette von seinen Freunden danach gefragt, wie ihm denn sein zweiter Ehestand bekommen sei, bekundete mein Großonkel seine volle Zufriedenheit mit seiner jungen Frau. Nur an ein wenig mehr Temperament habe sie es manchmal fehlen lassen . . .

„GROSSMÜTTERLICHERSEITS“

Wappen der Grafen von Attems.

Die Onkel Nikels

Nahe von Agram, der Hauptstadt des zur ungarischen Reichshälfte gehörenden Königreiches Kroatien, lag ein großer Gutsbesitz mit Namen Sankt Helena, der der Familie Mixich de Also-Lukavecz gehörte. Es gab ein Kastell, Maierhöfe, ausgedehnte Felder und Waldungen. Außerdem gab es erhebliche Schulden. Der alte Herr von Mixich hat in der Verwaltung des Gutes wenig Geschick bewiesen und den fortschreitenden Ruin seines Vermögens nicht aufzuhalten vermocht. In den siebziger Jahren hatte überdies ein heftiges Erdbeben, wie sie in dieser Gegend keine Seltenheit sind, das ganze Schloß zum Einsturz gebracht. Mixich, der sich, einschlägigen Erfahrungen entsprechend, mit seinem Sohn Nikel rechtzeitig in einer Fensternische in Sicherheit gebracht hatte, fand sich wenige Minuten später hoch oben in einer Höhlung der einsam stehengebliebenen Mauer, die aus den tief unten staubenden Trümmern ragte, in die sich das stolze Schloß binnen weniger Augenblicke verwandelt hatte.

Nachdem man Vater und Sohn mittels langer Leitern dem irdischen Leben wiedergegeben hatte, ging man daran, die traurigen Reste zu beseitigen und den Aufbau eines neuen Schlosses vorzubereiten. Wenige Jahre später starb der alte Mixich und hinterließ seiner Familie das unvollendete neue Schloß, ein leeres Bankkonto und einen Schreibtisch voll unbezahlter Rechnungen. Die Witwe, eine äußerst energische Dame, die, wenn sie einmal einen Entschluß gefaßt hatte, diesen mit bemerkenswerter Hartnäckigkeit in die Tat umzusetzen wußte, beschloß, den drohenden Bankrott der Familie durch eine sofortige Heirat ihres ältesten Sohnes Nikel mit einer vermögenden Braut abzuwenden. Auf der Suche nach einer entsprechenden Partie für ihren Ältesten bediente sie sich des Gothaischen Genealogischen Taschenbuches der gräflichen Häuser, wo ihr suchender Zeigefinger alsbald in den ersten Seiten, unter dem Buchstaben A, bei dem Geschlechte der Grafen von Attems ins Stocken geriet. Denn hier fand sich unter der I. Linie (Heiligenkreuz) im 1. Ast (Heiligenkreuz), im 2. Zweig: Burg Feistritz, im 1. Haus: Burg Feistritz des Friedrich Grafen von Attems, Fideikommißherrn auf Oberkindberg, Hart und Lichtenegg, K.K. Kämmerer, Ehrenritter des Souveränen Malteser-Ritter-Ordens, und dessen Gemahlin Thekla Gräfin zu Lodron-Laterano ältere Tochter Louise. Dieses dreiundzwanzigjährige Mädchen hatte nur mehr eine jüngere Schwester Maria Anna, denn der einzige Bruder dieser beiden Schwestern war, wie Frau von Mixich mit Interesse vernahm, einige Monate zuvor auf tragische Weise aus dem Leben geschieden. Nach Einzug weiterer detaillierter Erkundigungen, die die Aussichten in durchaus rosigem Lichte zeigten, eröffnete Frau von Mixich ihrem Sohne, daß sie beschlossen habe, Louise Gräfin Attems zu ihrer Schwiegertochter zu machen. Sie löste eine Eisenbahnfahrkarte nach Kindberg in der Steiermark und setzte ihren Sohn in den Zug. Vorher jedoch hatte sie ihm den strengen Auftrag erteilt, seinen künftigen Schwiegervater nicht nur in gebührender Form um die Hand seiner Tochter Louise, sondern auch um ein sofort auszuzahlendes Darlehen in der Höhe einiger tausend Gulden zu bitten. An eine Rückkehr ihres Sohnes ohne die beiden Zusagen – vor allem natürlich die das dringend benötigte Darlehen betreffende – sei überhaupt nicht zu denken.

Wir können uns vorstellen, mit welcher Beklommenheit der junge Nikel in seinem Abteil saß, als der Zug nördlichen Gefilden entgegendampfte. Je weiter er die kroatische heimatliche Ebene zurückließ und je höher die Berge der Steiermark vor ihm aufstiegen, desto gewaltiger lastete der Druck der ihm gestellten Aufgaben auf seiner Seele. Immer mehr wurde er sich der Aussichtslosigkeit seiner Mission bewußt. Wie sollte er, der dreiundzwanzigjährige Jüngling ohne Vermögen, ohne glanzvollen Namen, ohne sonderliche Bildung und ohne Beruf in wenigen Stunden vor den ihm völlig unbekannten Grafen von Attems hintreten, dem Mitglied eines hochangesehenen und glanzvollen Hauses, dessen heutige und einstige Schlösser und Besitzungen an der Seite der k.u.k. privilegierten Südbahn vor Nikels Augen wie die Perlen eines Schmerzhaften Rosenkranzes vorbeizogen: Rann, Windisch Landsberg, Stattenberg, Windisch Feistritz, Wurmberg, Spielfeld, Ehrenhausen, Gösting, Hart und endlich Kindberg. Wie sollte er den Mut aufbringen, den alten Herrn in einem Atemzuge um die Hand seiner Tochter und zugleich, die Schmach seiner Mittellosigkeit einbekennend, um finanzielle Unterstützung zu bitten. Auf nichts konnte er verweisen, was für ihn sprechen würde, keine Karriere, keine Aufstiegschancen, keine gesellschaftliche Position, keine Verbindungen und Beziehungen lagen für ihn in der Waagschale, ja nicht einmal das Gewicht seiner Liebe zu dem auserwählten Mädchen, das er gar nicht kannte. Wie bedrückend muß

Schloß Oberkindberg um 1870.

dem jungen Mann das letzte Stück seiner Reise erschienen sein, wie unbehaglich jeder Baum der langen Allee, die sich zum Schlosse hinaufzog, wie abweisend jedes der vier Tore, die zu passieren er sich zwingen mußte, wie geringschätzig der wissende Blick des Dieners, der ihn zu melden hatte. Übergroß wird ihm die Versuchung umzukehren, zu entfliehen und abermals – zum wievielten Male? – kämpft er sie nieder und folgt dem Bediensteten durch Hallen, durch Gänge und Korridore. Durch eine letzte Türe schleppt er die Last seiner Seele, dann ist er am Ziel. Die Türe wird geschlossen und wir, die draußen bleiben, wissen nicht, was drinnen vorgeht. Ist es der Stern dieser Stunde, des Schicksals unergründliche Fügung, ist es der Nachklang ferner leidvoller Tage, der des alten Herrn Gemüt besänftigt und ihm tiefen Einblick gewährt in die Nöte des Jungen, die geradlinige und offene Ehrlichkeit, die nunmehr nach Überwindung der Angst zutage tritt in seinen Blicken und Worten? Ist der Eindruck, den der unbekannte Bewerber in den Augen des jungen Mädchens erzielt, so überwältigend, sein jugendliches, elegantes Aussehen so gewinnend, sein natürlicher Charme so ansprechend, sein Funke so zündend? Wir wissen es nicht. Es ist uns nur bekannt, daß Nikel seine Probe voll bestanden hat. Er hat sein Darlehen bekommen an diesem Tag und seine Braut. Beides hat er behalten bis an das ferne Ende seiner Tage.

Die Ehe der beiden währte siebenundvierzig glückliche Jahre.

Sie liebten einander von ganzem Herzen. Das Besondere an dieser Liebe war die unglaubliche Großzügigkeit, mit der Louise die häufigen Liebesabenteuer ihres Mannes duldete. Louise war freilich keine Schönheit, und sie war sich dessen voll bewußt. Sie war klein gewachsen und rundlich, und die kostbarste Kleidung war nicht imstande, ihrem gedrungenen Körperbau etwas von wahrer Eleganz zu verleihen. Nikel hingegen war Zeit seines Lebens eine auffallend schöne männliche Erscheinung, von schlanker sportlicher Haltung, die auf allen von ihm bevorzugten Örtlichkeiten seines Erscheinens, auf Rennplätzen, Jagden oder in Spielsälen sogleich die Aufmerksamkeit der Damen auf sich zog. Seine diesbezüglichen Erfolge waren vielfach, aber immer nur von kurzer Dauer. Nach jedem seiner Seitensprünge kehrte er brav in sein eheliches Heim zurück, wo er von seiner Frau mit Liebe und Verständnis erwartet wurde. Seine Abenteuer mit anderen und schöneren Frauen waren für Louise offenbar kein Grund zur Kränkung, sie schienen vielmehr in ihr den Stolz auf ihren so viel begehrten Ehemann anzufachen. Offenbar wußte sie um die Kurzlebigkeit seiner flatterhaften Affären, die den Bestand ihrer Ehe tatsächlich nie ernstlich gefährdet haben. Eine Ahnung von der Macht ihres eigenen fraulichen Wesens, ihrer treuen Liebe und ihrer verständnisvollen, fast mütterlichen Zuneigung zu ihrem leichtlebigen Ehemann muß ihr stets ein starkes Gefühl von Sicherheit gegeben haben. Und in dieser Zuversicht hat sie recht

behalten. Aus späteren Äußerungen Nikels wissen wir, daß seine einzige und wahre Liebe, auch während der Zeit der fröhlichsten Seitensprünge, immer nur seiner Frau gegolten hat.
Da dem Paar ein Kindersegen versagt blieb, richteten sie das ganze Maß ihrer Liebe an ihre Großneffen. Das wiederum waren wir, meine Brüder und ich. Denn Tante Louise Mixich-Attems war die einzige Schwester meiner Großmutter. Als alte Leute haben sie und ihr Mann unsere Kinderjahre, den guten Geistern aus den Märchen gleich, begleitet. Es gab keinen Kummer, den sie nicht mit uns geteilt, kein Fest, das sie nicht mit uns gefeiert hätten. Fast täglich kamen sie zu uns ins Haus, besuchten meine Großmutter und meine Eltern und immer brachten sie kleine Geschenke für uns Kinder. Sie waren ein fester Bestandteil unseres kindlichen Daseins, und als sie diese Welt in meinem achten Lebensjahre knapp nacheinander verließen, wurde mir zum ersten Mal in meinem Leben die grausame Macht des Todes bewußt, die in die Festung unserer Geborgenheit eine tiefe Bresche geschlagen hatte.
Meinem Vater, der als nächster männlicher Verwandter der einzige Erbe des verstorbenen Paares war, hat diese Erbschaft keinen Reichtum eingebracht. Die einstmals abgewirtschaftete Herrschaft Sankt Helena, die durch attemsische Darlehen wieder in Schwung gekommen war, hatte Onkel Nikel während des Krieges verkauft. Ein Großteil des Kaufpreises wurde in patriotischer Weise in Kriegsanleihen angelegt und ging 1918 verloren. Der Vermögensrest und Tante Louises Schmuck waren bei deren Tod nahezu verbraucht. So blieben einige Möbel, eine Unzahl von Hirschgeweihen und sonstigen Jagdtrophäen und manch unbrauchbares Zeug. Vor allem aber blieb die Erinnerung an zwei gütige alte Menschen, die uns mit ihrer Liebe unendlich reich beschenkt haben.

Mein Großvater Carl Spiegelfeld.

Meine Großmutter Anna Spiegelfeld-Attems.

Hochzeit der Großeltern

Die Hochzeit von Tante Louise und Onkel Nikel im Jahre 1884 war eine Doppelhochzeit gewesen. Denn am selben Tage heiratete auch ihre jüngere Schwester Anna – meine spätere Großmutter – ihren Verlobten Carl Spiegelfeld, der damals als blutjunger Leutnant in einem der eleganten Dragoner-Regimenter der k.u.k. Kavallerie diente. Auch diese Vermählung war nicht ganz ohne Schwierigkeiten zustande gekommen, denn Carl war mit irdischen Gütern keineswegs gesegnet. Er war einer der jüngeren Söhne des kaiserlichen Statthalters zu Oberösterreich, Franz Xaver Freiherrn von Spiegelfeld und hatte, wie wir wissen, schon ganz zu Anfang seines Lebens in der Landeshauptstadt Salzburg einen sehr engen, wenn auch ein wenig peinlichen Kontakt mit einem allerhöchsten Mitglied des kaiserlichen Hauses aufgenommen. Freilich war es nicht sosehr dieses denkwürdige Ereignis, als vielmehr die allseits gewürdigte gesellschaftliche Stellung seiner Familie, in der es etliche Mitglieder zu hohen verantwortlichen Positionen gebracht hatten, sowie deren verwandtschaftliche Verbindungen zu manchen einflußreichen Häusern, die dem jungen Carl gegenüber seinem Schwager Nikolaus Mixich in den Augen des Schwiegervaters gewisse Vorzüge verliehen und ihm den Eintritt in das Haus Attems erleichterten. Die erwähnten Vorzüge sowie die innige Zuneigung, die das junge Paar vom ersten Augenblick seines Zusammentreffens füreinander empfunden hatte, waren durchaus imstande, den betrüblichen Umstand der

Mittellosigkeit des Bräutigams aufzuwiegen. Es tat der Sache also keinen Abbruch, wenn Carl zum Zeitpunkt seiner Heirat nicht mehr besaß als einen antiken Schrank und eine goldene Uhr. Sogar die Hose zu seiner Galauniform, in welcher er an den Altar trat, soll er sich für diesen feierlichen Anlaß von einem Freunde geborgt haben. Die Trauung der beiden jungen Paare wurde in der Kapelle des Joanneums zu Graz vollzogen, an deren prächtigem Portal unter den Insignien mehrerer steirischer Adelshäuser gleich zweimal das dreigiebelige Wappen der Familie Attems aufscheint. Für alle drei an diesem festlichen Trauungsakt beteiligten Familien war dies gewiß eine gesegnete Stunde, die eine Fülle von Glück und Gnade nach sich zog. Ebenso wie sein Schwager Nikel hat damals mein Großvater das reinste Glück seines Lebens gefunden. Die beiden durften sich rühmen, mit den kostbarsten Gaben beschenkt worden zu sein, die das uralte und hochmögende Haus Attems aus seinem üppigen Besitzstande jemals zu vergeben gehabt hat. An Güte und liebevoller Verständnisbereitschaft ihrer Schwester gleich, war meine Großmutter überdies eine strahlende Erscheinung von Schönheit und natürlicher Anmut. Sie hatte, den Gepflogenheiten ihrer Zeit entsprechend, eine umfassende Bildung erhalten, sprach französisch und englisch geläufig wie ihre Muttersprache, war vielseitig belesen und liebte es, aus Balladen und klassischen Dramen lange Passagen nach dem Gedächtnis zu deklamieren. Ihre zeichnerische Begabung war durchaus bemerkenswert, und ihre zahlreichen Studien, von denen uns noch heute viele erhalten sind, zeugen von strengen Maßstäben und hohem künstlerischem Niveau. Sie war in all ihren Ehejahren stets um die Führung eines gepflegten und großzügigen Haushaltes bemüht, der ihr und der Familie ihres Mannes bei mancher gesellschaftlichen Veranstaltung Glanz und Ehre einbrachte. Ihr äußeres Erscheinungsbild und das ihrer Familienangehörigen waren ihr wichtig. Fragen der Bekleidung, der Mode, große Toiletten, Modistinnen und Hausschneiderinnen spielten eine große Rolle. Eine der wesentlichen Antriebskräfte hiefür war ihre angeborene Eitelkeit, die seit Generationen zu den verzeihlichen Wesensmerkmalen der meisten Mitglieder der Familie Attems gehörte, wobei lediglich ihre Schwester Louise zu deren Glück und Seelenruhe eine Ausnahme bildete.

Die Familie Attems

Die Geschichte der Familie Attems läßt sich sehr weit zurückverfolgen. Udalrich II., Patriarch von Aquileja, belehnte im Jahre 1170 zwei Brüder, Heinrich und Arbeno mit der in Friaul nördlich der Stadt Udine gelegenen Burg Attimis. Die Vorfahren der beiden Brüder sollen aus Schwaben eingewandert sein und von den Markgrafen von Montfort und Bregenz stammen. Seither trägt die Familie den Namen Attems nach ihrer Stammburg, die heute noch in ihrem Besitze ist. Nachdem Friaul in den Besitz der Republik Venedig übergegangen war, verließ Friedrich Attems 1473 das Land, um sich in der benachbarten Grafschaft von Görz anzusiedeln. Ein Nachkomme, Jakob Adam, wurde 1582 von Erzherzog Karl von Innerösterreich an dessen Hof nach Graz berufen, um die Katholische Partei im zum größten Teil dem protestantischen Glauben zugewandten steirischen Adel zu stärken. Die Familie faßte Fuß im Lande Steiermark, vermählte sich mit Töchtern edler Familien dieses Landes und der Nachbarprovinzen, gelangte zu Reichtum und Grundbesitz, sodaß ihre Mitglieder im achtzehnten Jahrhundert bereits die größten weltlichen Grundherren im Lande waren. Ignaz Maria Graf von Attems überließ seinen Brüdern die Familienbesitzungen in Görz und kaufte zwischen 1686 und 1717 eine Reihe von Gütern in der Steiermark: die Herrschaft Landsberg und das Amt Neswisch, die Herrschaft Hartenstein und das Amt Peilenstein, die Herrschaft Rann, etliche Häuser in der Sackstraße in Graz, die Herrschaft Gösting, die Herrschaft Reichenburg und zuletzt die Herrschaft Burg Feistritz. Die Häuser in der Sackstraße zu Graz ließ er niederreißen und an ihrer Stelle das prächtige Palais errichten, das fortan die Residenz der Majoratsherren seiner Familie bilden sollte. Es wird erzählt, daß die Räumung der zum Abriß bestimmten Häuser in sehr brutaler Weise erfolgt sein soll. Die bisherigen Bewohner dieser in der sogenannten Murvorstadt zwischen den beiden Sacktoren gelegenen, recht elenden Quartiere waren meist arme Fischer, die kaum imstande waren, sich mit den ihnen zur Verfügung gestellten Entschädigungen eine neue Unterkunft zu schaffen. Ihre Notlage soll die mit dem Abriß betrauten Bauarbeiter so sehr beeindruckt haben, daß diese sich zu einer Solidaritätskundgebung entschlossen und einen Arbeiterstreik organisierten, der so lange währte, bis sich der Bauherr und die Behörden der Stadt zu einer für die obdachlos gewordenen Fischer annehmbaren Lösung entschlossen hatten. Das harte und in unseren Augen gewiß sehr unsoziale Vorgehen der Bauherrschaft und der Behörden gegen die unglücklichen früheren Nutznießer mag dem kühnen Bauvorhaben gleich von Anfang an ein wenig von dem himmlischen Wohlgefallen entzogen haben, dessen jedes irdische Projekt gewiß bedarf. Dem imposanten Bauwerk, das durch seinen genuesischen Charakter, durch die lebhafte Gestaltung seiner Fassadenarchitektur, durch die Pracht des Portals und des Stiegenhauses und durch die herrliche Ausstattung seiner Innenräume eine der bedeutendsten Sehenswürdigkeiten der Stadt darstellt, war Zeit seines Bestehens kein Segen beschieden. Nie war es Heimstatt glücklichen Familienlebens, nie Schauplatz unbeschwerter Festesfreude, nie ein Ort behaglicher Wohnlichkeit. Mit all ihrer Pracht, all ihrem Aufwand atmen seine hohen Räume kühle Repräsentation und erstarren in steifer Distanz. Es ist kaum als Zufall zu empfinden, daß von den zahlreichen Prunkräumen des zweigeschossigen Palastes fast keiner das Geschenk eines Sonnenstrahles durch seine hohen Fenster erhält. Und die Vorstellung fällt uns schwer, daß in der Flucht der gobelinbespannten, goldstuckverzierten Salons jemals fröhliches Kinderlachen erklungen ist. In vielen der Räume sind zwischen den Fensternischen über marmornen Konsoltischen hohe Spiegel angebracht. Einer davon ist seit vielen Generationen bis zur Hälfte seiner Fläche durch roten Brokat verhängt. Viele Male, so heißt es, sei dieser Spiegel zerbrochen. Und jedesmal, wenn man ihn erneuert habe, sei sogleich großes Unglück über die Familie hereingefallen. So habe man sich einmal entschlossen, den Schaden zu verhüllen und die Scherben nicht mehr zu ersetzen. Die geheimnisvolle Ankündigung drohenden Unheils hat man damit verhindert, dem Unheil selbst aber nicht gewehrt. Nachdem in den ersten Generationen nach der Errichtung dieser Majoratsresidenz der Tod in den Kinderzimmern grausame Ernte gehalten hatte, fanden sich in den letzten hundert Jahren im ganzen Hause so gut wie keine von Kindern bewohnte Räume. Unter den letzten vier Besitzern des Palastes blieben zwei kinderlos. Der eine von ihnen, Landeshauptmann Edmund Graf Attems führte ein langes einsames Junggesellenleben. Daß bei seinem älteren Bruder und Vorgänger Ignaz der Kindersegen ausblieb, nimmt uns nicht wunder, wenn wir erfahren, daß seine Gemahlin Rosa aus dem Hause Attems-Gösting die Gepflogenheit hatte, bei Tage zu schlafen und des Nachts im Hause zu walten. Die beiden Eheleute scheinen einander nur selten und wohl nur in ihren Ankleideräumen begegnet zu haben. Der vorletzte Majoratsherr, Ferdinand, benutzte sein Stadtpalais zu Graz nur als Absteigquartier und residierte mit seiner Familie im Schlosse zu Windisch Feistritz, wo ihn nach dem tragischen Tod seiner ersten Frau zum Ende des Zweiten Weltkrieges ein furchtbares Schicksal ereilte. Im Laufe der grausamen Verfolgungen, denen die deutschsprachige Bevölkerung dieses einstmals zu Steiermark gehörigen und nunmehr zum zweiten Male dem Staate Jugoslawien zugeschlagenen Landesteiles zu erleiden hatte, wurden Ferdinand Graf von Attems sowie seine zweite Gemahlin und sein zweitältester Sohn brutal ermordet. Alle Besitzungen der Familie gingen entschädigungslos verloren, und es blieb nur mehr das Palais zu Graz, das den am Leben gebliebenen Söhnen für kurze Zeit eine Heimstatt bot. Freilich war das aufwendige Gebäude ohne materiellen Hintergrund nicht länger zu halten und mußte von seinem letzten Eigentümer Ignaz Maria V. verkauft werden. Dies geschah ein Vierteljahrtausend nach seiner Errichtung durch Ignaz Maria I. Grafen von Attems Heiligenkreuz, der damit den Majoratsherren seines Geschlechtes eine würdige Residenz hatte schaffen wollen. Es berührt uns zutiefst, daß die gleiche Generation dieses so ruhmreichen Zweiges der uralten Familie, die ihr gesamtes Besitztum und all ihren Glanz hat dahingeben müssen, vom Erlöschen ihres Mannesstammes bedroht ist.

Ignaz Maria I., der Erbauer des Palais zu Graz, der 1707 die Herrschaft Gösting von dem Fürsten Johann Seyfried von Eggenberg erworben hatte, saß am 10. Juli 1723 als Gast der Gräfin Stubenberg im Gartensalon des Meerscheinschlößels in Graz beim Kartenspiele. Die Gegend im heutigen Geidorfviertel war damals noch nicht verbaut, und man hatte von diesem Platze aus Ausblick über das Grazer Feld bis zur Burg Gösting, die die felsigen Hügel im Nordwesten der Stadt krönte. Ein heftiges Gewitter zog auf, und zum Schrecken einiger Herren der Kartenpartie sah man einen Blitzstrahl in die Burg fahren, die alsbald in hellen Flammen stand. Die Herren bemühten sich, dem betagten Grafen Attems den Schrecken zu ersparen, indem sie ihm die Aussicht zur Feuersbrunst verstellten. Der alte Herr aber dankte ihnen in ruhigen, freundlichen Worten für diese zarte Rücksicht und meinte, daß er wahrscheinlich der erste gewesen sei, der den verhängnisvollen Blitzschlag bemerkt habe, und nun sei es wohl an der Zeit, das unterbrochene Spiel fortzusetzen . . .

Palais Attems in der Sackstraße zu Graz.
Interieur: Schlafzimmer mit dem verhängten Spiegel.
Ölgemälde um 1870.

Bereits ein Jahr später begann Ignaz Maria mit dem Bau des neuen Schlosses am Fuße des Burgberges von Gösting, jenes heute noch erhaltenen barocken Lustschlosses, das als ein Juwel unter den Bauwerken unseres Landes gilt.
Unter den Nachkommen des Ignaz Maria Grafen von Attems gab es etliche, die ihrem Namen große Ehre einbrachten. In den folgenden sechs Generationen stellte das Haus Attems zwei Fürstbischöfe und nicht weniger als drei Landeshauptmänner der Steiermark, deren segensreichem Wirken in schweren Krisenzeiten dieses Land vieles zu verdanken hat.
Es ist nur natürlich, daß unter den vielen Kindern, die dem weitverzweigten Hause entsprossen, so manche zu durchaus ehrenwerten, aber weniger bedeutsamen Menschen heranwuchsen, von denen die Nachwelt nicht viel zu berichten hat. Einige von ihnen aber haben im Laufe ihres ansonsten ein wenig farblosen Daseins durch ihr absonderliches oder manchmal skurriles Wesen der Familiengeschichte etliche anekdotische Kapitel hinzugefügt. So etwa erzählt man sich vom Majoratsherrn Ferdinand Maria Bemerkenswertes über seine Vermählung mit Gabrielle Gräfin von Wurmbrand im Jahr 1842. Nach der feierlichen Trauung in der Kapelle des Wurmbrand'schen Schlosses zu Oberradkersburg begab sich das junge Brautpaar nach Graz, um dort die erste Nacht im Palais Attems zu verbringen. Dem dreiunddreißigjährigen Bräutigam dürfte es an einschlägiger Erfahrung gemangelt haben. Um den ihm nun zugedachten Aufgaben gerecht zu werden, hatte er sich vertrauensvoll bei seinen Freunden nach Art und Beschaffenheit der bevorstehenden Probleme und nach Empfehlungen zu deren Lösung erkundigt. Den lieben Freunden war es natürlich ein Vergnügen, in dieser delikaten Angelegenheit mit ihren entsprechenden Ratschlägen zu dienen. Wohlvorbereitet sah der arglose Bräutigam der anbrechenden Brautnacht mit einigem Selbstvertrauen entgegen. Die junge Braut war inzwischen im Brautgemach, einem hohen prunkvoll ausgestatteten Schlafzimmer, von ihrer mitgebrachten Kammerzofe für die bevorstehende Nacht zurechtgerichtet worden. Die Zofe entschwand durch eine Tapetentüre, und das junge Mädchen lag in ängstlicher Erwartung auf dem breiten Lager unter einem brokatenen Baldachin, der in kunstvollen Faltenwürfen von der hochgewölbten Stuckdecke hing. Die großen hallenden Räume des mächtigen Palastes haben das junge Herz beklommen gemacht, und ihre Einsamkeit in der Stille dieses Gemaches ließ sie furchtsam erzittern. Endlich vernahm sie ein Geräusch an der Türe. Die hohen Flügel öffneten sich, auf der Schwelle stand splitternackt ihr Bräutigam, hell umstrahlt von den Kerzen eines siebenarmigen Leuchters, den er über seinem Haupte hielt. Die Augen der jungen Braut weiteten sich vor Entsetzen. Mit einem Schreckensschrei sprang sie vom Lager, stürzte durch die Tapetentüre aus dem Raum, schrie

nach ihrer Zofe, warf sich der Herbeigeeilten in die Arme, befahl, sofort anzuspannen und fuhr in Windeseile durch das Tor des Palastes, durch die schlafende Stadt, durch das nächtliche Land und ließ erst anhalten, als die dampfenden Pferde das väterliche Schloß zu Radkersburg erreicht hatten.

Zu Graz indessen begann der arglose Bräutigam zu ahnen, daß die ihm von seinen Freunden angeratene Zeremonie den Erwartungen seiner Braut zu entsprechen doch nicht ganz geeignet gewesen war und daß er dem jungen unschuldigen Wesen durch die brutale Zurschaustellung seiner männlichen Natur einen gewaltigen Schock versetzt hatte. Nunmehr sah sich der Unglückliche veranlaßt, eine überaus peinliche Fahrt nach Radkersburg anzutreten, um dort seine zutiefst verletzte Braut aus den Armen ihrer Eltern zu lösen und ein zweites Mal dem ehelichen Stande zuzuführen. Er verzichtete fürderhin auf den Rat seiner Freunde und fand nach neuem Beginn Glück und Erfüllung in seiner Ehe mit seiner jungen Frau Gabrielle, die ihm vier Kinder schenkte und ihm durch sechsunddreißig Jahre in Liebe eine treusorgende Hausfrau blieb.

Bemerkenswertes ist auch von seinem ältesten Sohn Ignaz zu berichten, jenem kinderlos gebliebenen Ehemann der stets nur zur Nachtzeit aktiven Gräfin Rosa aus dem Hause Attems-Gösting. Dr.jur.et philos. Ignaz-Maria (IV) Graf von Attems Heiligenkreuz, k.k. Kämmerer, erbliches Mitglied des Herrenhauses, Fideikommißherr auf Burg Feistritz, Landsberg und Rann, Besitzer ausgedehnter Güter, zahlreicher Schlösser, Herr über eine große Schar von Beamten und Gutsangestellten wurde von Gewissensqualen heimgesucht. Der Gedanke machte ihm schwer zu schaffen, daß er, der weder öffentliche Ämter bekleidete, noch einen Dienst in der kaiserlichen Armee verrichtete, seinem Kaiser und dem Staate etwas schuldig blieb. So bemühte er sich denn um einen Posten im öffentlichen Dienste und fand endlich über freundliche Vermittlung durch eine maßgebliche Instanz eine sehr bescheidene Anstellung in der Finanzlandesdirektion der Steiermark, deren Obliegenheiten er mit größter Gewissenhaftigkeit verrichtete. Etliche Monate hindurch saß er täglich pünktlich ab acht Uhr früh an einem schäbigen Schreibtisch in einem kahlen Amtsraume und bearbeitete die Akten, die vor ihm aufgestapelt wurden. In dieser untergeordneten Tätigkeit war er einem weiteren kleinen Beamten zugeteilt, der ihm gegenüber saß und dessen Staunen über den schrulligen Grafen kein Ende nehmen wollte, der die Prunksäle seiner Schlösser freiwillig gegen die muffige Amtsstube eingetauscht hatte. Hingegen war er aber gerne bereit, das ihm zu jedem Monatsultimo verschämt herübergeschobene Monatsgehalt seines gräflichen Kollegen einzustreifen, zumal dieser stets verlegen beteuerte, dieser Summe gerade nicht bedürftig zu sein. Das ging so lange gut, bis anläßlich der Einweihung des neuen

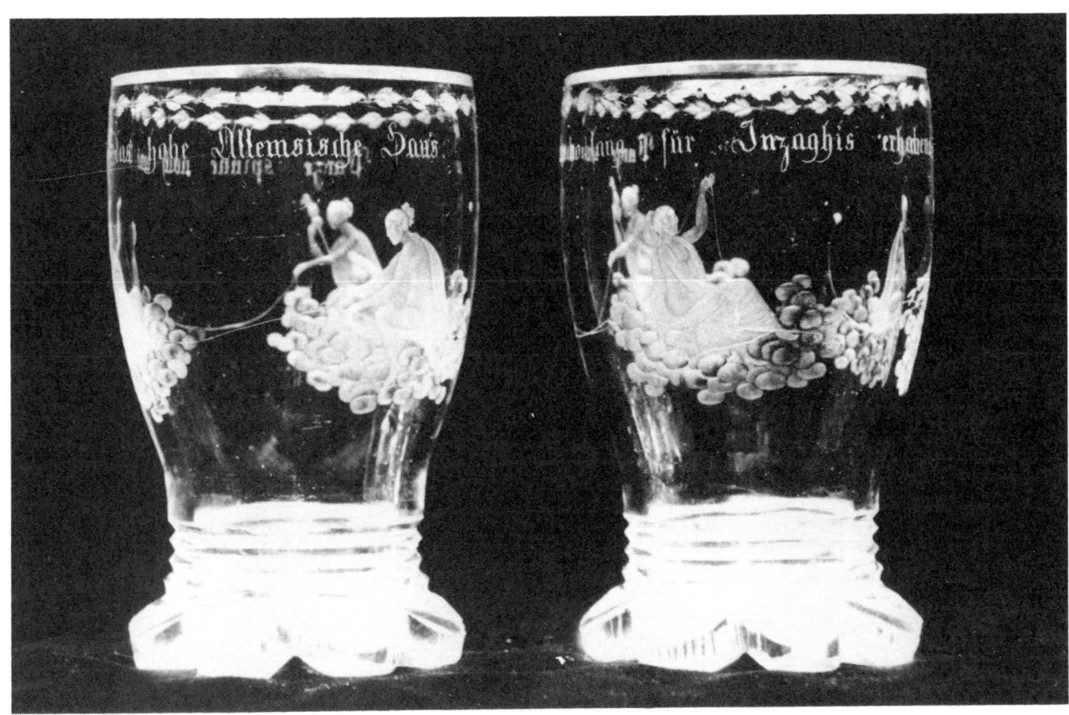

„Parze spinne noch lange . . .“ – Die beiden Hochzeitsgläser von 1814 und 1818.

Amtsgebäudes Kaiser Franz Joseph I. der Finanzlandesdirektion zu Graz seinen allerhöchsten Besuch abstattete. Als die Spitzen dieser Behörde dem Kaiser vorgestellt wurden, glaubte man auch den Grafen Attems, obwohl dieser nur in sehr untergeordneter Position Dienst versah, nicht übergehen zu können, und so kam es, daß seine Majestät darüber ins Staunen geriet, auf welche Weise ihm der Majoratsherr eines der angesehensten Häuser in diesem Lande dienen zu sollen glaubte. Den huldvollen Worten des Kaisers, die er an seine Beamten richtete, folgte umgehend der Auftrag an die löbliche Direktion, diesem mißlichen Verhältnis ein Ende zu bereiten. Ob der Bedauernswerte, nachdem er so schnöde um seine Karriere im öffentlichen Dienst gekommen war, später nicht vielleicht doch in der Erfüllung der ihm von seinen Vorvätern übererbten Aufgaben seine Befriedigung gefunden hat, wissen wir nicht.

Ferdinand, der vordem erwähnte siebenarmig beleuchtete Bräutigam, stammte zusammen mit seiner Schwester Antonie aus der ersten Ehe seines Vaters Ignaz Maria (III) mit Antonia Gräfin Chorinsky, die nach dreijähriger Ehe verstorben war. Nachdem vier Jahre verstrichen waren, verehelichte sich der junge Witwer ein zweites Mal. Seine Braut Aloysia Gräfin von Inzaghi war eines von fünfzehn Kindern des Johann Nepomuk Grafen von Inzaghi, Freiherrn von Kindberg und Fideikommißherrn daselbst. Es ist uns heute noch ein Geschenk erhalten, das der damalige Bräutigam von der Familie seiner Braut zur Hochzeit erhalten hat: ein kunstvoll graviertes Trinkglas, auf dem drei freizügig bekleidete, üppig gediehene Parzen abgebildet sind, auf Wolkenbänken thronend und durch einen langen Faden miteinander verbunden. Die erste hält den Spinnrocken, die zweite läßt das zarte Gespinst durch die Finger gleiten und die dritte ist im Begriffe, den Faden mit einer Schere zu durchschneiden. Um das Glas läuft ein Sinnspruch: „Parze, spinne noch lange für das hohe attemsische Haus". Dieser freundliche Wunsch, den die Familie Inzaghi zugleich mit ihrer liebreizenden Tochter Aloysia dem hohen attemsischen Hause widmete, hat sich fürs erste durch die Geburt eines Sohnes Friedrich erfüllt, von welchem wir bereits wissen, daß er sechsundsechzig Jahre später für seine beiden Töchter eine Doppelhochzeit in der Joanneums-Kapelle zu Graz veranstaltet hat. Von ihm wird noch einiges zu berichten sein.

Das Haus Inzaghi

Wappen der Grafen von Inzaghi.

Die Familie der Grafen von Inzaghi war um die Mitte des 17. Jahrhunderts von Kaiser Ferdinand III. im Zuge dessen gegenreformatorischer Bestrebungen in die Steiermark berufen worden, um im weitgehend protestantisch gewordenen steirischen Adel einen katholischen Stützpunkt zu bilden. Der damals Berufene, Abundio d'Inzago kam aus Como, wo er einen Palazzo in der Stadt und zwei Landgüter außerhalb derselben besaß. Er führte die adelige Abkunft seiner Familie zurück auf zwei Vorfahren, die um das Jahr 1388 Ratsherren des Herzogs Galeazo Visconti in Mailand gewesen waren. Der Nachweis dieser altadeligen Abkunft scheint Abundio von großer Wichtigkeit gewesen zu sein, denn er verfaßte zahlreiche diesbezügliche Dokumente mit entsprechender Beweisführung, die sich heute noch im alten Familienarchiv befinden. Abundio überließ die italienischen Güter seinem zweitgeborenen Sohn und begründete die sogenannte „teutsche" Linie seines Hauses mit der von ihm erworbenen steirischen Herrschaft Oberkindberg, die er von den Erben der protestantischen und knapp zuvor ausgestorbenen Familie der Schratt zu Kindberg erworben hatte. Innerhalb weniger Jahre erwarb er die steirische Landsmannschaft und erhielt den Titel Freiherr zu Kindberg und das Grafendiplom aus den Händen Kaiser Leopold I. Seine Gemahlin, Maria Magdalena, Freiin Morell zu Sonnenberg, eine Österreicherin, schenkte ihm dreizehn Kinder. Er begründete zusammen mit seinem Sohn Johann Philipp das Familienfideikommiß Kindberg und stiftete außerhalb dieses kaiserlichen Marktes einen „Berg Calvary", den er nach italienischer Sitte mit den Leidensstationen unseres Herrn sowie mit einer geräumigen Kirche und dem dazugehörigen Hause zur Unterbringung der Geistlichkeit ausstattete. Diesem Werke stiftete er ein großzügiges Kapital, welches zur Verrichtung zahlreicher Seelenmessen für die Verstorbenen seiner Familie, die nach seinem Willen auf ewige Zeiten abzuhalten waren, bestimmt wurde. Von den Zinsen dieses Kapitals lebten tatsächlich durch etwa zweihundertfünfzig Jahre zwei an diesem Berge tätige Priester, sowie fünf „arme Spitaler", die als Mesner und Hauspersonal Kirche, Benefiziatenhaus und Priester betreuten. Über die Seelenmessen, über die Geldanlage des Kapitals, über die Verwendung der Zinsen, die freilich auch zur Pflege und Instandhaltung der umfangreichen Gebäude herhalten mußten, über die lange Reihe der Benefiziaten an diesem Orte und über viele Streitigkeiten, die mit der Ortspfarre des Marktes Kindberg entstanden, welche in dem nahegelegenen neuen Heiligtum, das sich zu einem gerne besuchten Wallfahrtsort entwickelte, eine Konkurrenz sah, gibt es ungezählte Belege, Berichte und Schriftstücke, die dem staunenden Leser offenbaren, daß selbst bei der Ausführung eines so frommen Werkes kleinliches Machtstreben, Intrige und Rachsucht nicht auszuschalten waren. In die Streitigkeiten zwischen den Paulaner-Mönchen, die den Kalvarienberg betreuten, und der Kindberger Pfarre griff der Rektor des Jesuitenkollegs zu Millstatt in Kärnten vehement ein, der damals – eine typisch gegenreformatorische Regelung – anstelle des regulären Bischofs zu Seckau als Ordinarius über etliche Pfarren des Mürztales fungierte. Sein Gegner im Streit war der auf dem Schlosse zu Oberkindberg residierende Graf Inzaghi, Inhaber und Vogt der Stiftung, der um sein Recht kämpfte, die „Kürchenraittungen" des Kalvarienbergs selbst zu kontrollieren, da diese ja von seiner Stiftung finanziert wurden und der Kalvarienberg auf seinem Grundbesitz stand. Der Streit ging durch Jahrzehnte und wurde von niemand geringerem als von Kaiser Leopold I. persönlich entschieden, welcher die Paulaner-Mönche gegen sogenannte Petriner, Weltgeistliche also, austauschen ließ und verfügte, daß von den Einnahmen aus den Kirchenopfern des Kalvarienberges ein Fünftel an die Pfarre von Kindberg abzuliefern sei, um deren Entgang an Opfergeld auszugleichen. Den Jesuiten wurde gestattet, Einsicht in die Kirchenraittungen zu nehmen, jedoch nur unter vorheriger Anmeldung beim Grafen Inzaghi und in dessen oder seines Vertreters Anwesenheit. Daß man es für angebracht hielt, in einer zumindest nach unseren heutigen Begriffen sehr unbedeutenden Angelegenheit des „allerdurchleuchtigsten, großmächtigsten, unüberwindlichsten Römischen Keysers Majestät zu Wienn" zu inkommodieren, dessen Reich von Türken und Franzosen in lebensbedrohender Weise in die Zange genommen war, scheint uns heute verwunderlich. Wir müssen es eben verstehen, andere Zeiten, genauso wie andere Länder, mit den ihnen entsprechenden und von ihnen angewandten Maßstäben zu messen, um sie gerecht zu beurteilen. Des bedrängten Kaisers wichtigste Stützen in seinem Lande waren der Adel und die Kirche. Er brauchte die Hilfe dieser beiden einflußreichen Institutionen und er brauchte vor allem ihr Geld, um die gähnend leeren Staatskassen aufs neue zu füllen. Er konnte es sich offenbar nicht leisten, die wiederholten Eingaben und gegenseitigen Beschwerden des Jesuitenrektors und des Grafen Inzaghi ihrer geringen Bedeutung wegen zu ignorieren. So kam es zu einem kaiserlichen Schiedsspruch, der sich praktisch neutral verhielt und bei beiden Gegnern die Genugtuung auslöste, der Kaiser habe sich ihrer Sache angenommen und zumindest teilweise zu ihren Gunsten entschieden.

Johann Philipp – im Geruch der Heiligkeit

Johann Philipp Graf von Inzaghi wird von seinen Zeitgenossen als ein bedeutender und im Geruche der Heiligkeit stehender Mann beschrieben. Nach anfänglicher Ausbildung zum geistlichen Stande entschied er sich in jungen Jahren zum Studium der Staatswissenschaften an der Erzherzoglich-Kaiserlichen Universität zu Freiburg im Breisgau. Seine „Politische Dissertation", welche er „sub auspiciis" des Römischen Kaisers Leopold I. unter dem Präsidium des Rector Magnificus der Universität zur öffentlichen Disputation am 22. August 1671 vorlegte, wurde in Druck verfaßt und dem Kaiser persönlich gewidmet, wofür Johann Philipp eine prächtige Goldkette aus den Händen des Kaisers empfing. Bald danach ehelichte er Anna Maria Katharina Freiin von Würzburg, ein fünfzehnjähriges, nach einem vorhandenen Ahnenbilde zartes und auffallend reizvolles Mädchen. Diese junge Frau gebar in einundzwanzigjähriger Ehe fünfzehn Kinder und verstarb sechsunddreißigjährig in den Qualen ihrer letzten Niederkunft. Ich, ein später Nachkomme dieser Ahnfrau aus fernen Zeiten, hege für sie ein hohes Maß an Verehrung. Es ist nicht nur das liebliche, ungemein freundlich lächelnde Gesicht der jungen Frau, das mir aus ihrem Bilde entgegenblickt, nicht die zarte, fast mädchenhafte Gestalt in der langen, schweren Kleidung dieses Jahrhunderts, nicht die schlanke, weiße, perlenbandgeschmückte Hand, die spielerisch ein kleines Hündchen liebkost, nicht das aus dem Bilde sprechende reine und unschuldige Wesen allein, die mich rühren. Es ist vielmehr das pflichtgeprägte, harte und rücksichtslose Schicksal fast aller Ehefrauen und Mütter dieser Zeit, deren Ehejahre vom Altar bis zum frühen

Johann Philipp Graf von Inzaghi.

Anna Maria Katharina Gräfin von Inzaghi-Würzburg.

Sarge nichts anderes waren als ein Opfergang. Familieninteressen und machtpolitische Erwägungen bestimmten diesen Frauen schon oft im Kindesalter den Mann fürs Leben, der Mann bestimmte Schwangerschaft und Geburt und meist bestimmten Schwangerschaft und Geburt den frühen Tod. Was dazwischen lag, waren beschwerliche Zeiten der Erwartung, qualvolle Niederkünfte in steter Lebensgefahr, Kinderkrankheiten, Kindersärge und immer wieder ehelicher Gehorsam, eheliche Pflichten, neuerliche Schwangerschaften, Hebammen, Kindbettfieber und hilflose Ärzte. Durch viele Jahrhunderte war dies das ewig gleiche Schicksal ungezählter Frauen, ob sie nun in den Hütten des Volkes, den Bürgerhäusern der Städte oder in den Palästen des Adels ihre Pflichten verrichteten. Armut oder Reichtum ihrer Familien mögen in dem opferreichen Dasein dieser Frauen kaum einen wesentlichen Unterschied bewirkt haben. Die Qualen der Geburten von fünfzehn Kindern dürften für die Gebärenden stets die gleichen gewesen sein, ob sie nun auf feinem Linnen oder auf groben Strohsäcken erlitten wurden. Dem grausamen Tod war es gleich, aus welcher Art von Lager er die Kindbettfiebernde holte, gleich war das letzte Röcheln der ausgeschundenen Leiber und letztendlich auch gleich das dunkle Tor, durch das sie hinüberschritten in ihre Erlösung. Für alle diese Frauen, die unsere Urmütter waren, die Mütter unserer Völker, ohne deren Aufopferung wir nicht auf dieser Erde wären, für alle diese hingebungsvollen, pflichterfüllenden Heldinnen, die eigenen Willen und Freiheit nicht kannten und auch nicht verlangten, ist mir die fünfzehnfache junge Mutter, Anna Maria Katharina Inzaghi, meine Ururururgroßmutter, die vor einem Drittel Jahrtausend in demselben Hause lebte und litt, in dem ich heute wohne und täglich ihrem Bild begegne, ein zu Verehrung und Dankbarkeit mahnendes Symbol.
Über ihren Ehegatten Johann Philipp Inzaghi, seinen Ehestand, seine dreiunddreißigjährige Witwernschaft und über seinen „glückseligen und heiligen Tod" berichtet uns ein, von einem zeitgenössischen Priester verfaßter, „kurzer Begrüff seines fromen und Gotts-förtigen Lebens", der uns in zwei handgeschriebenen gebundenen Originalausgaben erhalten ist. Darin erfahren wir manches Bemerkenswerte über die Kindererziehungsmethoden der damaligen Zeit: „Der Allerhöchste segnete Joannem Philippum mit fünfzehn Kindern, als nemlich mit neun Söhnen und sechs Töchtern, deren zehn hiervon das Zeitliche schon gesegnet und in ihrer Unschuld von dieser Welt zu ihrem himmlischen Schöpfer abgefahren: Fünf aber annoch im Leben verlassen. Dieser seiner Jugend war er also wohlgestöllet, dass es gar wohl annoch kann mit Fueg geredet werden. Er verabsäumete nicht das geringste so zu einem Christlichen Wandel erforderlich ware: Eine besondere Obsicht hatte er: Dass seine Jugend in aller Ehrbahrkeit erwachsete: Er gestattete kein ungeschaffenes Wort, auch dass sie nicht schärzweis

(sich) mit denen Händen anrühreten, sprechend: dass der Heilige Philippus Nerius (der Schutzpatron der Familie) nicht gestattet habe, dass auch Brüder und Schwestern sich bei denen Händen einander anrühreten, zudeme es der Christlichen Ehrbahrkeit zuwider. Wollte auch selbst nicht, dass sie ihme die Händ küsseten, sondern, da sie ihre kindliche Schuldigkeit bezeugen wollten, reichete er ihnen den Ringfinger, welchen er stätts getragen mit dem Bildnus der aller seeligsten Jungfrau Maria, und anderen heiligen Reliquien. Solchen Ring gab er ihnen anstatt seiner aigenen Hand zu küssen. In denen mehr erwachsenen Jahren ihrer Jugend gestattete er ihnen auf keine Weis, das sie verliebte Bücher lesen thätten: Schaffte auch ernstlich, dass keine vor ihm mit entblösten Hals erscheinnen dörfte. Auch in denen kleinen Kindern kunte er nicht gedulden, dass sie bloss und nakend nach jetzigem Weltbrauch geklaidet werden . . .

. . . Demnach, zu besserer Ermunterung und zu eyfrigerem Antrüb verordnete er: dass einer nach den anderen von denen Kindern nach gemachter Ordnung, zur Essens-Zeit, bey den Tisch, eine Christliche Frag offentlich aufgeben musste. Sodann ein anderes von den Kindern, nach aigenen Wohl-Bedunken die Frag beantworthen musste, welche er zuletzt mit einen Wohl-gegründeten Aussprach beantworthet und mit guttprobirter Lehr aufgelöset hat.

In der heiligen Fastens-Zeit aber, bevor man sich zu Tische setzete, musste täglich eines von denen Kindern das heilige selbigen Tag fallende Evangelium lauth ablesen, worauf genugsamme Gelegenheit bestunde, ein und andere Frag an Tag zu bringen, dass hiemit die mehreste Essens-Zeit in Christlichen und nüzlichen Abhandlungen vorbey gegangen . . . "

Aus einer anderen Quelle ist uns überliefert, daß einmal monatlich an der Tafel der Familie Bleistifte und Papierzettel ausgeteilt wurden, auf welche jedes Kind seine Lieblingsspeise notieren mußte, deren Genuß es sich am meisten wünschte. Die Zettel wurden in eine leere Schüssel getan, die Schüssel hinausgetragen. Diese fünfzehn Lieblingsspeisen gab es im kommenden Monat nicht.

Von des Johann Philipp Grafen von Inzaghi fünf ihn überlebenden Kindern heirateten nur zwei; eine Tochter und ein Sohn, welcher letzterer als einziger für die Fortpflanzung der Familie sorgte. Die übrigen drei Söhne wandten sich dem geistlichen Stande zu und gelangten als Abt des Benediktiner-Stiftes St. Lambrecht bzw. als Erzpriester von Straßgang und als Erzpfarrer von Pettau zu hohen Würden. Der Werdegang all dieser Kinder dürfte als ein typisches Ergebnis der weltabgewandten Erziehungsmethoden ihres Vaters gelten.

Johann Philipp war aber nicht nur gestrenger Familienvater und eifriger Förderer der Religion. Er war außerordentlich gebildet, wovon die von ihm gelesenen aber auch verfaßten Bücher, die sich unter den Resten der „Bibliotheca Inzaghiana“ im Familienarchiv zu Kindberg finden, beredtes Zeugnis ablegen. Er hat nicht weniger als einunddreißig Bücher italienischer Zunge in vier Sprachen übersetzt: ins Deutsche, Lateinische, Spanische und Französische. Er liebte es, sich mit mathematischen Berechnungen und Zahlenexperimenten zu befassen und beschäftigte sich gerne mit der Lösung schwieriger juridischer Probleme. Er wurde als Mitglied einer Kommission beigezogen, welche unter Vorsitz des Fürsten von Eggenberg, als Präsidenten, in zweiter Instanz den Kriminalprozeß über die Grafen Anton von Saurau und Carl Friedrich von Herberstein verhandelte, die den Geheimen Rat Grafen Leopold Stubenberg auf offener Straße erstochen hatten, weil dieser sie mit Schmähworten überhäuft und den Zweikampf mit ihnen verweigert hatte. Dieser Kommission gehörten auch Friedrich Graf Khevenhüller als Stellvertreter des Präsidenten an, die Geheimen Räte Johann Anton Graf Lamberg, Leopold Graf Strasoldo, Georg Graf Lanthieri, Graf Gallenberg und Freiherr Stürgkh. Nach langen Sitzungen kam die Kommission zu dem Beschlusse, der Kaiser möge über die beiden Grafen wegen des mildernden Umstandes der erlittenen Insulten, welche Graf Stubenberg ihnen angetan hatte, statt der Todesstrafe eine außerordentliche Strafe verhängen, die der Todesstrafe am nächsten sei.

Johann Philipps erfolgreiches Wirken im Dienste des Kaisers brachten ihm viel allerhöchste Huld und Würden ein: Er war „des heiligen römischen Reiches Graf von Inzaghi, Freiherr zu Kindberg, Herr zu Hardt und Oberlorenzen und beiden Maßweg, Ihro Kayserlichen Majestät Leopold I. Kämmerer, Innerösterreichischer Hofcammer und geheimber Rath, Ihro Kayserlichen Majestät Josephi I. und Ihro Kayserlichen Majestät Caroli VI. Innerösterreichischer und auch Kayserlicher geheimber Rath“. So zu lesen unter einem lebensgroßen Ahnenbild, das einen auffallend schönen, hochgewachsenen Mann mittleren Alters mit etwas weichlichen Gesichtszügen und freundlichen Augen unter einer langen bis auf die Schulter fallenden, dunklen Perücke zeigt.

Zu den weiteren Besitztümern Johann Philipps gehörte das oberhalb des heutigen Vorortes Mariagrün bei Graz gelegene Schlößchen Kroisbach und das erste Stadthaus der Familie, ein großes ansehnliches Gebäude, dessen Vorplatz in einer alten Grazer Schrift bezeichnet wurde als „das Platzl vor dem Herrn Abundio sein Haus“. Heute trägt dieses Haus die Nummer Mehlplatz 1.

Im Familienarchiv zu Kindberg befindet sich das Original eines kaiserlichen Handschreibens, gewidmet „dem Hoch- und Wohlgeborenen, unserm lieben, getreuen Antonio Grafen von Inzaghi, Freiherrn auf Kindberg, Herrn zu Hardt und Oberlorenzen, einer ehrsamben Landschaft in Steyer Schranengerichtsbeisitzer . . . “

Anton, ein Bruder von Johann Philipp, war Priester und der erste Patron des von seiner

Familie gestifteten Kalvarienberges zu Kindberg. In einer Aktennotiz am Rande des genannten Briefes bezeichnet sich Anton selbst als „annoch filio familias" und scheint damit erklären zu wollen, warum der Brief an ihn und nicht an den Fideikommißherrn, seinen Bruder Johann Philipp, adressiert ist. Der Brief lautet:

„LEOPOLD von GOTTES gnaden erwelter Römischer Kayser, zu allen Zeitten Mehrer des Reichs etc.

Hoch- und wohlgeborener, Lieber Getreuer. Wir geben Dir in Gnaden zu vernemben, was maßen Wir bey einerseiths noch continuierenden Türkhen-Kriege, und andererseiths von der Cron Frankreich ungerechterweis ohne einige gehabte oder gegebene Ursach erfolgten Friedensbruch und immerfort weiter umb sich greiffenden unchristlichen Feindseligkeiten des heyl.Röm.Reich, auch Unsere Erbkönigreich und Länder vor annahender höchster Gefahr zu retten, zu doppelter starkher Eylfertiger Kriegsverfassung gegen beide so mächtige Feind zu greifen . . . zu solchem Ende auch bereits alle gehörigen Anstalten angeordnet haben. Und so nun zu deren unanständigen höchst nötigen Bewerkhstellung unter anderen forderist das Gelt als Nervus belli unumbgänglich erfordert wird, Wir aber selbiges aus Unsern, disen wehrenden Türkhen-Krieg über fas ganz und gar alleinig dem gemainen Wesen zum besten und zur Conservation Unserer getreuisten Erbkönigreich, Fürstenthumb und Länder vätterlich beygesetzten aigenen Mitlen nicht beyzuschaffen wissen. Und dahero in die unvermeidliche Noth gesetzt worden und dehemnach resolviert von unterschiedlichen sich in Unsern Erbkönigreich und Ländern befindenden getreuen und gehoristen Ständen, Untherthanen und anderen Inwohnern ein paares Darlehen zu begehren.

Also versehen Wir Uns gegen Dir gnedigst, Du werdest sowohl als andere getreue Patrioten mehr, die sich bereits gueten theils sonderlich in Unseren herausigen Erblanden zu Unserer sondbaren Vergnügung gar willfährig erwiesen haben, zu Bezeugung Deiner gegen Uns und dem gemainen Weesen tragenden treu gehoristen devotion in diesem so grossen Nothstand und zweyfachen überaus grossen Gefahr das Deinige treuherzig beyzutragen und Uns an Handen zu gehen Dir einigen Gedankhen nicht machen, zu mahlen Wir solches Darlehen bei erfolgenden besseren Zeitten einem jeden widerumb erstatten und bezahlen lassen wollen, solches auch allein zu Comservierung des lieben Vatterlands, und mithin eines jeden in privato angesprochen und von Uns ganz vätterlich gemainet ist.

Und ist demnach Unser gnedigstes Begehren an Dich hiemit, das Uns Du zu gehörtem Ende, woran des gemainen Weesens Heyl- und Wohlfahrt haubtsächlich beruhet

SechsHundert Gulden

zumahlen soliches gegen den jezigen grossen Nothstand eine geringe Post ist, alsbald

treuherzig vorstrecken und nach Empfahung dieses längist innerhalb vierzehn Tagen von dem Tag des Empfangs zu rechnen, in Unser I.Ö. Hof-Pfennigambt gegen Einhendigung Unserer Kay. Obligation wirklich unfehlbar auszahlen lassen wollest. Und hast Du Dich der Wider-Bezahlung halber wie obgemelt nicht allein im Vermögensregister unserer Kay. Obligation aigentlich zu versichern, sondern Wir wollen auch Deine hierin erzeugende Treugehoriste Willfährigkeit noch absonderlich mit Kay. Gnaden, wormit Wir Dir ohne das Wohlgewogen sein zu erkennen in Deine Vergessenheit stöllen.
Gegeben auf Unserem Schlosse zu Laxenburg den Ersten Juny im Sechszehnhundert Neun und achtzigsten, Unserer Reiche, des Römischen im ainunddreissigsten, des Hungarischen im 34. und des Böheimbischen im 33. Jahre. Leopold"
Dieser Brief, gezeichnet mit des Kaisers eigenhändiger goldstaubgetrockneter Unterschrift, ist wohl ein bemerkenswertes Zeugnis für den bedrohlichen Notstand des Heiligen Römischen Reiches, das sich aus den Verwüstungen des vierzig Jahre zuvor beendeten Dreißigjährigen Krieges noch kaum erholt haben konnte, dessen Hauptstadt erst vor sechs Jahren durch die Truppen des Königs Johann III. Sobiesky von Polen und des Herzogs Karl von Lothringen aus türkischer Umklammerung befreit worden war und das nun abermals in die westöstliche Zange seiner Erbfeinde genommen wurde. Wenn der großmächtige und unüberwindliche römische Kaiser Leopold I. in gewiß vielen gleichlautenden Schreiben seine getreuesten Adeligen um die Gewährung von Darlehen ersuchte, so waren dies keine „Schnorrbriefe" sondern ein todernster Appell an die Angehörigen eines Standes, der sich immer schon als Stütze des Reiches empfunden hatte und der in der Erfüllung dieses Begehrens seine eigene Existenz zu retten aufgefordert war. Der damals noch steuerfreie Adel hat sich später wie jedermann sonst an die Vorschreibung von Steuern gewöhnen müssen, die der Staatsbürger meist zur Abwendung wesentlich weniger lebensbedrohender Gefahren aufzubringen hat. Des Kaisers Handschreiben an seine Getreuen scheint mir so etwas wie ein Vorläufer unserer heutigen Steuerbescheide zu sein, wenngleich er sich in der Höflichkeit des Vorbringens und mit der in Aussichtstellung einer Rückerstattung bei „erfolgenden besseren Zeiten" wohltuend von diesen unterscheidet.
Von den drei Monarchen, denen Johann Philipp Inzaghi diente, flossen ihm von Leopold I. die meiste Huld und Gnade zu. Der Chronist Johann Philipps berichtet:
„. . . Vor seinen besonderen Haus- und Schutzpatron hat er den heiligen Philippum Nerium erwöhlet, Dessen Bruderschaft hat er zu Kindberg in Mörzthaall aufgericht und gestüftet, auch alldort in selber Pfarr-Kürch einen Altar zur Ehre dieses Heiligen erbauen lassen. Vor solche neue aufgerichte Sodalität S. Philippi Nery hat er verschidene

Innozenz XI., der „Türkenpapst“.

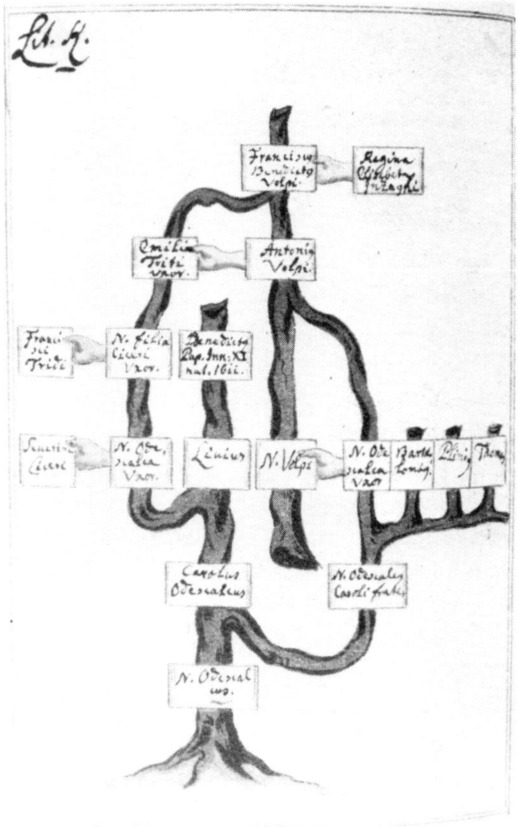

Die Verwandtschaft der Familie Inzaghi zu Papst Innozenz IX. aus dem Hause Odescalchi.

Abläss von Innocentio XI erhalten. Er warr in Beförderung dieser Andacht unermühet und nur stätts gedachte, wie er zu diesem grossen Heiligen die Andacht immer mehr ausbraithen künnte. Dahero hat er mit seinem Fleiss und Eyfer so vill zuwege gebracht, dass viel 100 Persohnen sich in diese neue Sodalität haben einverleiben lassen. Wie dan auch Se. Kay. May. Leopoldus Primus samt den Durchleuchtigsten Haus von Österreich sich eigenhändig eingeschrieben haben, welchen hohen Exempel vill andere, so wohl christ – als weltlichen Standts gefolget, und sich annoch all-jährlich sehr vill in diese löbl. Bruderschaft S. Philippi Nery zu Kindberg zu Mörzthaall einverleiben . . . “

Der erwähnte Innozenz XI. war der sogenannte Türkenpapst, der einige Jahre zuvor die ideellen, politischen und finanziellen Voraussetzungen für das Bündnis zwischen dem Kaiser, dem Polenkönig Johann III. und dem Herzog Carl von Lothringen geschaffen hatte und somit als der geistige Vater der Befreiung Wiens von den Türken bezeichnet werden kann. Sein Eingreifen in dieser für das Abendland lebensbedrohenden Situation hat Europa davor bewahrt, fürderhin unter der grünen Fahne des Propheten zu existieren. Innozenz XI. stammte aus Como, aus dem Hause der Prinzen Odescalchi und war, wie in mehreren vorhandenen Dokumenten eifrig nachgewiesen wird, ein zweifach angeheirateter Verwandter des Hauses Inzaghi. Anläßlich des Baubeginns am Kalvarienberge zu Kindberg soll er – als Kardinal – hier zu Gast gewesen sein und durch sein eindrucksvolles Auftreten seinem Vetter Inzaghi bei dessen Bemühungen, die dem alten Glauben untreu gewordene Bevölkerung dem Katholizismus zurückzuführen, sehr geholfen haben. Anläßlich seiner Krönung zum Pontifex Maximus sandte er an Johann Philipp zwei sogenannte „Agnus Dei", wachsgeprägte Plaketten mit seinem päpstlichen Wappen, wie sie zu solchen Anlässen seit Jahrhunderten an die regierenden Häupter der Welt und an prominente Zeitgenossen aus Rom verschickt worden sind. In schwerem Silber gefaßt, befinden sich diese beiden kostbaren Erinnerungsstücke an einen sehr prominenten und in unserem Jahrhundert sogar selig gesprochenen Verwandten in unserem Hause.

Vier Väter – neunundfünfzig Kinder

Ein Enkel von Johann Philipp, der kinderlos gebliebene Fideikommißherr Franz Anton Graf von Inzaghi pflegte wie viele Mitglieder seiner Familie ein auffallend stark ausgeprägtes Interesse für technische Wissenschaften. Er befaßte sich mit dem Studium der Architektur und ließ nach seinen Plänen den Umbau der Innenfassaden des Schlosses Oberkindberg sowie die Ausgestaltung der barocken Räume durchführen. Auf seine Veranlassung erfolgte die Barockisierung der Pfarrkirche zu Kindberg in den Jahren 1773 bis 1775.

Unter seiner Leitung wurde der Bau des ständischen Theaters zu Graz ausgeführt. Bis 1774 bestand in dieser Stadt nur ein Privattheater, welches in einem herzoglichen Pferdestalle untergebracht war. Da forderte 1770 die Regierung die „Ehrsame Landschaft in Steyer" auf, selbst ein Theater zu errichten. Nach langwierigen Beratungen dieser Angelegenheit durch die Stände wurde der Beschluß gefaßt, der Aufforderung zu entsprechen und ein Theater zu erbauen und zu erhalten, um dadurch die Zwecke der Kunst und Bildung zum Nutzen des Landes zu fördern. Kaiserin Maria Theresia genehmigte 1774 die Überlassung eines Teiles des sogenannten Vizedomgartens nächst der Burg, der Eigentum des Staates war, an die Stände zur Erbauung eines Theaters. 1776 war dieser Bau, aus einem Schauspielhause und aus Redoutensälen bestehend, vollendet. Er erhielt die Inschrift: „Laetitiae publicae Praefectus Proceresque Provinciae" (den öffentlichen Vergnügungen gewidmet von dem Landeshauptmann und den Ständen). Und am 9. September 1779 wurde das Theater mit dem Trauerspiele „Derbi oder

Treue und Freundschaft" eröffnet. Der schon mit der Oberleitung des Baues dieser Bildungs- und Vergnügungsstätte betraute ständische Verordnete Franz Anton Graf Inzaghi wurde nunmehr auch mit der „Theatral-Direction" betraut, welches Geschäft er aber, weil es ihm nicht mehr konvenierte, fünf Jahre später zurücklegte. Unter den fünf großen steinernen Wappen, die die Außenwand des Theatergebäudes (des heutigen Schauspielhauses) zieren, findet sich das des Johann Anton Grafen von Inzaghi, der an dem Entstehen dieser Kulturstätte von allem Anfang an maßgebend beteiligt gewesen war.

Franz Anton starb ohne Nachkommen. Sein nächstgeborener Bruder Franz Philipp verzichtete auf die Übernahme der Fideikommiß-Herrschaft, da er die geistliche Laufbahn eingeschlagen hatte. Er war 1788 Bischof von Görz geworden. In einer Vitrine zu Kindberg wird ein aus hauchdünnem Glase geblasenes Gebilde aufbewahrt, ein Weinpokal, einen umgekehrten Kardinalshut darstellend. Die breite, an einer Seite umgestülpte Krempe dieses Hutes verhindert, daß man aus diesem Glase trinken könnte. Es wird erzählt, der offenbar sehr ehrgeizige Bischof von Görz, Franz Philipp Inzaghi, habe sich bei Freunden darüber beklagt, daß der von ihm schon so lange ersehnte Kardinalshut ihm nicht zuteil werde, woraufhin ihm die Freunde einen solchen Hut aus Glas zum Präsent gemacht haben. In Form eines Weinglases aber, aus dem der Beschenkte nicht zu trinken imstande war. Die zarte Andeutung wird er wohl verstanden haben.

Der jüngste Bruder in dieser Generation, Johann Nepomuk, der zweimal verehelicht war, hat als einziger seine Familie fortgepflanzt und dies mit nicht weniger als fünfzehn Kindern, darunter zehn Söhnen. Um es aber gleich zu sagen: keinem dieser zehn Söhne waren Kinder beschieden, und in dieser Generation starb die Familie aus. Von den fünf Töchtern hat nur eine geheiratet. Wir kennen sie schon, es war die einundzwanzigjährige Aloysia, zu deren Hochzeit mit Ignaz Maria Grafen von Attems jenes Glas entstand, auf dem die Parzen beschworen wurden, noch lange für das hohe Haus Attems zu spinnen.

Es scheint uns bemerkenswert, mit welch erstaunlicher Lebenskraft die uralte Familie Inzaghi in den beiden letzten Jahrhunderten ihres Bestehens ihrem bevorstehenden Erlöschen entgegenzusteuern versucht. Wie in einer Vorahnung seines drohenden Versiegens schäumt das Blut des alten Stammes noch ein paarmal gewaltig auf. Gleichsam unter totaler Ausnützung der sich immer seltener bietenden Möglichkeiten werden den fruchtbaren Frauen der wenigen verheirateten Söhne immer mehr und mehr Geburten abverlangt. In den letzten vier Generationen sind es nur vier Väter, die neunundfünfzig Nachkommen für das Haus Inzaghi zeugen. Von den fünfunddreißig Söhnen sterben acht ohne Leibeserben als Domherren oder Prälaten im Dienste der Kirche. Von den vierundzwanzig Töchtern werden nur vier an standesgenössische Familien verheiratet, vier weitere verblühen in den Chorgestühlen frommer Stifte. Neununddreißig blutjunge Nachkommen aber, zwei Drittel der gesamten Kinderschar, werden von einem grausamen und unerbittlichen Tode hinweggerafft, manche wenige Tage schon, nachdem sie das trügerische Licht dieser Welt erblickt hatten, manche im Fieber tödlicher Kinderkrankheiten, aus den Qualen durchbrochener Blinddärme, aus dem Keuchen schwindsüchtiger Lungen. Der neununddreißigfache unerbittliche Tod hat die vier Mütter dieser unschuldigen Kinder mit unsagbarem Leid geschlagen, hat Ströme von Tränen erpreßt, hat an ihrer Lebenskraft genagt und ihre ausgelaugten und geschundenen Leiber für sich selbst bereit gemacht.

Carl Inzaghi

Als sich hinter den Eltern und den meisten der Geschwister der letzten Generation Gruftdeckel und Klostertore schon geschlossen hatten und das Ende des Hauses schon ganz nahe war, schien die erlöschende Flamme noch einmal aufzuflackern. Carl Rudolf Graf Inzaghi, letzter Fideikommißherr seines Namens auf Oberkindberg, heiratete 1818 Maria Elisabeth Gräfin von Attems Heiligenkreuz, die jüngste Schwester seines Schwagers Ignaz Maria (III), dem er schon etliche Jahre zuvor die Hand seiner Schwester Aloysia gegeben hatte. Wenn auch bei dieser Hochzeit dem einundvierzigjährigen Bräutigam Carl Rudolf von der Familie seiner Braut ein dem uns schon bekannten Glase völlig gleichartiges zum Präsent gemacht wurde, diesmal allerdings mit der Inschrift: „Parze, spinne noch lange für Inzaghis erhabenes Haus!", so mußte es dem Beschenkten klar sein, daß mit einer Erfüllung dieses frommen Wunsches kaum zu rechnen war, ja, daß der Wunsch selbst kaum ehrlich gemeint sein konnte. Die Parzen würden nicht mehr lange für das Haus Inzaghi spinnen wollen, ja sie würden es kaum mehr können, denn die Braut war nicht mehr jung und lieblich, sie war genau seines Alters und das junge Mädchen, als das er sie einst gekannt und begehrt hatte, das zarte Geschöpf, dem einundzwanzig Jahre zuvor ein stürmisch verliebter Offizier der französischen Besatzungsmacht Napoleons ein beredtes Liebesbekenntnis in das Fensterkreuz des für ihn requirierten Salons im Schlosse Windisch Feistritz geschnitten hatte:

„C'est ici
que l'aimable Lily
passat les plus jolies
jours de sa vie",

dieses junge Mädchen von einst, das jetzt mit ihm vor dem Altar kniete, war zur Matro-

Elisabeth Gräfin Inzaghi vor der Verlobung.

ne geworden. Es ist durchaus anzunehmen, daß man im Hause Attems an weiteren Bemühungen der Parzen um den inzaghischen Schicksalsfaden keinerlei Interesse hatte. Die schon Jahre zuvor geschlossene Ehe von Ignaz Maria (III) Attems mit Aloysia Inzaghi war, den heiratspolitischen Gepflogenheiten der großen Adelsfamilien entsprechend, gewiß nicht ohne Bedachtnahme auf das zu erwartende Erlöschen der Familie Inzaghi zustande gekommen. Es ist ferner anzunehmen, daß man sich mit der Zustimmung zur Heirat des „letzten Inzaghi“ mit Elisabeth Attems einige Zeit ließ, vielleicht gerade solange, bis man einen Kindersegen mit größter Wahrscheinlichkeit ausschließen konnte.

Als sich die Parzen entschlossen hatten, die Arbeit am Schicksalsfaden der Familie Inzaghi einzustellen, hingegen für diese Linie des Hauses Attems noch eine weitere Generation lang zu spinnen, war man's dort zufrieden. Carl Rudolfs Ehe blieb kinderlos, seine Schwester Aloysia aber schenkte der Familie Attems eine Tochter und einen Sohn, welch letzterer als Neffe des letzten Fideikommißherrn Inzaghi dessen Erbe einst anzutreten bestimmt war.

Elisabeth Gräfin Inzaghi nach der Hochzeit.

Wenn nun dem Fortbestand des Hauses ein Ende gesetzt war, so sollte dieses Ende wenigstens nicht sang- und klanglos erfolgen. Carl Rudolf war ein hochbegabter, energischer und tüchtiger Mann, der seinem ehrwürdigen Namen noch zu guter Letzt großen Glanz zu verleihen gesonnen war. Geboren 1777 zu Idria, wo sein Vater Johann Nepomuk, wie eine ganze Reihe seiner Vorfahren als kaiserliches Erblehen das Amt des Berginspekteurs der dortigen kaiserlichen Quecksilbergruben innehatte, studierte er zunächst selbst die montanistischen Wissenschaften an der berühmten Bergakademie zu Schemnitz, bald darauf trat er in die Dienste des Staates, wo sich ihm eine glanzvolle Karriere eröffnete. Einige Jahre diente er als Gouverneur von Illyrien, wo er auf der Burg zu Laibach residierte, bis ihm die Aufgaben des Gouverneurs der venezianischen Provinzen übertragen wurden.

1827 berief ihn Kaiser Franz I. als Gouverneur und Landeshauptmann des Markgrafentums Mähren und Herzogtums Schlesien. Das gedruckte kaiserliche Dekret hat folgenden Wortlaut:
„Wir Franz der Erste, von Gottes Gnaden Kaiser von Oesterreich, König zu Hungarn, Böhmen, Galizien und Lodomerien u., Erzherzog zu Oesterreich u.u. Entbiethen allen und jeden Unsern getreuen Inwohnern und Unterthanen Unseres Markgrafthums Mähren und Herzogthums Schlesien, was Würde, Standes, Amtes oder Wesens sie sind, Unsere kaiserliche und königliche Gnade, und geben denselben zu vernehmen, was Massen Wir den Hoch- und Wohlgebornen Unsern wirklich geheimen Rath, Kämmerer und vormaligen Gouverneur in Venedig, auch lieben Getreuen Grafen von Inzaghi aus dem, in seine Person gesetzten besonderen Vertrauen, und in gnädigstem Anbetracht seiner Uns bekannten rühmlichen Eigenschaften, besitzenden Vernunft, Geschicklichkeit und Integrität, auch mehrjährig geleisteten eifrigen Dienste, andurch sich in Publicis Politicis beigelegten Kenntnisse zu Unserem kaiserlich und königlichen Gouverneur und Landeshauptmanne in diesem Unserem Markgrafthume Mähren gnädigst auf- und angenommen haben.
Befehlen demnach allen und jeden obenbesagten Inwohnern und Unterthanen, daß sie gedachten Grafen von Inzaghi als Unseren kaiserlichen und königlichen mährisch-schlesischen Gouverneur und Landeshauptmann allen schuldigen Gehorsam und Respect erweisen, demselben in Verricht- und Vollziehung Unserer höchsten Befehle, dann deren Amtsverordnungen nichts in Weg legen, noch daran hinderlich seyn, sondern vielmehr zu ihm in ihren Angelegenheiten und Nothwendigkeiten ihre Zuflucht nehmen, dessen Amtsschutz und Hülfe suchen, und überhaupt denselben als Unseren kaiserlich und königlichen Gouverneur in Unserem Markgrafthume Mähren und Herzogthume Schlesien aller Gebühr nach ehren, halten und respectiren, auch so und nicht anders thun sollen, bei Vermeidung Unserer schweren Strafe und Ungnade. Das meinen Wir ernstlich.
Gegeben in Unserer kaiserlichen Haupt- und Residenzstadt Wien am sechs und zwanzigsten März, im eintausend achthundert und sieben und zwanzigsten, Unserer Reiche im sechs und dreiyßigsten Jahre. Franz.“

Ein so überaus klar und gestreng abgefaßtes „Einführungsschreiben“, mit dem der Kaiser seinen Untertanen Respekt und Gehorsam gegenüber seinem persönlichen Stellvertreter in einem Lande auferlegte, muß diesem beim Antritt seines neuen Postens eine starke Stütze gewesen sein. Wir erkennen das hohe Maß an Vertrauen und Loyalität, das der Herrscher seinem bewährten Beamten entgegenbrachte, und wir spüren den

mächtigen Schutz der kaiserlichen Hand, die über den getreuen Dienern gehalten war.
Den Höhepunkt seiner beruflichen Laufbahn erreicht Carl Rudolf Graf von Inzaghi am 5. September 1842, wo ihn Kaiser Ferdinand von Österreich mit kaiserlichem Handschreiben zum obersten Kanzler der k.u.k. Vereinigten Hofkanzleien ernennt. In dieser überaus verantwortungsvollen Position – einer der höchsten, die der Kaiser-Staat zu vergeben hatte – fungierte Johann Rudolf durch sechs Jahre. Als im Jahre 1848 die drohenden Wolken der Revolution Europa allenthalben zu verdunkeln begannen, vermeinte der greise Oberstkanzler im Hinblick auf Alter und mangelnde Gesundheit, sein Amt in diesen schweren Zeiten jüngeren und kräftigeren Händen übergeben zu sollen, und er bat seinen Kaiser, fürderhin die Verantwortung von seinen Schultern zu nehmen. Und wieder ist es ein kaiserliches Handschreiben Ferdinands von Österreich, das dieser Bitte willfährt:
„Lieber Graf Inzaghi! Nach einer mit Auszeichnung zurückgelegten fünfzigjährigen Dienstlaufbahn, während welcher sowohl Mein in Gott ruhender Herr Vater, als Ich selbst die sprechendsten Beweise Ihrer treuen Ergebenheit und Anhänglichkeit sowie Ihres rühmlichsten Eifers in Beförderung des Staatswohls zu Meiner vollkommensten Zufriedenheit erhalten haben, kann ich Ihnen die Bitte um Versetzung in den Ruhestand nicht versagen . . .
. . . Uibrigens nehme ich Ihr Anerbiethen, Mir auch im Ruhestand Dienste zu leisten, wohlgefällig auf und behalte Mir vor, bey sich ergebender Gelegenheit davon Gebrauch zu machen. Wien, den 2. März 1848. Ferdinand."
Noch in derselben Woche brachen in Wien die ersten heftigen Unruhen der Revolution aus. Jedoch konnte durch die Entlassung Metternichs und durch die kaiserliche Zusage der Gewährung einer konstitutionellen Verfassung am 15. März die Ruhe einigermaßen wiederhergestellt werden. Aber schon in den kommenden Monaten überstürzten sich geradezu die Ereignisse, die in der Oktober-Revolution in Wien, ihrer Niederwerfung und dem Thronwechsel am 2. Dezember ihren Höhepunkt fanden. So war sehr bald, nachdem er seinen treuen Diener die erwünschte Pensionierung gewährt hatte, der kaiserliche Herr selbst in den Ruhestand getreten. Man sagt, er habe die Dankesworte seines jugendlichen Neffen und Nachfolgers Franz Joseph I. mit den Worten quittiert: „Ist gern g'schehen, Bub!"
Eine alte, liebe Freundin meiner Eltern, Frau Maria von Felix in Graz,war die Tochter des Sekretärs der Kaiserin Maria Anna, der Witwe des gütigen Ferdinand. Ich habe in meinen Kinderjahren oft einen liebenswerten Gegenstand im Salon dieser alten Dame bewundern dürfen, der aus dem Besitz des Kaisers stammte und dem Sekretär der

Carl Graf Inzaghi. Kupferstich v. Eybl.

Kaiserinwitwe als Erinnerung zugedacht worden war. Es handelte sich um ein hölzernes Zigarrenbehältnis in Form einer achteckigen Säule, die durch ein Uhrwerk bei gleichzeitiger Musik einer Spieldose in Drehung gebracht wurde. Die acht schlanken Flächen der Säule waren Türchen, deren Öffnung durch einen Knopfdruck erfolgte. Die Türchen wiederum waren mit Photographien von Mitgliedern der kaiserlichen Familie geziert. Ferdinand der Gütige, dessen Geisteszustand in seinen späteren Jahren eine bedauerliche Entwicklung nahm, hatte Schwierigkeiten, die Verwandten seines Hauses zu identifizieren. Da er es liebte, Zigarren zu rauchen, versuchte seine Umgebung, diese Begehrlichkeit mit einer Gedächtnisübung zu koppeln. Es wurde dem Kaiser nur gestattet, dem Behältnis eine Zigarre dann zu entnehmen, wenn er vorher den Namen der auf den betreffenden Türchen abgebildeten Person genannt hatte. Dieser gewiß ein wenig kitschige, aber ein zutiefst menschliches Schicksal in rührender Weise dokumentierende Gegenstand war mir ob der Faszination, die er auf mein kindliches Gemüt ausübte, einmal in einer glücklichen Stunde versprochen worden. Zu meinem Leidwesen ging er bei der Auflösung des Haushaltes der erst vor wenigen Jahren verstorbenen Freundin meiner Eltern verloren. Nur ein paar ausgeblasene Ostereier, mit kunstvollen Verzierungen im Stil des späten Biedermeier beklebt, und zwei größere Eier aus Karton, die geöffnet einmal in unglaublich zartem Scherenschnitt die Marterwerkzeuge Christi zeigen, ein anderesmal die winzigen Bildchen des Heiligen Franz von Assisi und der Heiligen Elisabeth von Thüringen – der Schutzpatrone des nachfolgenden Herrscherpaares also – sind mir verblieben. Sie sind im Vormärz, vor mehr als hundertdreißig Jahren von dankbaren Nonnen kunstvoll gefertigt und dem Kaiserpaare als Ostergaben dediziert worden. Kaum zu glauben, daß diese hauchdünnen Gebilde drei Kaiser, die Monarchie und lange rauhe Zeiten unversehrt überdauert haben. Wenigstens an ihnen hat sich das „Gott erhalte!“ gnädig erfüllt.

Mein Urgroßvater Friedrich Attems

Der pensionierte Oberste Kanzler, Carl Rudolf Inzaghi lebte noch acht Jahre im Ruhestand. In dieser Zeit ordnete er sein Erbe und bestimmte den Sohn seiner Schwester, den etwa dreißigjährigen Friedrich Grafen von Attems (der überdies ein Neffe seiner inzwischen verstorbenen Ehefrau Elisabeth, geborene Attems, war) zu seinem Nachfolger. Die Übertragung des inzaghischen Fideikommiß-Besitzes: der Herrschaften Oberkindberg, Hardt und Lichtenegg, sowie das Stadtpalais am Bischofplatze in Graz auf den künftigen Erben wurde vorbereitet. Ein durchaus unvorhersehbares Ereignis jedoch schien dieses Vorhaben zu verhindern. Friedrich, der zunächst noch über keinerlei Besitzungen verfügte und erst nach dem Tode seines Vaters einige Güter aus dem attemsischen Allodialbesitze zu erwarten hatte, wandte sich zunächst dem Staatsdienste zu und bekleidete einige Zeit eine untergeordnete Position in der Kreishauptmannschaft von St.Pölten. Wir erinnern uns, daß einige Jahre zuvor ein anderer junger Herr, Franz Xaver Freiherr von Spiegelfeld, in demselben Amte beschäftigt gewesen war. Dieser hatte damals im nahegelegenen Schlosse Paumgarten die junge Marie Gräfin Bussy kennengelernt und später zu seiner Ehefrau genommen.
Gerade zur selben Zeit kam Friedrich Graf Attems in die Kreishauptstadt und wurde, da er ein junger Herr aus gutem Hause und überdies ein künftiger Erbe namhafter Besitzungen war, sogleich eifrig von den adeligen Eltern heiratsfähiger Töchter auf die umliegenden Schlösser gebeten. Man bemühte sich insbesondere im Schlosse Paumgarten um den jungen Mann, der zunächst gerne und häufig erschien. Bald aber wur-

den seine Besuche seltener, und als sie ganz ausblieben, erfuhr man, daß der viel Umworbene in der Stadt ein eigenes Geheimnis hütete. Tatsächlich hatte er sich dort unrettbar in ein junges Mädchen bürgerlicher Herkunft verliebt, in Therese Windhofer, die Tochter eines k.u.k. Oberbeamten und Apothekenbesitzers. An dieses liebenswerte und ungemein grazile Wesen hatte er sein Herz dermaßen verloren, daß er nichts anderes mehr wünschte, als sie zur Frau zu nehmen. Er war sich über die Schwierigkeiten völlig im klaren, die sich seinem Wunsche entgegenstellten. Dennoch eilte er, als sein Entschluß gefaßt war, nach Graz zu seinen Eltern, um deren Zustimmung einzuholen. Hier fand er eiskalte Ablehnung. In seiner Familie, ja, in seiner weitesten Verwandtschaft hatte es noch nie einen Fall unstandesgemäßer Verehelichung gegeben, eine Verbindung mit bürgerlichen Kreisen war ein Ding völliger Unmöglichkeit und kam einem Verrat an seinem Stande und einem Bruch mit seiner Familie gleich. Man hatte noch nicht vergessen, welch ungeheures Aufsehen im ganzen Lande die vor mehr als zwanzig Jahren erfolgte Verehelichung des Erzherzogs Johann von Österreich mit der Postmeisterstochter Anna Plochl erregt hatte, zu welcher die Zustimmung des Kaisers höchst widerwillig und erst nach langer qualvoller Wartezeit gegeben worden war. Obwohl Friedrichs Vater dem Erzherzog Johann in freundschaftlicher Weise verbunden war, verhielt man sich im Hause Attems gegenüber dessen bürgerlicher Gemahlin, die längst zur Gräfin von Meran erhoben war, noch immer spürbar reserviert.
Meine UrurgroßmutterAloysia Attems-Inzaghi, die sehr sittenstreng und ganz bestimmt völlig humorlos war, konnte zeitlebens nicht vergessen, daß die Gräfin von Meran auf ihre Frage nach dem Verbleib ihres erzherzoglichen Gatten in sehr anschaulicher, aber keineswegs salonfähiger Weise geantwortet hatte: Der Johann, ach, der saust in der Gegend herum wie ein Furz in der Latern'! Seither hielt man es für zweckmäßig, die Töchter des Hauses fernzuhalten, wenn die Gräfin von Meran zu Besuch im Palais Attems erschien. Das war schade, denn die Komtessen Attems hätten von dieser prächtigen Frau sehr viel profitieren können, wobei ein wenig Volksverbundenheit kaum geschadet hätte.
Diese engherzige Einstellung fand nun Friedrich bei seinen Eltern vor, als er ihnen seine Absicht kundtat. Die Beteuerung seiner Liebe zu dem Mädchen beeindruckte nicht. Die Mitteilung, daß sie von ihm ein Kind erwarte, erzielte zwar einen gehörigen Schock, aber keineswegs eine Zustimmung zur Heirat. Auf seine tapfer vorgebrachte Erklärung, daß er fest entschlossen sei, das Mädchen auch ohne die Zustimmung seiner Eltern und seines Erbonkels zu ehelichen, wurde ihm eröffnet, daß er in diesem Falle seines künftigen Erbes verlustig gehe.
Friedrich, der bisher und auch in seinem späteren Leben kaum jemals Beweise für eine

Therese Gräfin Attems, geb. Windhofer, die erste Frau meines Urgroßvaters. Miniatur aus 1854.

besondere Willensstärke, für Tatkraft oder bemerkenswerte Tüchtigkeit geliefert hat, zeigte in diesem Augenblick der Prüfung menschliche Größe: er entschied sich ohne zu zögern für seine Liebe, verzichtete auf sein Erbe und verließ sein Elternhaus. Nahezu ohne Mittel kehrte er nach St.Pölten zurück, wo ihn Therese sehnlichst erwartete. In einer stillen und einsamen Stunde schlossen die beiden am Gnadenaltare der Wallfahrtskriche zu Mariazell ihren Ehebund. Die nächsten Monate verbrachten sie in ihrer bescheidenen Behausung in St.Pölten und erwarteten den Tag der Niederkunft.
Und wiederum ist es der Inhalt einer Vitrine im Schlosse Oberkindberg, der uns rührenden Einblick gibt in einen kurzen Lebensabschnitt zweier uns vorausgegangener Menschen, der im Glück begann und in Tränen enden sollte. Ein paar Kleider werden da gezeigt, aus dem späten Biedermeier, in einfacher schlichter Façon, aus zartem duftigem Gewebe. Ein bescheidenes Festkleid, grün geblumt, dessen überaus enge Wespentaille uns den kindhaft zarten Körperbau Thereses nur staunend erahnen läßt. Ein weißes Brautkleid, ergreifend in seiner Einfachheit, ein wenig bestickt ohne kostspieligen Aufwand. Winzige Schuhe aus hauchdünnem Leder, kaum zum Tragen körperlichen Gewichtes bestimmt. Einige duftige Taschentücher, spitzenbesäumt, ein blauseiden-geblümter Parasol, ein zierlicher Regenschirm mit Elfenbeinspitze. Ein lächerlich kleines Geldtäschchen mit Raum für ein paar Münzen höchstens – wozu auch für mehr? –, und dann noch, ein reiner Luxus in diesem Sammelsurium der Bescheidenheit, zwei, drei hübsche Fächer, einer paillettenbestickt, ein anderer aus kunstvoll bemalten Pfauenfedern, in verschwenderischem Leichtsinn erworbene Liebesgaben des glückstrunkenen Gatten. In zwei leichten, lose fallenden Umstandskleidern dokumentiert sich die Hoffnung, ein spitzenbesticktes Bettjäckchen ist für die Wöchnerin bereit. Ein rosaseidenes Steckkissen und schleifengezierte Häubchen für ein winziges Köpfchen warten auf ihre Stunde.
Aber mit dieser Stunde nahte das Verhängnis. Dort, wo am Lager der Gebärenden zu Anfang mit freundlichem Lächeln die Hoffnung Platz genommen hatte, saß bald die grauverschleierte Sorge. Es erwies sich, daß dem zarten schmalen Leibe der Gebärenden, der kaum gestaltet war für eine Mutterschaft, die Qualen auferlegt worden waren, zwei Menschenwesen in diese Welt zu fördern. Als sich nach Stunden die geschundene Natur der Kreißenden als unfähig erwies, dem drängenden Zwang ihrer selbst zu entsprechen, als der sich aufbäumende Körper mit sich selbst im mörderischen Kampfe tobte, war längst der Platz der Sorge von der Verzweiflung eingenommen, die hoffnungslos am zerwühlten Lager kauerte, schluchzend und ohne Trost. Und als die Kräfte schwanden, der Körper erschlaffte, der letzte Schrei zu einem Seufzer wurde, da war es der dunkle Tod, der mit einem Mal im Raume stand, der alles zum Schwinden

Mein Urgroßvater Friedrich Attems in den Murauen. Um 1864.

brachte und zum Verstummen. Anstelle des Tores zum Leben, das sich nicht hatte öffnen wollen, erschloß er nun ein anderes Tor und nahm die bleiche Mutter an der Hand und führte sie hinaus ins Licht mit ihren toten Kindern.

Von alldem ist nicht viel geblieben. Ein paar Rechnungen für drei Särge, Kranz und Begräbnis, ein Meßstipendium und das Wissen um einen zerbrochenen Mann, der demütig heimkehrte in das Haus seines Vaters und eine Truhe mit sich führte. Er wurde wieder gnädig aufgenommen und, da die Peinlichkeit zu Ende war und keine Spuren hinterlassen hatte, auch wieder in sein Erbe eingesetzt. Zwei Jahre später starb sein Onkel Carl Rudolf Graf von Inzaghi, der letzte Fideikommiß-Herr dieser Familie. Mit ihm erlosch ein uraltes Haus, dessen Name in der Geschichte des alten Habsburger

Meine Urgroßmutter Thekla Attems-Lodron mit ihren Kindern im Park der Villa in Graz. Um 1864.

Reiches ehrenvoll verzeichnet ist. Das alte Blut dieses Geschlechtes aber floß weiterhin in den Adern des jungen Friedrich Grafen von Attems, der es weitervererbte an künftige Generationen bis zum heutigen Tage.
Friedrich war nun der neue Herr auf Oberkindberg, Hardt und Lichtenegg und Besitzer des inzaghischen Palais zu Graz. 1858 heiratete er die zweiundzwanzigjährige Thekla Gräfin zu Lodron-Laterano und Castelromano, die ihm in den nächsten drei Jahren drei gesunde Kinder gebar: einen Sohn Carl, eine Tochter Louise (meine spätere Großtante Louise Mixich) und eine Tochter Anna (meine spätere Großmutter Spiegelfeld). Die Ehe von Friedrich und Thekla Attems dauerte fast vier Jahrzehnte. Wir dürfen annehmen, daß es sich um keine ausgesprochene Liebesheirat gehandelt hatte, zumal sich Friedrich, als er zum zweiten Mal auf Freiersfüßen wandelte, ganz gewiß den Empfehlungen seiner Eltern gefügt haben wird. Es war die Ehe zweier nicht besonders bedeutenden Vertreter adeliger Familien aus der zweiten Hälfte des vergange-

nen Jahrhunderts, die nach Erziehung, Bildung und Lebensführung dem Durchschnitt ihrer Klasse und ihrer Zeit entsprachen. Man war vermögend, man lebte abwechselnd auf seinen Gütern am Lande und verbrachte den Winter in der Stadt. Man führte ein gastliches Haus mit reichlichem Personal, man veranstaltete Jagden, hielt sich gute Reitpferde, ließ sich mitunter von Lampi, Schrotzberg, Schwager oder Prinzhofer porträtieren und reiste manchmal an das Meer. Zur Betreuung seiner Besitzungen hatte man Verwalter, die oft verläßlich, öfter betrügerisch waren. Die Kinder erzog man zu Hause und engagierte Hofmeister für die Söhne und Gouvernanten für die Töchter. Mit der ehelichen Treue hielt man es nicht immer allzu genau. Manchmal hatte man sich gegenseitig nichts vorzuwerfen, nach außen hielt man die „Contenance", und für die innere Ruhe gab es den Beichtstuhl. Im übrigen war man ein glühender kaisertreuer Patriot, verabscheute die Preußen, dies besonders seit dem Unglücksjahre 1866, bewunderte französische Lebensart und englische Mode.

Die winterlichen Tage in der Stadt waren mit vielerlei Besuchen ausgefüllt, die man einander abstattete. Die Anlässe hiefür waren mannigfacher Art und fanden schon durch kurze Vermerke auf den Visitenkarten ihren Ausdruck, die man dem anmeldenden Diener überreichte. Man schrieb: „p.f.v." (pour faire visite), wenn man sich nach sommerlicher Abwesenheit wieder der Gesellschaft zeigen wollte, „p.p.s.fils" oder „p.p.s.fille" (pour presenter son fils, sa fille), um seine halbwüchsigen Kinder vorzustellen, „p.f" (pour feliciter) bei erfreulichen, „p.c." (pour condoler) oder etwas vornehmer: „p.p.p." (pour prendre part) bei traurigen Gelegenheiten. Ging die Saison dem Ende zu, machte man seine Abschiedsrunde und schrieb „p.p.c." (pour prendre congé) auf seine Karte. Wurde diese persönlich überreicht, hatte man die rechte obere Ecke einzudrücken.

Ein Besuch galt aber auch als absolviert, wenn man nur seine Karte durch einen Diener in das Haus sandte und währenddessen im Wagen sitzen blieb. Das war sonntags nach dem Kirchgang üblich. Man konnte mit einiger Sicherheit annehmen, daß die mit dem Besuch zu beehrende Familie in gleicher Weise unterwegs war. Der überbringende Diener warf die Karte in die in jedem Hause postierte Schale, und der Besuch war erledigt. Über die Sinnentleertheit dieser Sitte machte man sich wenig Gedanken, wenn auch eine Anekdote über eine Dame der Wiener Gesellschaft für Amusement sorgte. Dem neu engagierten Diener war aufgetragen worden, „die Karten nicht zu vergessen". Als der Wagen nach einer langen Reihe von „Besuchen" an seiner letzten Adresse hielt, zeigte sich der Diener befriedigt über das Ende der Tour, denn er habe nur mehr eine Karte, den Caro König.

Bei all dieser Oberflächlichkeit hatte mein Urgroßvater dennoch die Erinnerung an die erste große Enttäuschung seines Lebens tief im Herzen bewahrt. Alle Jahre einmal im Sommer ließ er die Truhe, die er nach dem Ende seiner ersten Ehe aus St.Pölten mitgebracht hatte, in den Garten tragen und breitete dort die darin verwahrten Kleider in der Sonne aus. Er tat dies um der Lüftung willen, wie er sagte, aber die Trauer und die wehmütige Stimmung, die ihn dabei befiel, ließ seine Familie erkennen, daß er das tragische Ende der großen Liebe seines Lebens nie wirklich überwunden hat.

Bald nach Friedrichs Verehelichung war sein Vater verstorben und hatte ihm aus seinem Allodialbesitz die Herrschaft Wurmberg nahe der untersteirischen Stadt Pettau vermacht. Dieses mächtige Schloß, auf einem steilen Bergkegel hoch gelegen, gebot über herrliche Weingärten und weitgedehnte Laubwälder. Die Aussicht von den Fenstern des Schlosses weit über das Drautal hin bis tief in das slowenische Unterland blieb jedem, der sie einmal genießen durfte, in unvergeßlicher Erinnerung.

Sehr wertvoll war ein weiterer Teil der Erbschaft seines Vaters, die Friedrich zusammen mit seinen drei Geschwistern erhielt: das herrlich gelegene Gut Rosenhain am südlichen Abhange des Rosenberges bei Graz mit großen landwirtschaftlichen Flächen und einem Maierhof, die Friedrichs Großvater schon 1781 aus den vom Staate eingezogenen Gütern des aufgehobenen Jesuitenordens erworben hatte. So war Friedrich tatsächlich ein reicher Mann geworden, der über große Werte verfügte. Einmal, als er in seiner jungen Ehe seine Frau ob irgendeiner Widrigkeit aufs heftigste verstimmt hatte und es ihm nicht gelingen wollte, ihre Vergebung zu erlangen, ersann er einen Ausweg, der für spätere Generationen von entscheidender Bedeutung werden sollte: er bat Thekla, ihn auf eine Wagenfahrt aufs Land zu begleiten, und die beiden fuhren hinaus in das östlich der Stadt Graz gelegene Dorf St.Leonhard, wo ihr Wagen alsbald ein Tor zu einem Park passierte. Unter hohen Bäumen fuhr man dahin auf gepflegten Wegen, vorbei an Wiesen und blumenbunten Beeten. Am Rande des großen Parks stand eine geräumige Villa, vor wenigen Jahren erst erbaut, mit schönem Blick über die freien Felder auf den fernen Schloßberg und die Türme der Stadt. Da, ob des freundlichen Anblicks, die Stimmung seiner Frau sich ein wenig zu heben schien und sie ihn fragte, wem denn der Besitz gehörte, meinte er verlegen, dies gehöre alles ihr, er schenke es ihr, wenn sie nur wieder gut sei zu ihm. So ist aus einer Laune meiner Urgroßeltern dieses Anwesen in die Familie gekommen, das sechzig Jahre später mein und meiner Brüder Vaterhaus werden sollte.

Bedauerlicherweise hat mein Urgroßvater auch andere schnell gefaßte Entscheidungen getroffen, die der Vermehrung und Erhaltung seiner Besitztümer nicht gerade förderlich waren. In den siebziger Jahren, als man während der Wintermonate das Palais am Grazer Bischofplatz bezogen hatte, erschien dort eines Tages der Verwalter der

Schloß Wurmberg um 1830 nach Kaiser.

Herrschaft Wurmberg und brachte seinem Herrn eine erschreckende Meldung. Der Drau-Fluß, so sagte er, habe in letzter Zeit den Burgberg alldort dermaßen unterschwemmt, daß für das Schloß höchste Einsturzgefahr bestünde. Der Herr Graf könne das seiner Familie drohende Unglück nur vermeiden, wenn er die Herrschaft so schnell als möglich verkaufe. Und – welch günstiger Zufall – er, der Verwalter, habe rein zufällig einen Interessenten gefunden, der zum Kauf entschlossen sei. Es gelte, sich schnell zu entscheiden, der Käufer warte in einem nahegelegenen Cafehaus. Mein Urgroßvater war entsetzt, war sofort entschlossen, eilte mit dem Verwalter ins Cafe, wo ihn ein gewisser Leidenfrost erwartete, ein Mann von dunklem Gewerbe, man sagte später, er sei ein Rauchfangkehrermeister aus Wien gewesen. Zur selben Stunde wurde im Cafe der vom Verwalter vorbereitete Vertrag in Eile unterfertigt und der Kaufschilling bezahlt. Und als man das Cafe verließ, war Leidenfrost der neue Herr der stolzen Herrschaft Wurmberg, samt Schloß und Keller, samt Möbeln, Bildern und Geschirr, samt Wäldern, Feldern und Weinrieden und samt dem Wein in den Fässern.

Man sagte später, er habe nur den letzteren verkaufen müssen, um den geringen Kaufpreis für den ganzen Besitz wieder hereinzubringen. Mein Urgroßvater, der nach vollbrachter Tat zu Hause stolz berichtete, hat in der nächsten Zeit kein leichtes Leben gehabt. Seine kluge und energische Frau, die den jährlichen Aufenthalt in Wurmberg zur Schnepfenzeit und Weinernte geschätzt hatte, hat ihrem Mann die Dummheit lange nicht verziehen, die die Familie um einen herrlichen Besitz und ihre Töchter um ihr Erbe brachte.

Nur kurz darauf verkaufte Leidenfrost die Herrschaft an den Grafen Herberstein, an jene Familie also, aus welcher sie hundertdreißig Jahre zuvor durch Erbschaft an das Haus Attems gelangt war. Die Familie Friedrichs gewöhnte sich an einen neuen Lebensrhythmus. Man siedelte nur mehr dreimal im Jahr: vom winterlichen Quartier im Palais am Bischofplatz, im Frühjahr in die Villa am Rande der Stadt und für den Sommer und Herbst zu Landaufenthalt und Jagden nach Kindberg.

Der unglückliche Großonkel Carl

In diesen Jahren bereitete das Schicksal für die Familie eine große Prüfung vor, die, in kaum wahrnehmbaren Anzeichen beginnend, allmählich heranwuchs zu schwerer Belastung und in schrecklicher Tragik enden sollte. Der einzige Sohn Carl, das älteste der Kinder, ein blondgelockter blauäugiger Knabe von gewinnendem Wesen, begann in seinen Entwicklungsjahren seltsame Merkmale zu liefern, die seinen Eltern und Erziehern den Verdacht auf ein gestörtes Sexualverhalten nahelegten. Als man nach sorgenvoller genauer Beobachtung Gewißheit über eine homosexuelle Neigung gefunden zu haben glaubte, geriet man in Panik. Entsetzt über Schmach und Schande, die man über die Familie hereinbrechen sah, setzte man Maßnahmen, die in ihrer Härte, in ihrer Hilflosigkeit und in ihrem völligen Mangel an Verständnis das Unglück nur noch vergrößerten. Man entfernte den Jüngling, der – fast ein Kind noch – liebevoller Führung durch seine Eltern jetzt mehr bedurft hätte denn je, aus der Villa und aus dem Familienverband und wies ihm am Rande des Parks ein leerstehendes Gärtnerhaus an, wo er fortan mit seinem Hofmeister alleine leben sollte. In dieser Verbannung, in rein männlicher Umgebung, ferngehalten vom fröhlichen Umgang mit anderen jungen Menschen und versteckt vor der „Gesellschaft“, war eine Korrektur der fatalen Neigung nicht zu erwarten. Es scheint uns heute so, als hätten die geprüften Eltern sich weit weniger um liebevolle Hilfe für ihren unglücklichen Sohn bemüht, als vielmehr um die Abwehr der Schande, die er über sie gebracht hatte. Dem Geist ihrer Zeit entsprechend, empfanden sie die Fehlentwicklung ihres Kindes nicht als Krankheit oder als seelische Belastung, die man heilen oder erleichtern oder zumindest doch verstehend dulden könnte, sondern als ehrenrührige Schmach, die den reinen

Schild ihrer Familie vor aller Welt besudelte. Also war man bestrebt, sich von der Schande fernzuhalten und sich von dem einzigen Sohn, von dem sie ausgegangen war, zu distanzieren.

Meine Urgroßmutter besaß ein Armband mit drei sehr fein gemalten und kostbaren Miniaturen ihrer Kinder, einem Werk des damals geschätzten Porträtisten Schwager. Die drei Bildchen waren in Gold gefaßt und durch eine Reihe von Perlen miteinander verbunden. Aus diesem von ihr gerne getragenen Schmuckstück ließ meine Urgroßmutter, sobald man das Gebrechen Carls erkannt hatte, sein Bild entfernen. Es ist das Porträt eines lieblichen, etwa sechsjährigen Kindes, aus dem nichts als Reinheit und Unschuld spricht. Der Beschluß einer Mutter, ein solches Bild ihres Kindes aus ihrer Liebe zu verbannen, ist unverständlich. Fast ein Jahrhundert später habe ich das Bild gefunden und neu in Gold gerahmt den Bildern seiner Schwestern wieder zugesellt.

Die Tragödie des jungen Carl aber nahm unaufhaltsam ihren Lauf. Mit etwa zwanzig Jahren geriet er in die Fänge von Erpressern, die die Zahlungskraft seines Vaters auszunützen verstanden. Und wiederum war es die Furcht vor Schande und gewiß weniger die Not des Kindes, die die väterliche Brieftasche zu öffnen imstande war. Der Vater zahlte und tat dann das, was viele Väter seiner Zeit mit ihren mißratenen Söhnen zu tun pflegten. Man schickte solche schwarzen Schafe in die Ferne, oft nach Amerika. Carls Verbannungsort war in der äußersten Provinz der Monarchie, er wurde nach Czernowitz gesandt und sollte dort studieren. Zum Abschied von seinem Vater erhielt er die Ermahnung, sich nie wieder in einer entsprechenden Notlage an ihn zu wenden, in diesem Falle sei er für ihn gestorben. Sehr bald darauf kam es zur Katastrophe. Der unglückliche junge Mensch kam wieder zu Fall, und in der Aussichtslosigkeit seiner Not erschoß er sich mit vierundzwanzig Jahren im fernen Czernowitz. Er wurde dort begraben. Viele Jahre später – und an diesem Entschluß mag die Reue der geprüften Eltern das ihrige bewirkt haben – wurde sein Leichnam nach Kindberg überführt und in der Familiengruft der dortigen Schloßkapelle bestattet. Carl erhielt einen marmornen Grabstein, und das gußeiserne Kreuz, das sein fernes Grab in der Bukowina bislang geziert hatte, kam auf den Dachboden des Schlosses. Exakt hundert Jahre nach dem tragischen Tod meines unglücklichen Großonkels habe ich dieses Grabkreuz vom Dachboden geholt, habe es ein wenig restauriert und ihm einen neuen Platz gegeben. Es steht heute auf einer waldigen Höhe in unserem Forst, wo es weit hinausblickt in das Tal der Mürz über die Wälder der Herrschaft Oberkindberg. Seiner neuen Inschrift gemäß ist es dem bedrohten Wald gewidmet: „Dein Tod am Baum, Herr, gab der Welt das Leben. Nun lebt die Welt und gibt den Bäumen Tod. Herr, schütze Deinen Wald!" Es ist der Wald, den Carl hätte erben sollen.

Mein unglücklicher Großonkel Carl Attems.

Die Parzen spinnen nicht mehr

Aus dem Nachlaß Carls gibt es ein bescheidenes Schmuckstück. Den Ring „Carl". Einen einfachen Fingerring mit vier bunten Steinen: Carneol, Amethyst, Rubin, Lapis Lazuli. Die Anfangsbuchstaben bilden den Namen Carl. Der Ring stammt von seinem Onkel Carl Rudolf, dem letzten Inzaghi. Nach dem einsamen Tod des unglücklichen Carl Attems gab man ihn einem jungen Mädchen, Gabrielle Gräfin von Salburg, die als jüngere Gespielin meiner Großmutter viel im Hause gewesen war. Sie hat damals den jungen Carl auf kindliche Art schwärmerisch verehrt und tiefen Anteil an seinem tragischen Ende genommen. Meine Urgroßmutter nahm sie später wie ein Kind zu sich und behielt sie im Hause, und es scheint mir heute, daß man sie und sie sich selbst als eine trauernde, von Carl verlassene Braut betrachtet hat. Nach vielen Jahren, erst als der Familienverband gelöst war, die Töchter verheiratet und fortgezogen waren, und die Urgroßeltern nicht mehr lebten, als sich in Carls Vaterhäusern nichts mehr regte, begann ihr eigenes kleines Leben. Sie heiratete einen um vieles älteren Mann, den lange pensionierten Landespräsidenten von Mähren, Carl von Jaeger, der – nach sonderbarer Fügung wieder ein Carl – das Schmuckstück als Verlobungsring trug. Nach dessen Tod und am Ende ihrer langen entbehrungsreichen Witwenjahre hat die uralte Gabrielle von Jaeger mir diesen Ring vermacht.

Nun also hatten die Parzen, nachdem sie siebzig Jahre zuvor bei der Hochzeit von Carls Großeltern beschworen worden waren, noch lange für diesen Zweig des „hohen Attemsischen Hauses zu spinnen", den Faden durchschnitten und den Spinnrocken für immer aus den Händen gelegt.

Palais Inzaghi-Attems am Bischofplatz in Graz.

In der Pflege seiner ererbten Besitztümer hatte mein Urgroßvater keine glückliche Hand. Nachdem er sich die schöne Herrschaft Wurmberg so leicht hatte aus den Händen nehmen lassen, ging auch der Rosenhain bei Graz dahin. Ohne viel Dank dafür zu ernten, haben er und seine drei Geschwister diese wertvollen Gründe in wohltätiger Absicht der Stadt überlassen. Das Erbe aus seiner mütterlichen Familie, die inzaghischen Güter Oberkindberg, Hardt und Lichtenegg, sowie das Stadtpalais am Bischofplatz zu Graz konnte er, den Bestimmungen des Fideikommißgesetzes entsprechend, nur dem nächsten männlichen Erben seines Namens hinterlassen. Sein Sohn, zu dessen Nutzen das Fideikommißgesetz noch hätte sinnvoll angewendet werden können, war tot. So ging dann dieses Erbe an den jüngeren Sohn seines Halbbruders, an Edmund Graf von Attems, der, aus der ersten Ehe seines Vaters stammend, kein inzaghisches Blut in seinen Adern fließen hatte. Das war durchaus korrekt, wenn auch grausam für die leiblichen Töchter, die den Besitz und ihr Vaterhaus zugunsten eines Vetters verlassen mußten, der selbst unverehelicht war und zu alldem in keinerlei Beziehung stand. Edmund Graf Attems, Landeshauptmann von Steiermark, hochverdient für dieses Land, von Zeitgenossen und späteren Generationen seiner politischen Klugheit, seiner aufrechten und mutigen Haltung, seiner Loyalität und Bescheidenheit wegen gerühmt, war bald darauf in Nachfolge seines Bruders Ignaz, des verhinderten kleinen Finanzbeamten, zum Erben der großen attems'schen Fideikommiß-Besitzungen geworden. Beziehung zu den Inzaghi-Gütern fand er nie. Nach Jahrzehnten des Niederganges und des Verfalls haben erst spätere Generationen im Bewußtsein ihrer Verpflichtung den Vorvätern gegenüber aufs neue Hand angelegt und das alte Erbe wieder zur Blüte gebracht.

Von ihrem Vater Friedrich Attems, dem einstmals so großen Grundherrn, haben meine Großmutter und ihre Schwester an Grundbesitz nur die Villa in der Schanzelgasse zu Graz geerbt. Und dies war auch alles, was mein Vater, der einzige männliche Enkel seines Großvaters, der einzige legitime Erbe des Blutes der erloschenen Familie Inzaghi auf dieser Erde sein eigen nennen durfte. Alles andere war zerronnen und für ihn verloren, noch ehe er diese Welt betreten hatte.

Die berühmte Wiener Medizinische Schule hat in der zweiten Hälfte des neunzehnten Jahrhunderts ihre höchste Bedeutung erlangt. An ihrem Himmel glänzten Sterne, die die dunkle Wirrnis menschlicher Gebrechlichkeit zu durchleuchten begannen. Männer wie Ignaz Philipp Semmelweis, Carl Freiherr von Rokitansky, Johann Ritter von Oppolzer, Anton Freiherr von Eiselsberg und viele ihrer großen Kollegen haben der medizinischen Wissenschaft zu Erkenntnissen und Fähigkeiten verholfen, die der von Seuchen, Krankheit und Tod bedrohten Menschheit seither unendlich viel Leid erspart haben. Sigmund Freud, der Begründer der Psychoanalyse, hat einer staunenden Umwelt gezeigt, daß man Wege und Pfade in die Undurchdringlichkeit des Dschungels schlagen konnte, der Geist und Gemüt zahlloser unglücklicher Menschen umschlossen hielt. Tapfer und unentwegt rottete er die Wucherungen von Unwissen und Aberglauben aus und machte sich daran, die bisher Verstoßenen, Gemiedenen, Verachteten, Isolierten und Verdammten herauszuführen in die lichteren Gefilde der hilfsbereiten und verstehenden Menschlichkeit.

Aber wie das so ist auf dieser Welt, die Menschheit braucht lange, und sie verschwendet viel Zeit, um die Kunde des Heils zu erkennen und die Botschaft aufzunehmen. Unnennbar ist die Zahl der Begnadeten, die, unverstanden und verlacht von den Törichten, mit Skepsis und Neid bekämpft von den Wissenden, des biblischen Rufers in der Wüste Schicksal teilen. So kam es, daß die Segnungen dieser zunächst Verkannten erst spät und oft zu spät denen zuteil wurden, die nach Heilung lechzten. Für die vielen Glieder unserer Familien, deren kaum geborene Leiber in Kindergräbern ruhen, für die vielen Mütter, die dem Kindbettfieber erlagen, für den unglückseligen Carl Attems, der sich in Einsamkeit den Tod gegeben hat, war es zu spät. Aber selbst in den Tagen, da schon die Wissenschaft der Medizin in Wien Triumphe feierte, da die Welt aufhorchte, da man die Koryphäen kannte und zitierte, selbst dann noch trieb Äskulaps Stab an manchen Orten seltsame Blüten.

Die Mutter meiner Urgroßmutter, Theresia zu Lodron-Laterano, geb. Freiin von Gumppenberg, lebte auf dem Schloß ihres Gatten zu Himmelberg in Kärnten. Als junge Frau schon war sie von der Krankheit ihrer Zeit, der Geißel ihres Jahrhunderts befallen: der Schwindsucht. Lange schleppte sie ihr Leiden dahin. Nach der Geburt von vier Kindern verschlimmerte sich der Zustand. Den hilflosen Ärzten kam die Erleuchtung: sie verschrieben der Unglücklichen, mit ihrem Krankenlager Aufenthalt im Kuhstall des Schlosses zu nehmen, da man die dort herrschende Atmosphäre für äußerst heilsam hielt. Man siedelte also die schwer Erkrankte in den Stall, schlug ihr Lager zwischen dem Vieh auf. Die ganze Familie verbrachte den Weihnachtsabend am Lager der todkranken Mutter, in dieser sehr „stilvollen" Umgebung. Sie mag dort religiösen Trost gefunden haben, Genesung fand sie freilich nicht. Der dumpfe, feuchte Brodem und alle Ausdünstungen der gewiß selbst tuberkulösen Tiere können für die ausgezehrte Lunge der kranken Frau nicht förderlich gewesen sein. Trotzdem hielt man sie dort ein Vierteljahr, bis sie ein Blutsturz gnädig erlöste.

Die Schwester meines Urgroßvaters Friedrich Attems, Marie, hatte Anton Grafen von Auersperg geheiratet, der als bedeutender Staatsmann und Dichter unter dem Namen Anastasius Grün bekannt ist. Dieser Ehe entstammte ein Sohn, Theodor Ignaz, der nach dem baldigen Tode seines Vaters ein reiches Erbe angetreten hatte. Er war ein lebenslustiger junger Mensch und sah sich bald und gerne von einem fröhlichen Freundeskreis umgeben. Daß er die Zuneigung einiger aus dieser Kumpanei nicht nur seinem freundlichen Wesen, sondern vor allem seiner freigiebigen Hand verdankte, mag ihn nicht sonderlich bedrückt haben. So hat ihn auch ein frivoles Spiel nicht abgeschreckt, das diese Freunde mit ihm trieben, als sie in feuchtfröhlicher Stunde ihm vorschlugen, sein Testament zu machen. Der steirische Dichter Hans Kloepfer, der mit in dieser

Runde war und sich als echter Freund erwies, beschreibt in seinen Erinnerungen die makabre Szene. Die Zechkumpane notierten auf einem rasch beschafften Blatt Papier all die Habe ihres Freundes: das eine und das andere Gut, das Stadthaus, Wagen und Pferde, Schmuck, Geld und Vermögen, Möbel, Bilder und Kleidung. Und dann dahinter die Namen der Freunde in schöner Vollzähligkeit. Der Name Hans Kloepfers freilich fehlte, dieser hatte sich angewidert entfernt, sobald er den Frevel erkannte. Zuguterletzt schob man das Blatt dem gräflichen Gastgeber zu und dieser unterschrieb, weil er kein Spielverderber sein wollte, mit seinem vollen Namen Theodor Graf Auersperg. Man zechte weiter, zog noch dahin und dorthin, und nach ein paar Tagen, ein paar Wochen, war der Unsinn bald vergessen. Kurze Zeit später stürzte Theodor vom Pferde. Mit lebensgefährlichen inneren Verletzungen wurde er in sein Stadthaus in der Elisabethstraße gebracht. Dort bereitete man ihm sein Krankenlager, beschaffte Pflegerinnen, gab ihm Arzneien, hielt Nachtwache, sorgte für Ruhe, indem man die Fahrbahn der Elisabethstraße mit Stroh bedeckte, um den Verkehrslärm zu dämpfen, betete und tat alles, was die Ärzte verlangten. In ein Spital brachte man den Kranken nicht. An eine Operation dachte niemand. Er litt unsäglich durch Tage und Wochen. Ein gnädiger Tod erlöste ihn.

Als er begraben war, kamen die Freunde. Sie brachten das Testament und beharrten auf seiner Vollstreckung. Und so geschah's; mit Ausnahme des unveräußerlichen Fideikommiß-Besitzes ging alles dahin. Gesetzlich war das durchaus in Ordnung. Theodors letzte Verfügung war ernst gemeint. Dafür gab es genügend Zeugen . . .

Noch vor der Erreichung ihres sechzigsten Lebensjahres erkrankte meine Urgroßmutter Thekla Attems an einer krebsartigen Geschwulst im Unterleib. Man entschloß sich zur Operation und berief eine Kapazität dieser Tage, Professor Rokitansky aus Wien, begabten Sohn seines berühmten Vaters. Der schwere chirurgische Eingriff erfolgte nicht in einem Spital, sondern in der Stadt-Wohnung der Familie. Im Palais am Bischofplatz wurde das Speisezimmer als Operationsraum adaptiert. Decken und Wände des ausgeräumten Saales wurden mit frischen Tüchern bespannt, die Speisetafel diente als Operationstisch. Der Professor verrichtete sein blutiges Werk in Frack, steifer Hemdbrust und weißer Krawatte. Die Fragen der Etikette hatten eindeutig Vorrang vor denen der Sterilität. Die Operation verlief standesgemäß, aber tödlich. Dies geschah auf den Tag genau neunzig Jahre, bevor ich dies niederschrieb.

Meine Eltern

Fünf Jahre zuvor hatte mein Vater das Licht dieser Welt erblickt. Mit der Auswahl seines Geburtsortes hatte das seine eigene Bewandtnis. Mein Großvater diente damals als k.k. Oberleutnant im Dragoner-Regiment Erzherzog Albrecht Nr. IV, den sogenannten „Ennser Dragonern". Man hatte bereits zwei Kinder, die sechsjährige Anna und den dreijährigen Friedrich. Meine Großmutter erwartete ihr drittes Kind, als das Regiment meines Großvaters zu ausgedehnten Gefechtsübungen im Rahmen eines Manövers in der Umgebung von Enns ausrückte, welchem der Erzherzog-Thronfolger Franz Ferdinand beiwohnte. Dies war natürlich mit gesellschaftlichen Veranstaltungen verbunden, zu denen die Damen der Offiziere gebeten waren. Mein Großvater forderte daher auch die Teilnahme seiner Frau, obwohl die damit verbundenen Strapazen ihrem schon recht weit fortgeschrittenen Zustande nicht eben förderlich waren. Als man gerade Quartier im bescheidenen Gasthause „Zum goldenen Ochsen" zu St.Florian bezogen hatte, erzwang mein Vater sehr protokollwidrig und eher voreilig seinen sofortigen Eintritt in die Welt. Kaum waren überstürzte und behelfsmäßige Maßnahmen getroffen worden, war der junge Erdenbürger auch schon da. Alles verlief ordnungsgemäß, das Kind schrie nach Leibeskräften, die Mutter war glücklich, der Vater stolz, der Wirt „Zum goldenen Ochsen" strahlte, und am Abend feierte das Regiment seinen jüngsten Rekruten. Tags darauf nahm Erzherzog Franz Ferdinand, der meinen Großeltern freundschaftlich gesinnt war und schon die Patenschaft für deren ältesten Sohn übernommen hatte, Ver-

Gasthof zum „Erzherzog Franz Ferdinand", vorm. „Goldener Ochs" zu St. Florian, O. Ö. – Geburtshaus meines Vaters.

bindung mit dem Propst des Augustinerchorherrnstiftes zu St.Florian auf, der unverzüglich für die Übersiedlung meiner Großeltern und des Neugeborenen aus ihrer dürftigen Unterkunft in unvergleichlich prunkvollere, wenn auch für die Bedürfnisse einer Wöchnerin gewiß nicht minder ungeeignete Räumlichkeiten innerhalb der geweihten Mauern des hochehrwürdigen Stiftes sorgte. So hat eine sonderbare Schicksalsfügung dazu geführt, daß mein Vater sein Leben in der weihrauchdurchwehten Atmosphäre eines der berühmtesten Klöster unseres Vaterlandes begonnen und daß er es nach fünfundachtzig Jahren im Kreise der Mönche des nicht minder ehrwürdigen Stiftes der Zisterzienser zu Heiligenkreuz beschlossen hat.

Einige Tage nach ihrer Übersiedlung besuchte der Wirt „Zum goldenen Ochsen" meine Großmutter an ihrem fürstlichen Wochenbette. Er bat sie um ihre gütige Verwendung an höchster Stelle, damit ihm die erhoffte Erlaubnis zuteil würde, sein Gasthaus „Zum goldenen Ochsen" künftig hin „Zum Erzherzog Franz Ferdinand" nennen zu dürfen. Auf ein diesbezügliches Schreiben an den Thronfolger antwortete dieser meiner Großmutter, daß es ihm eine Ehre sein werde, seinen Namen auf diese Weise in St.Florian verewigt zu wissen. In feierlicher Weise wurde die Umbenennung des Gasthofes vollzogen, und fortan gab es den Gasthof „Zum Erzherzog Franz Ferdinand", wodurch die schlichte Geburtsstätte meines Vaters gleichsam eine verspätete Rangerhöhung erhielt.

Wenn je die Stätte der Geburt eines Menschen symbolhaft für dessen spätere Wesensart war, scheint mir dies für meinen Vater zu gelten. Das dürftige Zimmer des dörflichen Gasthauses, überragt von den Kuppeln des prunkvollen Stiftes, an dessen gewaltiger Orgel der begnadete Sohn österreichischer Erde, Anton Bruckner, der schlichte Musikant Gottes, unsterbliche Schönheit geschaffen hatte, all dies muß mitgewirkt haben am Wesen dieses Mannes: er war für sich bescheiden bis zur Selbstaufgabe, konnte schwelgen in der Bewunderung der schönen Künste, stand für sein Vaterland treu ergeben bis zum Heldenmut und kniete vor seinem Schöpfer fromm wie ein Kind.

Mein Vater scheint mir seinem Wesen nach ganz und gar nicht geschaffen gewesen zu sein für die Zeit, in der er lebte. Ein Mensch, dessen Herz bewegt wurde von den kleinen Freuden, wie Adalbert Stifter sie pries: vom Gesang einer Amsel, vom flirrenden Farbenspiel einer Libelle, vom Glück eines Johannisbeerstrauches, der, halbverdorrt, die Wonnen eines Regengusses in seine Wurzel sog, ein solcher Mensch, wie fand er sich zurecht in diesen neuen lärmenden Tagen des Materialismus, die dem Machtstreben, der Leistung und dem Erfolg sich verschrieben hatten? Woher nahm er die Kraft, seine Treue zum alten kaiserlichen Österreich unverbrüchlich aufrecht zu erhalten, auch dann noch, als dies gefährlich war, selbst dann noch, als dies – weit schlimmer – nur mehr lächerlich schien? Woher die Kraft, die Liebe zum Vaterlande, dem neuen, kaum lebensfähigen, allseits bedrängten Staate Österreich, der ihn und seinesgleichen gar nicht wollte, zu schenken, solange, bis auch dieser Staat verschwunden war und länger noch, bis ein Bekenntnis solcher Liebe zum eigenen Verhängnis werden konnte? Wie brachte er es zuwege, immer selbst glücklich zu scheinen und Glück zu verschenken, ohne daß ihm viel Glückhaftes je in den Schoß gefallen war, denn Glück im landläufigen Sinne war ihm weiß Gott nicht viel beschieden. Erfolge blieben ihm fremd. Das wenige, was ihm an materiellen Werten überkommen war, hat er nicht zu halten verstanden. In diesem Sinne ging sein Lebensweg bergab. Stück für Stück. Jahr für Jahr.

Nicht, daß er sich hätte gehen lassen, nicht, daß es an Fleiß, an Energie gemangelt hätte. Immer aufs neue versuchte er die Talfahrt zu bremsen, beschritt er neue Wege, ergriff er neue Berufe, faßte er neue Beschlüsse. Aber es sollte ihm nicht gelingen. Unternehmen, in die er investierte, brachen zusammen. Werte, die er angelegt hatte, verfielen in der Inflation. Firmen, in denen er Stellung gefunden hatte, gingen zugrunde. Immer waren da neue Ideen, neue Pläne, aber alle zerschlugen sich bald. Die Zeiten waren eben schwierig, so hieß es. Und unser Vater hatte Pech. Dies hatte er gewiß. Und außerdem war er kein Kind dieser Zeit. Er war weder für sie geboren, noch für sie erzogen. Er hatte keine Begabung für sie. Er war nicht „clever", er hatte nie den „Riecher". Und er hatte kein Glück. Er hatte kein Glück, aber er war nicht unglücklich. Im Gegenteil, er war stets zuversichtlich, war voller Optimismus, und niemand hat je eine Klage von ihm gehört. Gott stieß ihm viele Türen zu, um ihm Tore zu öffnen.

Er war außerordentlich belesen und vielseitig gebildet. Von seinem Wissen und seiner Erfahrung hat er an viele Mitmenschen aller Altersklassen reichlich abgegeben. Als alter Mann noch galt er bei seinen Enkelkindern und deren Freunden als höchst attraktiv.

Alle Welt mochte ihn, er war beliebt und hatte viele Freunde. Er hatte viel Sinn für Humor, und sein eigener Witz war herzlich und nie verletzend. Wir haben viel und gut mit ihm gelacht.

Mein Vater war kein außerordentlicher Mensch. Sein Schicksal war kein besonderes. Es war das Schicksal vieler Tausender, und Tausende seinesgleichen begegneten ihm. Er setzte seine Ziele nicht höher als andere, denn Ehrgeiz war ihm nicht gegeben. Er ging immer den geraden Weg. Aber sehr oft führt der gerade Weg nicht zum Ziel. Der Schlaue und Wendige nimmt, wenn er dies erkennt, einen Umweg. Mein Vater, der nicht schlau noch wendig war, nahm keinen Umweg und kam nicht ans Ziel. Das Ziel war ihm wohl nicht so wichtig wie die Geradlinigkeit seines Weges. Wenn andere es für opportun hielten, ihrem bisherigen Ideal die Treue aufzusagen, so taten sie es leichten Sinnes, um irgendwelcher Vorteile willen. Er tat dies nicht, und dies geriet ihm zum Nachteil. Es wäre ihm niemals in den Sinn gekommen, sich dieser seiner Gesinnung zu rühmen, noch sich als Opfer seines Edelmutes zu sehen. Wahrscheinlich hat er nie darüber nachgedacht. Es war viel eher so, daß er gar nicht anders konnte, als geradlinig und treu zu sein. Diese beiden fürs Leben so ungemein unpraktischen Verhaltensweisen waren für ihn nicht dem Willen oder der Entscheidung unterworfen, sie waren ganz einfach Teile seines Wesens, wie sein gerader Knochenbau oder wie das Blau seiner Augen, wofür er nichts konnte.

Meine Eltern. Aquarelle von M. Stürgkh 1920.

Trotz aller Mißerfolge, trotz mancher Bedrängnis kannte er keine Komplexe, war nie von Zweifeln geplagt, war seiner selbst völlig sicher und fühlte sich frei. Das machte ihn glücklich. Das höchste Glück fand er in meiner Mutter.

Meine Eltern haben einander schon als Kinder kennengelernt. Die Familie meiner Mutter verbrachte damals die Wintermonate in Graz, wo sie das ehrwürdige Palais Saurau in der Sporgasse bewohnte. Man nahm an dem sehr regen gesellschaftlichen Leben der Stadt teil, gab und besuchte Bälle und veranstaltete Unterhaltungen für die sechs Kinder, um diese mit der Jugend der hier ansässigen Familien in Verbindung zu bringen. Besonders beliebt waren bei den jungen Leuten die Stunden auf dem Eislaufplatz am Hilmteich, wohin man in Begleitung von Hofmeistern und Gouvernanten gebracht wurde, unter deren Aufsicht man sich fröhlich auf dem Eis unterhielt. Der Hilmteich war seit jeher eine besondere Attraktion der Stadt, die sommers mit be-

Am Hilmteich. Links außen mein Vater.

liebten Bootspartien und winters mit Unterhaltungen auf der Eisfläche viel Volk anlockte. Es war erstaunlich, welchen Bekanntheitsgrad dieser kleine Teich, der allerdings das einzige namhafte Gewässer im Nahbereich der Stadt war, rundherum im Lande erreichte. In der ganzen Monarchie zitierte man leicht mitleidig spöttelnd den Spruch: „Graz, das liegt am Hilmer-Teich, rundherum liegt Österreich".
Auf diesem „Hilmer-Teich" lernten sich meine Eltern als Kinder kennen. Meine Mutter hat uns später oft erzählt, wie sie als kleines Mädchen den jungen Franzi Spiegelfeld bewunderte, wenn er seine kunstvollen Pirouetten drehte, und wie sie sich sehr bald kränken mußte, wenn er dies nicht mit ihr, sondern mit anderen jungen Mädchen tat. Sehr früh also ist in ihrem kindlichen Herzen ein Funke aufgeglommen, der bald ein Feuer entfachte, das hell aufloderte und nie mehr zum Erlöschen kam, solange sie lebte. Das Feuer in ihrem Herzen brannte für den jungen Franzi, wenn die beiden einander auf fröhlichen Kinderfesten begegneten, es brannte auf den ersten Adoleszentenbällen, wenn sie ihre mühsam gelernten Tanzschritte erprobte, es brannte auf

den großen Redouten und Bällen, die die adeligen Familien einander gaben, um ihre Töchter „in die Welt“ zu führen. Es brannte schmerzlich für den Jusstudenten Franz, als dieser eine ernste Neigung zu einer anderen jungen Dame zeigte, die später übrigens eine seiner Schwägerinnen werden sollte, brannte lichterloh für den jungen Leutnant Spiegelfeld, der mit den Sechser-Husaren im fernen Galizien im Felde lag und für den erschöpften Soldaten, der am Ende des grausamen Schlachtens heimkehrte, hoch dekoriert und niedergeschlagen, der, all das Durchlittene nie mehr erwähnend, sich aufraffte zu neuem Beginn, und ihr Herz stand in Flammen, als er ihr im väterlichen Garten am Hange des Schloßberges, hoch über den Dächern von Graz, seine Liebe gestand und sie einander die Ehe versprachen. Am 1. Juni 1920 haben sie geheiratet. Es war noch eine der letzten großen Hochzeitsfeiern im alten Stil. Zur Trauung in der benachbarten Stiegenkirche zog man aus den festlichen Räumen des Palais Saurau über eigens dafür freigemachte Gänge durch die Klausur des Klosters der Jesuiten. Alte Photographien halten die Hochzeitsgesellschaft im inneren Garten des Palais fest, in großer Toilette und noch mit beachtlichem Schmuck. Eine der republikanischen Tageszeitungen, die an dem gesellschaftlichen Ereignis nicht wortlos vorbeizukommen glaubte, berichtete mit wenigen Zeilen über die Vermählung von „Fräulein Mimi Göss, Gutsbesitzerstochter, mit Herrn Franz Spiegelfeld, Bankbeamten“. Was die Benennung der beiden Brautleute betrifft, so war diese im Falle meines Vaters den neu geltenden Gesetzen entsprechend durchaus korrekt, traf jedoch bei meiner Mutter keinesfalls zu. Niemals hat sie Mimi geheißen, man nannte sie Mariella, und ihr korrekter Name war Marie-Gabrielle Goeß. Ihr Familienname hatte gar nichts mit dem, dem Artikelschreiber gewiß viel eher vertrauten, Gösser-Bier zu tun. Noch zwei Jahre zuvor hätte man ihren gutsbesitzenden Vater in derselben Zeitung als Obersterblandstabelmeister in Kärnten, k.k. Kämmerer, Geheimer Rat, Statthalter in Ruhe, Leopold Peter Graf von Goeß, Freiherr zu Carlsberg und Moosburg, erbliches Mitglied des Herrenhauses des österreichischen Reichs-Rates usw. bezeichnet.

„MÜTTERLICHERSEITS“

Wappen der Grafen von Goeß.

Die Familie Goeß

Das Haus Goeß zählt zu den großen Familien des Landes Kärnten, wo es seit der Mitte des siebzehnten Jahrhunderts angesiedelt ist. Damals adoptierte der kaiserliche Oberst und Truchseß Kaiser Ferdinands II., Johann Ulrich Freiherr von Goeß, letzter Sproß des aus niederländischem Adel stammenden Geschlechtes, einen Sohn seiner in den Niederlanden verehelichten Schwester, Johann de Trooch. Dieser, zunächst zum Reichshofrat, bald aber zum Fürstbischof von Gurk und zum Kardinal der Römischen Kirche aufgestiegene Johann de Trooch a Goessen adoptierte seinerseits seinen Neffen Johann Peter de Trooch a Goes und überschrieb ihm alle von ihm erworbenen Güter im Herzogtum Kärnten. Zu diesen, später in einem Fideikommiß zusammengefaßten Besitzungen, zählten in der Primogenitur der Familie die Herrschaften Ebenthal, Carlsberg, Moosburg und Pach mit den Schlössern Liebenfels, Kreuth, Hohenstein und Ratzenegg und in der Sekundogenitur die Güter Gradisch und Gradenegg. Dazu kamen dann noch viele Generationen später die von meinem Großvater ererbten Besitzungen der ausgestorbenen Familie der Grafen von Saurau in der Steiermark, nämlich die Güter Ligist und Premstetten mit dem alten Palais in der Sporgasse zu Graz. Mein Großvater Leopold Goeß, der in der zweiten Hälfte seines Lebens über einen ausgedehnten Grundbesitz und viele Schlösser gebot, hatte in seiner Jugendzeit karge Jahre erlebt. Sein Vater, Peter Carl, Fideikommißherr der bescheidenen Sekundogeniturgüter, verstarb im Alter von fünfundvierzig Jahren nach einem schweren Gehirnleiden, in dem es zu Ausbrüchen gefährlicher Wahnsinnsanfälle gekommen war. Man führte dieses Unglück auf die Gewohnheit des Erkrankten zurück, in einer Quelle nahe dem Schlosse Gradisch Bäder zu nehmen und sich dabei das eiskalte Rinnsal auf seinen Kopf tropfen zu lassen. Er hinterließ seine achtungszwanzigjährige Witwe Marie,

Zeno und Leopold Grafen von Goeß mit dem Schloß Gradisch. Ölgemälde von Schrotzberg um 1855.

geb. Gräfin von Welsersheimb und zwei Söhne, den sechsjährigen Zeno und den vierjährigen Leopold, meinen späteren Großvater. Für die Hinterbliebenen begann eine schwere Zeit. Die Erträgnisse von land- und forstwirtschaftlichen Gütern der damaligen Zeit sind mit heutigen Verhältnissen nicht zu vergleichen. Eine nutzbringende Bewirtschaftung der Waldungen war damals kaum bekannt, und die finanziellen Einnahmen aus Feld- und Viehwirtschaft oder aus deren Verpachtung waren dürftig und pflegten, soferne sich die Eigentümer nicht selbst darum kümmerten, in den Gutskanzleien und Verwaltungsapparaten zu versickern. Die erarbeiteten Produkte reichten meist aus, um den großen Troß von Gutsangestellten und Hausgesinde zu ernähren und der Herrschaft ein auskömmliches und bequemes Leben am Lande zu ermöglichen. Aber der Besitz der verwaisten Familie war klein, und sein Ertrag so bescheiden, daß die junge Witwe sich genötigt sah, andere Lösungen zu suchen. Sie siedelte mit ihren Söhnen nach Wien und bewarb sich um eine Stellung bei Hofe.

Meine Urgroßmutter Marie Goeß bei Hofe

Es spricht für die Fähigkeit und Tatkraft der jungen Frau, deren Talente man bald erkannte, daß sie im strengen Zeremoniell des Hofdienstes Karriere machte und nach wenigen Jahren als k.k. Palastdame und Geheimratsfrau die Stellung der Obersthofmeisterin Ihrer Majestät der Kaiserin Elisabeth von Österreich bekleidete. Dies war die höchste Funktion in öffentlichen Diensten, die eine Dame erreichen konnte, soferne sie nicht selbst dem Erzhause oder einem sonst regierenden Hause angehörte. In dieser Position verrichtete meine Urgroßmutter ihren Dienst an den Persönlichkeiten, von denen die unmittelbare Macht über die gesamte Monarchie ausging. Während ihrer langjährigen und verantwortungsvollen Tätigkeit muß sie zwangsläufig Zeugin großer und bedeutender Vorgänge gewesen sein, die nur einem ausgesuchten Kreise von Eingeweihten zur Kenntnis kommen durften, deren Folgen aber dazu beigetragen haben, die Welt zu verändern. Da sie jedoch ihre Pflichten mit der größten Gewissenhaftigkeit und der ihr aufgetragenen strengsten Diskretion verrichtete, hat sie ihrer Familie und ihren Nachkommen nur sehr wenig Berichtenswertes über ihre lange Tätigkeit am kaiserlichen Hof zu Wien hinterlassen. Aus einer ihrer Erinnerungen wissen wir, daß sie beauftragt war, dem Schah von Persien anläßlich seines denkwürdigen Besuches in der Kaiserstadt Wien, im August 1873, die Schar der bei der Kaiserin Elisabeth diensttuenden Hofdamen vorzustellen. Schah Nassr-ed-Din aus der Dynastie der Kadjaren war bekanntlich in hohem Maße an schönen Frauen interessiert und mochte sich von der Vorstellung der Hofdamen etwas anderes erwartet haben, als sich ihm darbot. Als die Damen von meiner Urgroßmutter in der Reihenfolge ihres Ranges, beginnend mit den an

Würden gleichermaßen höchsten wie an Lebensjahren, vorgeführt wurden und ihre Reihe kein Ende zu nehmen schien, wurde der enttäuschte Gast ungeduldig und unterbrach die Zeremonie mit einem barschen „Merci, assez!" und wandte sich ab. Dabei hätten vielleicht unter den letzten und nicht mehr zur Vorstellung gelangten Damen niedrigeren Ranges doch noch einige, vor den Augen des juwelenbedeckten „Königs der Könige und Mittelpunkts des Weltalls" allerhöchste Gnade gefunden.

Seine Empfänglichkeit für Frauenschönheit hatte der exotische Monarch ja erst wenige Tage zuvor unter Beweis gestellt, als er der Kaiserin Elisabeth zum ersten Male begegnet war. Die Kaiserin trug ein silbergesticktes weißes Schleppkleid mit lila Samtgürtel und im offenen Haar einen Reif von blitzenden Diamanten und Amethysten. Der Schah, ein durchaus orientalisch aussehender dunkelhäutiger, hagerer Mann von fünfundfünfzig Jahren blieb beim Eintreten ganz verblüfft vor ihr stehen. Dann nahm er seine goldenen Augengläser hervor, schaute sie ruhig von der obersten Locke bis zur Fußspitze herab an, ging schließlich ganz um die erstaunte Kaiserin herum und rief immer wieder verzückt aus: „Mon Dieu, qu'elle est belle!" Er blieb so versunken in ihren Anblick, daß ihn Kaiser Franz Joseph, der ihm belustigt zugesehen hatte, endlich am Ärmel zupfen mußte, um ihn zu mahnen, die Kaiserin am Arme zu Tische zu führen. Zunächst schien der Schah nicht recht zu verstehen, aber dann, nach plötzlicher Erleuchtung, nahm er Elisabeth an der Hand und eilte armschlenkernd mit ihr in den Speisesaal.

Meine mit dem Hofzeremoniell vertraute Urgroßmutter hatte über das vom Riesengefolge des Schahs einzuhaltende Zeremoniell sehr zu staunen.

Schon vor seinem Eintreffen hatte Nassr-ed-Din, der von einer inzwischen abgeflauten Cholera-Epidemie in Wien gehört hatte, drei verwandte Prinzen vorausgeschickt, um die Gefährlichkeit der Situation in der Art von „Vorkostern" zu testen. Als diese gesund blieben, machte sich der Schah auf die Reise und traf in Wien mit einem Gefolge von siebenundfünfzig Personen ein, darunter sechs verwandten kaiserlichen Hoheiten, sieben Generälen, zehn Kämmerern, einem Gewandkämmerer, einem „Sattelüberwacher" sowie einem Obermundschenk namens Aga-Ibrahim-Amini-Sultan, der gleichzeitig Astrologe war und die den Gestirnen genehmen Stunden für alle Besuche festzulegen hatte.

Gemäß dem persischen Zeremoniell hatte jedermann, der dem Schah mit einer Bitte nahte, zu sprechen: „Möge ich Dein Opfer sein, o Mittelpunkt des Weltalls, o erhabene Majestät, König der Könige! Gestatte Deinem niedersten Diener, daß er zum Staub unter Deinen Fußsohlen flehen darf!"

Kaiser Franz Joseph meinte dazu: „Was sind wir mit unserer vielgeschmähten Etikette im Vergleich dazu für Waisenkinder!"

Am Morgen seiner Abreise ließ der Schah die Obersthofmeisterin Gräfin Goeß um vier Uhr früh in ihrem Appartement wecken, nur um ihr dringend aufzutragen, der Kaiserin nochmals seinen Dank zu übermitteln und ihr mitzuteilen, ihr Bild würde in seinem Herzen nie verblassen.

Eine weitere Begegnung mit einer prominenten Zeitgenossin verlief für meine Urgroßmutter ein wenig peinlich. Cosima Wagner, die Gattin des Bayreuther Meisters, dem die Kaiserin große Bewunderung zollte, weilte in Wien. Sie wurde von Kaiserin Elisabeth zur Hoftafel gebeten. Während des Dejeuners drehte sich die Konversation natürlich um Richard Wagners Werke. Alle Anwesenden waren bemüht, sich bestens informiert oder zumindest fachlich interessiert zu zeigen. Die Obersthofmeisterin wollte nicht zurückstehen und, um ihren Beitrag an der Konversation zu liefern, stellte sie die Frage an Frau Cosima, wer denn wohl die Texte zu den Opern ihres Mannes schreibe. Diese blickte erstaunt auf meine Urgroßmutter und sagte dann frostig in das betroffene Schweigen der Tischrunde hinein: „Der Meister pflegt die Dichtungen zu seinen Werken selbst zu verfassen!" Tief beschämt ob des Zutagekommens ihres Unwissens über eine dem Herzen Ihrer Majestät so nahestehende Sache senkte die Gedemütigte ihre Augen vor dem strafend vorwurfsvollen allerhöchsten Blick. Arme Urgroßmutter, du hast, wie wir aus dem völligen Mangel an Musikalität bei deinen Nachkommen durch zwei Generationen schließen müssen, kaum je die Wonnen erlebt, die uns Polyhymnias Gaben zu schenken vermögen.

Thalia und Terpsichore, das waren deine Musen, denen du in Theatern und Ballsälen manche Stunden geweiht hast. Die Walzer von Lanner und Strauß, das war deine Musik, die dein Herz und deine Beine bewegte, aber der Meister von Bayreuth blieb dir ein ferner Begriff. Du hast es gewagt, Wagners gewaltiges Wirken zum Gegenstand seichter Konversation herabzuwürdigen! Wehe, wahrlich, wehe!

Mein Großvater Leopold Goeß

Mein Großvater verbrachte diese Jahre im Internat der Jesuiten zu Kalksburg, wo er das Gymnasium absolvierte. Er bestand seine Matura mit großem Erfolg, und Kaiser Franz Joseph erwies dem jungen Mann die Gnade, ihn zu Ehren dieses Tages an die Hoftafel zu laden. Eine glanzvollere Auszeichnung war für den achtzehnjährigen Jüngling gar nicht denkbar, und so war er von Stolz erfüllt. Was den Termin betraf, war er allerdings vor ein Problem gestellt. Ein Mitschüler aus seiner Klasse, dem er stets freundschaftlich verbunden war, hatte ihn schon lange zuvor für denselben Tag zu einem festlichen Mittagsmahl in das Haus seiner Eltern gebeten. Für diese Leute kleinbürgerlicher Herkunft war wiederum der Besuch des jungen Grafen von Goeß an ihrem bescheidenen Tische eine hohe Ehre. Um die Familie seines Freundes nicht zu kränken, beschloß mein Großvater, beide Einladungen zu befolgen, was ihm unter Bedachtnahme auf die in den Häusern seiner Gastgeber geübten Gepflogenheiten möglich schien. Bekanntlich speiste man bei Hofe spät und in einfachen Häusern pünktlich zur Mittagsstunde. Mit einem flinken Fiaker, den er sich vorsorglich sicherte, mußte es möglich sein, in der knappen, zwischen den beiden Einladungen liegenden Zeit, die weite Strecke zu bewältigen. Ohne irgendeine Erwähnung der ihn gleichermaßen ehrenden wie bedrängenden Verpflichtung erschien er im Hause seines Freundes, wo er großmächtig gefeiert wurde. Ein gewaltiges Mittagsmahl wurde aufgetragen und dem jungen Herrn, der gewiß nach der kargen Internatskost ein dankbarer Esser sein würde, in großen Mengen aufgenötigt. Und man wurde nicht enttäuscht. Der vornehme Gast aß, was man ihm vorlegte, und es schien ihm vorzüglich zu schmecken. Dabei zeigte er sich liebenswürdig und dankbar gegenüber seinen stolzen Gastgebern.

Mein Großvater Leopold Goeß. Aquarell von E. A. Mandelsloh.

Es war ein voller Erfolg, über den man sich freuen konnte, wenn auch der junge Herr sich sehr bald nach Tisch ein wenig zu zeitig verabschiedete. Aber das war vielleicht Sitte in vornehmen Häusern, wer konnte das wissen. Mein Großvater stürzte zum diskret um die Ecke wartenden Fiaker und fuhr in äußerster Eile an die Stätte seines zweiten Mittagsmahles in die Hofburg. Dort langte er gerade noch rechtzeitig ein und ergab sich dem Zeremoniell eines feierlichen Dejeuners an der Hoftafel des Kaisers.
Hier verlief alles ein wenig anders. Hier war er es, der die Ehren empfing. Zu seinem Glück war die erlesene Speisenfolge keineswegs voluminös, und niemand nötigte ihn zu reichlichem Zugriff. Überdies wurde, wie man es bei Hofe gewohnt war, kaum, daß der Kaiser seinen letzten Teller geleert hatte und noch ehe den zuletzt bedienten Gästen ein gleiches möglich war, die Tafel aufgehoben. Beim Kaffee erkundigten sich die Majestäten huldvoll nach den weiteren Plänen ihres jungen Gastes und schienen ihr Interesse an dessen künftiger Laufbahn zu bekunden. Dann entließ man ihn allergnädigst mit freundlichen Wünschen.
Dieser Tag, an dem meinem Großvater von zwei so verschiedenen Seiten erstmals in seinem jungen Leben hohe Ehren erwiesen wurden, die ihm körperlich und seelisch Stärkung brachten, stand am Beginn einer großen Karriere. Uns Kindern der nachfolgenden Generationen aber hat man später diese Begebenheit oft erzählt als Beispiel für ein taktvolles Verhalten, das mein Großvater der Familie seines Freundes gegenüber an den Tag gelegt hat.
In der Familie Goeß bestand eine Bestimmung, derzufolge ein Fideikommiß-Anwärter die Güter der Primogenitur nur dann übernehmen durfte, wenn er vor seinem fünfundvierzigsten Lebensjahre verheiratet war und zwar mit einer Frau, die als „chapitrale“ galt. Diese Bedingung wiederum besagt, daß die adelige Abstammung der Ehefrau in gleicher Weise nachgewiesen werden mußte, wie dies den Anwärterinnen auf die Mitgliedschaft im Kapitel des adeligen Damenstiftes zu Prag auferlegt war. Als 1891 die erste Linie des Hauses Goeß im Mannesstamme erlosch und somit das Fideikommiß der Primogenitur an die zweite Linie überging, die bisher die Sekundogenitur innehatte, verzichtete der ältere der beiden betroffenen Brüder, Zeno Graf Goeß, auf die Übernahme, da er bereits fünfundvierzig Jahre alt war und sich nicht zu verehelichen gedachte. Er begnügte sich mit den bescheidenen Gütern der Sekundogenitur und überließ die ausgedehnten Besitzungen der Primogenitur seinem jüngeren Bruder Leopold, der sich zwei Jahre zuvor mit Marianne Gräfin von Thurn-Valsassina-Como-Vercelli verheiratet hatte und somit alle Bedingungen erfüllte.

Das Haus Thurn-Valsassina

Wappen der Grafen von Thurn.

In der Geschichte des heiligen Römischen Reiches hat die Familie Thurn und Valsassina immer wieder eine bedeutende Rolle gespielt. Ihre Anfänge liegen im oberitalienischen Raum, wo sie in den letzten Dezennien des dreizehnten Jahrhunderts vier Hauptlinien ausbildete, als deren Stammväter die Brüder Napoleone, Salvino, Caverno und Guido della Torre genannt werden. Die Nachkommen dieser Stämme, die sich in Italien weiterhin della Torre oder auch Torreani, in Deutschland Thurn und Valsassina nannten, waren bald in Villalta, Görz, Udine, in Kärnten, der Steiermark und in Krain sowie in Verona und in der Schweiz ansässig und reich begütert.

Nicht weniger als vier Patriarchen von Aquileja aus dem Hause della Torre sind in einer nach ihnen benannten Kapelle in ihrer hochberühmten Bischofkirche bestattet. Papst Clemens XIII., der 1758 den Thron Petri bestieg, entstammte dem venezianischen Hause della Torre-Rezonico.

Ein weiteres prominentes Mitglied des Hauses war Heinrich Matthias Graf von Thurn, Burggraf von Karlstein in Böhmen, der allerdings der römischen Kirche und dem Römischen Kaiser erhebliche Sorgen bereitete. Als Sohn protestantischer Eltern setzte er sich an die Spitze der in ihrer Religionsfreiheit verletzten böhmischen Stände und gab 1618 in Prag das Zeichen zum Aufstand und zur Losreißung von Österreich. Dies war der Beginn des Dreißigjährigen Krieges, in dessen Verlauf Thurn als Feldherr des ständischen Heeres bis Wien vordrang. Nach der Schlacht am Weißen Berge floh er 1620 nach Siebenbürgen. Später schloß er sich dem Schwedenkönig Gustav Adolf an, wurde aber von Wallenstein 1633 bei Steinau an der Oder zur Kapitulation gezwungen.

Den Mitgliedern der in Kärnten ansässigen Linie Bleiburg des Stammes Thurn-Valsassina-Como-Vercelli waren allesamt folgende Titel zu eigen: Reichsgraf von Thurn-Valsassina-Como-Vercelli, Freiherr zum Kreuz, Obersterblandhofmeister in Krain und in der Windischen Mark, Obersterblandmarschall in der gefürsteten Grafschaft Görz und Gradiska, Erbburggraf von Lienz, Herr auf Bleiburg, Radmannsdorf, Wallenburg und Plankenstein.

Dieser Bleiburger Linie entstammte auch Marianne Gräfin von Thurn-Valsassina-Como-Vercelli, die 1889 meinen Großvater Leopold Goeß geheiratet hat. Sie und ihre beiden Brüder wuchsen in ihrem väterlichen Schloß Streiteben im damaligen Unterkärnten auf, wo sie in spartanischer Strenge erzogen wurden. Strenge und Sparsamkeit scheinen zwei besonders ausgeprägte Wesensmerkmale meines Urgroßvaters Douglas Grafen von Thurn gewesen zu sein. Er war der zweite von vier Brüdern, die in ihrer Gesamtheit die Linie Bleiburg ihres Hauses repräsentierten. Sowohl seine als auch die Nachkommenschaft seiner beiden jüngeren Brüder sind inzwischen im Mannesstamme erloschen, sodaß es heute nur mehr Namensträger der Familie Thurn aus der Linie Bleiburg gibt, die aus der zweiten Ehe des ältesten der vier Brüder, Georg, stammen. Dieser Georg war in erster Ehe mit Gabrielle Gräfin Palffy-Daun von Erdöd verheiratet, deren junges Leben sehr tragisch endete. Sie war sechsundzwanzig Jahre alt und hatte in sechs Ehejahren zwei Mädchen und einem Sohn Vinzenz das Leben geschenkt. An einem Sommertag im Jahre 1867 beschäftigte sie sich in ihrem Boudoir im Schlosse zu Bleiburg mit ihrer Korrespondenz. Sie verschloß einen Brief und entzündete eine Kerze, um den Umschlag zu versiegeln. Dabei hantierte sie unvorsichtig, und der leichte Stoff ihres Sommerkleides geriet in Brand. Es wären gewiß genügend Teppiche und Vorhänge in diesem Raum vorhanden gewesen, um die Flammen rasch zu ersticken. Sie aber, von panischem Entsetzen gejagt, suchte Hilfe bei ihrem Gatten, der sich auf der entgegengesetzten Seite des ringförmigen Schlosses befand. Durch die lange Flucht der Zimmer und Korridore eilte sie, gellend um Hilfe schreiend, von lodernden Flammen umgeben. Als sie sich endlich ihrem Mann in die Arme stürzte, war sie eine lebende Fackel. Alle Rettungsversuche waren vergebens, sie erlag ihren schweren Verbrennungswunden noch am selben Tage. Der unglückliche Witwer vermählte sich fünf Jahre später mit Eugenie Gräfin Vrints zu Falkenstein. Die zwei Söhne aus dieser Ehe wurden zu Stammvätern der heute wiederum weit verbreiteten Bleiburger Linie des Hauses. Als Georg 1879 starb, war sein damals dreizehnjähriger bereits erwähnter Sohn Vinzenz ein reicher Erbe. Zu allen seinen Titeln, die wir schon kennen, besaß er nun eine ansehnliche Reihe ausgedehnter Güter in Kärnten, Steiermark und Böhmen. Zu seinem Vormund wurde der Bruder seines Vaters, mein Urgroßvater Douglas Thurn, bestimmt. Dieser Mann, der selbst seinen leiblichen Enkeln nie als ein freundlicher und liebenswerter Großvater, sondern vielmehr als eine drohende, unnahbare Gottheit erschienen war, muß für das kindliche Gemüt seines dreizehnjährigen verwaisten Mündels und Neffen Vinzenz eine furchtbare Belastung gewesen sein. Es wird heute noch berichtet, daß der unglückliche Knabe, wenn er zu seinem Vormund befohlen wurde, sich in zitternder Angst vor der ihn erwartenden Behandlung im Vorzimmer vor der Tür des Gefürchteten erbrechen mußte.

Auch die Sparsamkeit meines gestrengen Urgroßvaters, ein in der Familie Thurn recht häufig anzutreffendes Stammeszeichen, war bei ihm in bemerkenswerter Weise entwickelt. Wie in sehr vielen fideikommißbesitzenden Familien wurde die Ausstattung verheirateter Töchter meist sehr knapp gehalten, um das Vermögen der Namensträger tunlichst nicht zu schmälern. Als mein Urgroßvater seine einzige Tochter Marianne mit dem in nächster Nachbarschaft lebenden Grafen Leopold Goeß verlobt hatte, der damals schon die steirischen Güter seines verstorbenen Oheims Saurau besaß und als Erbe der älteren Linie Goeß galt, wurde eine besondere Ausstattung für die junge Braut nicht in Erwägung gezogen. Man hielt auch die Veranstaltung einer größeren Festlichkeit anläßlich der Hochzeit für „zu umständlich", das heißt zu kostspielig und begnügte sich mit einer kleinen familiären Feier. Danach wurde meine Großmutter mit leichtem Gepäck dem glücklichen Bräutigam übergeben. Hier muß nun gesagt werden, daß dem edlen Hause Thurn ob dieser ökonomischen Vorgangsweise kein Vorwurf gemacht werden sollte. Zumindest nicht von den Nachkommen der so sparsam verheirateten Tochter Marianne. Denn das ist gerade diesen tief im Herzen bewußt: wertvoller als jeder Besitz, kostbarer als jede Ausstattung, unbezahlbarer als jeder Schatz, den die Familie Thurn in kaum vorstellbarer Anwandlung von Großzügigkeit einer Tochter hätte in die Ehe mitgeben können, war diese Tochter Marianne selbst, die sie meinem Großvater überlassen hat. Durch die Heirat mit dem letzten Sproß der alten und vom Erlöschen bedrohten Familie Goeß sicherte sie dieser das Überleben und neue Blüte. Sie wurde die Stammutter eines großen Geschlechtes. Sechs Kinder, fünfundzwanzig Enkelkinder und achtundachtzig Urenkelkinder entstammen dieser glücklichen Verbindung. Sie alle verdanken ihr Dasein jener kargen Hochzeitsfeier, die man sich vor nunmehr fast hundert Jahren im Schlosse zu Bleiburg gegönnt hat. Und viele von ihnen sind dieser uralt-ehrwürdigen Burg, die über die Dächer der kleinen Stadt weit in die herrliche Kärntner Landschaft hinausblickt, in Anhänglichkeit verbunden. Nach Generationen strenger Zucht und ernster Zurückhaltung hält das alte Schloß in unseren Tagen seine gastfreundlichen Tore weit geöffnet, und fröhliches Leben herrscht in seinen Mauern.

In Diensten des Kaisers

Für meinen Großvater Goeß war meine Großmutter die ideale Ehefrau. Er war von schwierigem Charakter, hochintelligent und gebildet, dabei gewissenhaft bis zur Pedanterie, in der Ausübung seines Berufes klug und gerecht, zu Hause aber mitunter ein anspruchsvoller, mißgelaunter Tyrann, dem man die Kinder ferne halten mußte, und überdies stets auf penible Sparsamkeit bedacht. Dies allerdings mag im Herzen meiner Großmutter vertraute heimatliche Gefühle erweckt haben. Die vielfältigen Pflichten, die ihr die Führung des großen und häufig der Repräsentation dienenden Haushaltes auferlegten, erfüllte meine Großmutter in bewundernswerter Weise. Die berufliche Karriere ihres Mannes sowie der jahreszeitlich bedingte Wechsel des familiären Domizils erforderten oftmalige Übersiedlungen des umfangreichen Hausstandes. An all diesen häufig wechselnden Orten waren große Gesellschaften zu veranstalten, Empfänge und Diners zu geben, und es waren immer neue Leute, neue Kreise, neue politische Gruppierungen, mit denen sie konfrontiert wurde, neue örtliche und soziale Gegebenheiten, nationale Empfindsamkeiten, die sie zu beachten hatte und neue Sprachen, die sie erlernen mußte. Bald nach ihrer Hochzeit wurde mein Großvater Landespräsident der Bukowina, und das Ehepaar nahm Aufenthalt in der Hauptstadt Czernowitz. In Franz Hubmanns „k.u.k. Familienalbum", jenem großartigen Reigen alter Photographien aus allen Teilen der österreichisch-ungarischen Monarchie, der uns Nachgeborenen einen ergreifenden Einblick in die Buntheit und Vielfalt der letzten „Goldenen

Jahrzehnte" des alten Kaiserstaates gibt, findet sich das Bild: „Die Gemahlin des Landespräsidenten der Bukowina auf dem Wochenmarkt in Czernowitz. 1897." Inmitten bunt gekleideter ruthenischer Bauern, die ihr hausgewebte Teppiche zum Kauf anbieten, steht alles überragend in einem einfachen langen schwarzen Kleide, bedeckt mit einem monströsen schwarzen Hut meine Großmutter und mustert das Dargebotene. Mich rührt der Anblick dieses Bildes, weil es sie so darstellt, wie ich sie vierzig Jahre später oft und oft beim Einkauf erlebt habe: sehr hoheitsvoll, liebenswürdig interessiert, aber völlig unentschlossen in der Auswahl der Waren. Es endete meistens mit einem verlegenen „Danke Ihnen vielmals!" ehe sie sich umwandte und in die Bedrängnis neuer Versuchungen geriet. Zu ihrem Unglück war meine Großmutter von viel zu hochgewachsener Gestalt, was sie automatisch zum überragenden Mittelpunkt ihrer Umgebung machte. Ihrem Wesen nach jedoch bescheiden und durchaus nicht gewillt, aufzufallen, litt sie unter dieser körperlichen Bevorzugung, die sie nur in Verlegenheit brachte.

Meine Großeltern hatten während ihrer Zeit in Czernowitz einmal einer prominenten jüdischen Kaufmannsfamilie einen Gegenbesuch abzustatten. Die reichen Gastgeber gaben sich gebührende Mühe, den Landespräsidenten und seine Gattin glanzvoll zu bewirten. Unglücklicherweise wurde meine Großmutter, die damals guter Hoffnung war, während der üppigen Mahlzeit von Übelkeit befallen. Unter den tadelnden Blicken ihres Gatten zog sie sich aus dem Speisesaal zurück und suchte die Örtlichkeit des Hauses auf, die, der geographischen und zeitlichen Gegebenheit entsprechend, von äußerster Einfachheit war. Es handelte sich um eine Einrichtung, die lediglich nach dem Prinzip des freien Falles funktionierte, um ein kreisrundes Loch also, durch welches Sehsinn und Geruchssinn meiner sich in Nöten darübergebeugten Großmutter grausige Wahrnehmungen empfingen. Am Höhepunkt ihrer Unpäßlichkeit merkte die Ärmste plötzlich, daß ihre Perlenkette, durch eine fahrige Bewegung gerissen, sich von ihrem Halse löste, ihr vom Nacken glitt und durch das schwarze Loch im schauerlichen Orkus entschwand. Es handelte sich um die Majoratsperlen des Hauses Goeß, die ihr Gatte ihr für den heutigen Abend anzulegen befohlen hatte. Zwischen lähmendem Entsetzen und einer Ohnmacht schwankend, rief sie um Hilfe und wurde von der herbeigeeilten Herrin des Hauses auf ein Lager gelegt und dort milde gelabt. In schrecklicher Verlegenheit beichtete meine Großmutter ihrem Gatten und den bestürzten Gastgebern den peinlichen Verlust. Man brachte sie mit tröstenden Worten nach Hause, wo sie sich alsbald erholte. Ein bedauernswertes Geschöpf niederen Ranges erhielt am nächsten Morgen den Auftrag, das Verlorene wiederzubringen. Dies gelang ihm nach etlichen Versuchen. Ich will nur hoffen, daß mein sparsamer Großvater den beherzten

Meine Großmutter, Gattin des Landespräsidenten der Bukowina,auf dem Wochenmarkt in Czernowitz 1897.

Perlentaucher nicht allzu karg für seine Heldentat entlohnt hat. Die Majoratsperlen des Hauses Goeß erfuhren eine langwierige und sorgfältige Behandlung und haben seither die Dekolletes mehrerer Hausfrauen des Schlosses Ebenthal glanzvoll geschmückt. Im Jahre 1897 wurde mein Großvater zum Statthalter von Triest ernannt, zum Vertreter des Kaisers also in jener Stadt, in der ab dem Jahre 1819 in gleicher Funktion als „Präsident des küstenländischen Guberniums" schon mein Urgroßvater Anton Freiherr von Spiegelfeld gewirkt hatte. Die Familie meines Großvaters übersiedelte also in diese drittgrößte Stadt der Monarchie und nahm, da der Amtssitz des Statthalters hiefür nicht geeignet erschien, Wohnung in einem gemieteten Hause, der sogenannten Villa Reinelt, hoch oben über der Stadt am Hang gegen Opcina. Meine Mutter hat uns später viel von ihren kindlichen Erinnerungen an diese damals blühende, von Leben erfüllte Hafenstadt erzählt, von dem Garten um die Villa, von lustigen Kinderfesten mit der Jugend der Triestiner Gesellschaft und von der stürmischen Bora, die die hochansteigenden Straßen gelegentlich kaum passierbar machte. Der Posten, den mein Großvater bekleidete, war in den damaligen Jahren ein sehr heikler geworden. Von den divergierenden Kräften, die längst schon an den Grundfesten der Monarchie ihre unterminierende Wühlarbeit verrichteten, waren in dieser Stadt manche besonders eifrig am Werke. Mein Großvater scheint aber die auftretenden Schwierigkeiten mit viel Geschick und Takt, Diplomatie und, wenn es sein mußte, Energie bewältigt zu haben. Ich habe später von manchen betagten Herren, die damals seine Tätigkeit aus nächster Nähe beobachten konnten, viele Äußerungen der Anerkennung, ja der Bewunderung über seine Amtsführung gehört. In seine Amtszeit fiel auch die Errichtung des prächtigen neuen Gebäudes der Statthalterei, an der Piazza Grande, deren hufeisenförmig gelegene Prachtbauten im schönsten Wiener Ringstraßenstil nach Westen den Blick freilassen auf das Getriebe im Hafen und auf die blaue Adria. Gegenüber der neuen Statthalterei lag das Palais des österreichisch-ungarischen Lloyd, der dazumal eine Flotte von zweiundsechzig Schiffen mit einer Gesamttonnage von zweihundertsechsunddreißigtausend Tonnen besaß. Die davor weit in das Hafenbecken hinausgreifenden Molen waren sehr zum Unterschied von heute damals noch dicht umlagert von österreichischen und internationalen Schiffen, die hier das riesige Habsburger Reich mit der ganzen Welt verbanden. Meine Mutter hat uns oft von feierlichen Stapelläufen und Schiffstaufen erzählt, die sie als Kind miterleben durfte. Einmal wurde ihr selbst, als ältester Tochter des Statthalters, die Ehre zuteil, als Taufpatin für ein kleineres Schiff zu fungieren. Ihr gewaltiger Stolz war aber nicht von langer Dauer, denn schon wenige Wochen nach dem Auslaufen des Schiffes versank dieses sang- und klanglos in den Fluten.

Geliebtes Ebenthal

Die Sommermonate verbrachte die Familie stets in Kärnten. Als einziges der Schlösser des Fideikommiß-Besitzes war Ebenthal bei Klagenfurt zum Wohnen geeignet. Man reiste mit der Bahn in zwei Sonderwaggons, die den normalen fahrplanmäßigen Schnellzügen angehängt wurden. Die acht Mitglieder der Familie wurden von einem üppigen Gefolge begleitet. Hofmeister, Gouvernante, Kindermädchen, Kammerjungfer, Kammerdiener, Köchin und Küchenpersonal und etliche Bediente, sowie eine gewaltige Menge von Gepäck dürften die beiden Waggons gewiß ausgefüllt haben.

Ebenthal muß für die Kinder ein Paradies gewesen sein. Ich habe es selbst als Kind eine Generation später oftmals als Paradies empfunden und kann gut verstehen, daß meine Mutter diesen Platz auf der Welt ihr ganzes Leben am meisten liebte. Nur wenige Kilometer von Klagenfurt entfernt, erhebt sich am Rande eines riesigen Parks und in gebührendem Abstand zum bescheidenen Dorfe, umgeben von großen ebenen Wiesen, das barocke Schloß. Die Architektur des Gebäudes ist einfach. Ein zweigeschossiger, kastenförmiger Bau ohne Türme und Hof, in vollkommener Symmetrie, bedeckt von einem steilen französischem Dach. Die schönbrunn-gelb und weiß getönten Stuckfassaden blicken freundlich hinaus in die Weite des Parks. Durch hohe Baumgruppen kannst du sie schimmern sehen und über breite Schneisen, die von vielen Richtungen her dem Schlosse zustreben, empfängst du als ferner Spaziergänger ihren heimlichen Gruß. Stundenlang kannst du da gehen auf immer wieder neuen Wegen, die sich, an ihren Anfängen sehr gepflegt, weite Wiesenflächen durchschneidend, Inseln von blühendem Buschwerk umrundend, in der Ferne uralten hohen Baumbeständen entgegenwinden, unter deren kühlem Schatten sie sich im Dunkeln zu verlieren scheinen. Aber auch hier unter dem hohen Dom des himmelanstrebenden Gehölzes weist dir ein moosgesäumter Weg die Richtung, von Sonnenkringeln überspielt, übertanzt von Schwärmen winziger Mücken in glasigem Licht, tief hinein in ein kühl-feuchtes Reich völliger Einsamkeit. Einzelne Sonnenstrahlen dringen durch das Laubgewölb und bringen die moosigen Gespinste zum Dampfen, die sich auf dem kegelförmigen Schindeldach über dem uralten rundummauerten Eiskeller angesiedelt haben. Golddurchleuchtete Spinnweben schaukeln in den Sonnenflecken vor dem dunklen Hintergrunde des vermorschten Tores. Hellgrünes Farnkraut, seine zarten Spitzen entrollend, wehrt dir den Zugang. Ein paar lautlose Schritte weiter auf dem weichen Boden des Weges, und du wirst innehalten, gleichsam selbst ein Teil der reglos schweigenden Natur: spiegelglatt liegt die Fläche des Teiches über seiner schwarzen grundlosen Tiefe. Kein Hauch regt sich, keine Welle zittert, und dein Auge vermag nicht einzudringen in die Geheimnisse, die dieses stille Wasser behütet. So versunken bist du in das verzauberte Schweigen dieses Ortes, daß du dir erst später, viel später, des vielfältigen Lebens bewußt wirst, das tausendfach dich umgibt. Mit einem Male vernimmst du das Gezwitscher unzähliger Vogelkehlen in den grünen Kuppeln über dir. Deinen Gang fortsetzend mußt du dir Mühe geben, die winzigen Frösche, die in dichten Scharen deinen Weg kreuzen, nicht zu zertreten. Ein leises Brechen läßt dich auffahren, und zwei Rehe, von dir in ihrer Ruhe gestört, flüchten ins Dickicht. In zunehmender Breite strebt dein Weg einem Platze zu, in dessen Mitte ein hoher schlanker Obelisk aus verwittertem Steine seiner leicht verwilderten Umgebung Großmut und Kunstsinn seines längst dahingegangenen stolzen Erbauers demonstriert. Dann und wann überquerst du auf deiner weiteren Wanderung eine schmale Schneise im Gehölz, an deren fernem Ende die gelbe Front des Schlosses dich zur Rückkehr mahnt. Vorbei an kleinen Stätten frommer Erinnerung an Menschen, die vor dir diesen Park geliebt haben, vorbei an einem Rastplatz abseits des Weges, von Büschen eng umschlossen, „dem Verlobungsplatz", an dem das später wenig glückliche Eheleben einer der Töchter des Hauses hoffnungsvoll begonnen hat, vorbei an einer Doppelreihe uralter Linden, die vor vielen Jahren einmal eine Allee gesäumt hatten, an einem von hohen Bäumen umstandenen Platze, wo Kinderscharen von Generationen her sich lärmend an Wippen und Schaukeln vergnügt haben, vorbei an verwitterten Steinbänken am Rande einer bekiesten Promenade, die dich schnurgerade dem Schlosse zuführt. Was du jetzt hinter dir hast, das war eine „tour de parc", wie man das schon zu Großvaters Zeiten zu nennen pflegte. Ungezählte „tours de parc" hat meine Mutter in ihrer Jugend allein oder in Begleitung der Familie unternommen, und jeder Baum, jeder Winkel und jeder Strauch dieses Gartens Eden hat in ihrer liebevollen Erinnerung seinen Platz gefunden.

Schloß Ebenthal. Radierung um 1900.

Strenge Erziehung – fröhliche Spiele

Hier also verbrachte meine Mutter die schönsten Monate ihrer Kinderzeit und ihre Jugendjahre. Der Lebensstil der Familie in diesem Schlosse, wie er in den Erinnerungen meiner Mutter beschrieben wurde, ist für Kinder unserer Tage nur schwer verständlich. Die Art, so zu leben, war damals typisch für eine aristokratische Großfamilie. Die sechs Kinder waren einer ganzen Hierarchie von Autorität unterstellt, die sozusagen nach ihren Altersklassen geordnet war. Während die beiden Jüngsten, Sophie und Leopold, in ihren Kinderjahren gemeinsam vom Kindermädchen und später von einer auf ihr Alter spezialisierten „Bonne" beaufsichtigt wurden, war das nächstältere Schwesternpaar, meine Mutter und ihre Schwester Anna, einer strengen Erzieherin anvertraut. Das älteste Gespann, die beiden Brüder Zeno und Tono, wurden von harter Hand eines Hofmeisters am kurzen Zügel geführt. Dieser jahrelang tätige Hofmeister namens Pyrnath stand, wie sich erst nach längerer Zeit herausstellte, in enger Verbindung mit der Kammerjungfer meiner Großmutter, Adele, die über den gesamten Haushalt mit weitgehenden Vollmachten herrschte. Die Eltern, durch die vielfachen Verpflichtungen meines Großvaters von den Alltäglichkeiten des Familienlebens weitgehend abgehalten, waren für die Kinder eine himmelhoch schwebende und nur sehr schwer erreichbare höchste Instanz in dieser Hierarchie. Es ergab sich somit oftmals die Situation, daß die Kinder sich in dringend erscheinenden oder heiklen Fragen den diversen Ebenen des Erziehungspersonals ausgeliefert sahen, die den direkten Kontakt zu Vater und Mutter über die beabsichtigte Form hinaus erschwerten, ja oftmals intrigantererweise verhinderten. Ein Hilferuf oder eine Beschwerde etwa über eine als ungerecht

empfundene Behandlung erreichten nur selten die höchste Instanz, und es konnte geschehen, daß sie selbst dort durch rechtzeitiges Eingreifen des Hofmeisters oder der Kammerjungfer ihre Wirkung verfehlten. Meine Mutter und ihre Geschwister haben oftmals unter diesem Abschirmungssystem gelitten, und sie beneideten andere Kinder, denen ein sehr persönliches Verhältnis zu ihren Eltern gegönnt war und die in der Wärme allgegenwärtiger Liebe aufwuchsen. Dabei mangelte es keinesfalls an intensiver Elternliebe, die meine Großmutter in reichem Maße und selbst mein Großvater in seiner gemessenen Art zu zeigen imstande war. Dies alles geschah zu seiner Zeit, nach den absolvierten Unterrichtsstunden etwa oder im abendlichen Familienkreis und vor allem im geliebten Ebenthal, wo man sich von gesellschaftlichen Verpflichtungen weitgehend freimachen konnte. Zwischendurch allerdings verlief alles ein wenig offiziell, ein wenig zeremoniell und kühl.
An ihren Erfolgen gemessen hat sich diese Erziehungsmethode aber durchaus bewährt. Die Kinder meiner Großeltern wuchsen zu prächtigen und sehr gebildeten Menschen heran und wurden später zu Vätern und Müttern einer großen Schar von Kindern, die alle Liebe, Verehrung und Dankbarkeit für sie empfinden.
In der Kindererziehung der damaligen Jahre legte man großen Wert auf die perfekte Beherrschung von Fremdsprachen, in erster Linie Französisch und Englisch. Dies ging soweit, daß manche Kinder mindestens eine dieser Fremdsprachen vor ihrer eigenen Muttersprache erlernten. Es gab dafür eigene französische oder englische Gouvernanten, die sich mit den Kindern ausschließlich in diesen Sprachen verständigten. Merkwürdigerweise hieß die Französin meiner Mutter Mademoiselle Pospischil, was aber weder ihrer Nationalität noch ihrem klassischen Französisch Abbruch tat, dessen Kenntnis sie ihren Zöglingen vollendet zu übermitteln verstand.
Auch die künstlerische Erziehung spielte eine bedeutende Rolle. Kunstgeschichte nahm einen wichtigen Platz unter den Lehrfächern ein. Architektur und Malerei wurden den Kindern in der Theorie durch eine Fülle von Lehrbehelfen und das intensive Studium zahlreicher Bildbände nähergebracht. Ein feines Stilempfinden in den Bereichen der Baukunst, der Möbelkunde, der Malerei und Literatur sowie der Mode vergangener Epochen wurde ihnen anerzogen. Weniger aussichtsreich waren die Bemühungen um die praktische Kunstausübung vor allem auf dem Gebiete der Malerei und der Musik. Man ließ sich von der totalen Talentlosigkeit der unglücklichen Zöglinge nicht beirren und zwang sie in qualvollen Übungsstunden zur Produktion von Kopien oder Stilleben, die den Originalen Hohn sprachen oder zum Vortrag von Musikstücken auf dem Klavier, die die Komponisten beleidigten. Dem Musiklehrer kam es hiebei aber offenbar durchaus nicht sosehr auf den künstlerischen Gehalt der Wiedergabe an,

sondern viel eher auf die korrekte Körperhaltung der bedauernswerten Interpreten. Um eine ihm aus unerforschlichen Gründen besonders erstrebenswert erscheinende ruhige Handhaltung an den Klaviertasten zu erreichen, wurden den jungen Virtuosen Geldmünzen auf die Handrücken gelegt, die dort bis zum Finale des Meisterwerkes zu verbleiben hatten. Empfindliche Strafen erwarteten den ungezähmten Künstler, der sich durch ein Vivace oder ein Furioso zu unbeherrschten Handbewegungen hinreißen ließ, denen das Hellerstück zum Opfer fiel.

Ein Erziehungsfach, dem damals noch gebührender Wert beigemessen wurde, die Kunst der Konversation, ist seither leider völlig verlorengegangen. Welch ein Vergnügen war es doch, gebildeten Menschen dieser nun dahingegangenen Generation bei der gepflegten Erörterung eines beliebigen Themas zu lauschen. Selbst im Fall heftiger Meinungsverschiedenheiten gab der gegenseitige Respekt den Ton an, man unterbrach einander nicht, man erwies dem Gesprächspartner die Höflichkeit, ihm zuzuhören, man gab ihm die Chance, seine Ausführungen zu Ende zu bringen, ehe man sie notfalls widerlegte. Letzteres konnte mit leidenschaftlichen Worten und mit Schärfe geschehen, aber man war bemüht, den Gegner nicht zu beleidigen, ihn nicht fertig zu machen, seine Meinung nicht vom Tische zu wischen. Fürwahr, eine solche Unterhaltung konnte zu einem wirklichen Kunststück gedeihen, wie wir es heute nur in seltenen Fällen bei akademischen Diskussionen oder wissenschaftlichen Erörterungen genießen dürfen. Den meisten Teilnehmern an Round-Table-Gesprächen oder Club-Diskussionen, Stammtischunterhaltungen oder Politikertreffen, die ihre Ansichten in oftmals showartigen Aufmachungen der staunenden Öffentlichkeit via Fernsehen ins Haus liefern, hätte eine gründliche Ausbildung im Erziehungsfache „gepflegte Konversation" nicht geschadet.

In den meisten Familien und so natürlich auch in Ebenthal verbrachte man die Abende mit den Kindern bei sogenannten „geistreichen Spielen". Das waren Gesellschaftsspiele, bei denen der Geist angeregt wurde und logisches Denken zum Einsatz kam. Spiele, die auf sehr vergnügliche Art der Bildung dienten. Da gab es die sogenannten „Drei Reiche". Ein beliebiges Wesen oder ein Gegenstand mußte von einem Familienmitglied durch Umfrage bei allen anderen erraten werden. Es durfte nur mit Ja oder Nein geantwortet werden. Für den Ratenden galt es, durch Ausschaltung aller nicht betroffenen Gebiete den Bereich um das zu Erratende so rasch als möglich einzuengen, bis er am Ziel war. Da alles Konkrete auf dieser Welt in einem der drei Reiche: dem Tierreich (inklusive Mensch), dem Pflanzenreich und dem Mineralreich angesiedelt ist oder ihm wenigstens teilweise entstammt, ist eine sehr wesentliche Einengung bereits mit den ersten beiden Fragen möglich. Zur endgültigen Lösung des Rätsels sind nur drei „direkte Fragen“ gestattet. Um durch möglichst wenige Fragen rasch ans Ziel zu gelangen, muß der Ratende sein logisches Denken bemühen.

Eine wesentlich kompliziertere Variante dieses Spieles, die an die Teilnehmer weit höhere Ansprüche stellt, wird erzielt, wenn etwas Abstraktes zu erraten ist, das sich den drei Reichen nicht zuordnen läßt, ein Zitat etwa, ein Ereignis, ein Gedanke oder eine Zahl oder irgendeine Eigenschaft. Eine solche Aufgabe konnte eine abendliche Gesellschaft bis spät in die Nacht hinein angeregt beschäftigen.

Für die Kleineren gab es ein weiteres Spiel, bei dem Namen von Menschen und Orten mit bestimmten Anfangsbuchstaben gefunden werden mußten. Die feststehende Formel „ich heiße (z.B. Karl Kraus), ich komme aus (Köln), ich gehe nach (Königsberg) und handle mit (Kartoffeln)“ mußte von jedem Teilnehmer reihum ergänzt werden, was immer schwieriger wurde, je länger der gleiche Buchstabe in Gebrauch war.

An manchen Abenden, besonders aber anläßlich familiärer Festlichkeiten veranstaltete man sogenannte Scharaden. Hier war ein dem Anlaß entsprechendes Wort zu erraten, dessen einzelne Buchstaben von der Mehrheit der Anwesenden durch Mimik oder schauspielerische Darstellung eines Begriffes mit entsprechendem Anfangsbuchstaben verkörpert wurden. Schauspielkunst, Phantasie und Improvisationstalent fanden durch diese Scharaden in gleicher Weise Förderung, wie durch das uralte Spiel: „Der König von Spanien ist gestorben“, das seit vielen Generationen als eine beliebte Unterhaltung in österreichischen Salons gegolten hat. Zwei ausgewählte Teilnehmer haben vor versammeltem Publikum einander in feierlicher Weise gegenüberzutreten, mit brennenden Kerzen in den Händen und haben folgenden Disput abzuwickeln: „Der König von Spanien ist gestorben!“ „Ist er tot?“ „Ja, er ist tot!“ „Woran ist er gestorben?“ „An der Pockerlfraß.“ „Wer hat ihn kuriert?“ „Der Doktor Sassafraß!“ Die beiden Darsteller haben sich zu bemühen, dem Ernst der Szene entsprechend tragisch-würdevoll zu wirken und dennoch den Gegner zum Lachen zu bringen, wobei Mimik und Kostümierung keine Grenzen gesetzt sind. Dieses Spiel, dessen Ursprünge wahrscheinlich in einer beabsichtigten Verunglimpfung des spanischen Zeremoniells am Habsburger Hof in Wien zu suchen sind, kann bei Mitwirkung talentierter Darsteller unglaubliche Heiterkeit erzeugen.

Bei festlichen Anlässen waren die Aufführungen sogenannter lebender Bilder sehr beliebt. Das war meist eine Frage umständlicher Ausstattung, denn hier sollten bekannte Gemälde, oft mit historischen Darstellungen, getreu durch lebende Personen wiedergegeben werden. Ein solches lebendes Bild hat in der Familie Goeß seine besondere Geschichte. Am 10. Oktober 1920 fand in Kärnten eine historisch hoch bedeutsame Volksabstimmung statt, die der Besetzung eines Teiles dieses Landes durch jugoslawi-

Das Gemälde „Volksabstimmung in Kärnten“ aus dem Jahr 1920.

sche Truppen mit einem überwältigenden Bekenntnis der aufgerufenen Bevölkerung zu Österreich ein Ende bereitete und seine endgültige Eingliederung an den Nachbarstaat verhinderte. Knapp zuvor war auf dem historischen Kärntner Zollfelde eine patriotische Großkundgebung zur Rettung des bedrohten Kärntner Unterlandes abgehalten worden, in deren Verlauf auch mein Großvater eine eindrucksvolle Rede gehalten hatte. Ein Teil seiner Besitzungen, vor allem das geliebte Ebenthal, hatte zu der damals okkupierten Zone gehört, und so war die Familie zusammen mit allen aufrechten Kärntnern überglücklich, als die Volksabstimmung das Land vor einer Teilung rettete. Von offizieller Seite wurde zur Feier dieses Ereignisses ein bei einem Kärntner Künstler in Auftrag gegebenes Bild verbreitet, auf dem eine Gruppe von Kärntnern in ländlicher Tracht um eine Abstimmungsurne geschart ihre Treue zur Kärntner Heimat bekennt. Dieses etwas plakativ geratene Gemälde fand in tausendfacher Wiedergabe seinen Platz in vielen Kärntner Familien und blieb bis zum heutigen Tag außerordent-

Sonderbeilage: 20 Jahre Kärntner Volksabstimmung

In allen Kärntner Häusern hängen die Bilder, die an den 10. Oktober 1920 erinnern

Irrtümliche Bildauswahl durch die Zeitung am 10. Okt. 1940.

lich populär. Etliche Jahre später wurde in Ebenthal ein Familienfest mit Aufführungen lebender Bilder gefeiert. Dabei gestaltete man unter anderem die Wiedergabe gerade dieses historischen Gemäldes. Man war dabei offensichtlich um eine höchst originalgetreue Nachbildung bemüht. Photographische Aufnahmen dieser Darstellung beweisen dies, wenn sie anderseits aber auch vollkommen deutlich die Darsteller – meine Mutter und einige ihrer Geschwister und Neffen – erkennen lassen. Eine dieser Aufnahmen muß damals in die Archive einer Kärntner Zeitung gelangt sein. Viele Jahre später, als man unter dem nationalsozialistischen Regime in propagandistischer Absicht des Kärntner Abwehrkampfes und des Bekenntnisses der Kärntner Bevölkerung zum Deutschtum gedenken zu müssen meinte, veröffentlichte die damalige parteioffizielle Zeitung „Der Grenzruf" aus dem N.S.Gauverlag (von Regimegegnern genannt: „Der Grunzruf aus dem N.S.Sauverschlag") einen in den üblichen Jubeltönen gehaltenen Beitrag über die Volksabstimmung von 1920 und illustrierte diesen mit dem allerorts bekannten Erinnerungsbilde. Peinlicherweise hatte man die Vorlage verwechselt, und so fanden sich an prominenter Stelle des Nazi-Blattes als wackere Kämpen für das deutsche Vaterland sechs Grafen Goeß, deren Familie damals längst als „volksfeindlich" galt. Eine Tochter lebte in den Vereinigten Staaten, ein weiterer hatte im Nazi-Putsch 1934 für die Sache Österreichs gekämpft, ein dritter sollte bald darauf als politischer Häftling ins Gefängnis wandern und ein vierter die letzten Kriegsjahre im Konzentrationslager Dachau verbringen. Welch typisch österreichische Verhältnisse, die wieder einmal bewiesen, wie verwirrend der Begriff des Vaterlandes für uns geworden war. Österreicher wurden zu dieser Zeit von Österreichern verachtet, verfolgt, ja, um Freiheit und Leben gebracht ihrer Treue wegen zum gemeinsamen Lande, das dem einen als Vaterland, dem anderen als Feindland galt.

Korrektheit

Im Jahre 1908 hatte mein Großvater nach Erreichung seines sechzigsten Lebensjahres sein Amt als Statthalter in Triest und im Küstenlande beendet, um sich auf seine Güter zurückzuziehen. Sein älterer Bruder Zeno, der Fideikommißherr der Sekundogenitur, war damals Landeshauptmann im Herzogtum Kärnten. Er wohnte auf seinem Schlosse Gradisch, etwa zwanzig Kilometer von Klagenfurt entfernt, was seine hin und wieder dringende Erreichbarkeit problematisch gestalten konnte, zumal das Schloß Gradisch nicht an das öffentliche Telefonnetz angeschlossen war. Ein solcher Anschluß wäre technisch zwar möglich, aber durch die weite Entfernung des Schlosses von der nächsten Leitung sehr kostspielig gewesen. Trotz der Bedeutung seines hohen Amtes waren die Einkünfte meines Großonkels sehr bescheiden, weshalb an die private Anschaffung eines Telefonanschlusses nicht zu denken war. Das Amt der Landesregierung wollte diesem mißlichen Umstand ein Ende bereiten und schlug dem Landeshauptmann vor, die Leitung auf Kosten des Landes zu errichten, in dessen Interesse diese Verbindung ja durchaus gelegen wäre. Es war selbstverständlich, und kein Mensch wunderte sich darüber, daß der Landeshauptmann Graf Goeß diesen Vorschlag entrüstet zurückwies und sich jegliche Überlegung einer öffentlichen Investition verbat, die seinem persönlichen Nutzen dienen könnte. Es fällt dem zeitgenössischen Österreicher nicht leicht, die Selbstverständlichkeit zu begreifen, mit welcher hohe Beamte, Politiker und Staatsmänner in unserem Lande noch vor sieben Jahrzehnten ihre Ämter in voller Uneigennützigkeit und mit tatsächlich weißer Weste verrichtet haben. In den Augen vieler unserer Zeitgenossen wird mein Großonkel wohl als ein etwas naiver Sonderling dastehen, der die ihm dargebotenen Chancen nicht zu nützen verstand. Eine solche Beurteilung durch seine Nachwelt aber wird ihn und die mit ihm dahingegangenen ungezählten Träger von Ämtern und Würden eines österreichischen Staatswesens, das damals noch niemand mit sumpfigen Wiesen in Zusammenhang zu bringen genötigt war, kaum anfechten. In den Augen seiner Familie und deren Nachkommen aber, die erst vierzig Jahre später den kostspieligen Fernsprechanschluß aus eigenen Mitteln aufzubringen imstande waren, war die Entscheidung dieses Vorfahren die einzig denkbare und so selbstverständlich, daß sie zu sonderlichem Stolz keinen Anlaß bietet.

Als meine Mutter „in die Welt ging“

Nach dem Tode dieses Großonkels waren auch die Güter der Sekundogenitur an meinen Großvater gefallen, der sich nun nach Aufgabe seiner öffentlichen Ämter mit der Verwaltung seiner Besitzungen befaßte. Die Familie lebte sommersüber in Ebenthal und verbrachte die Wintermonate in Graz, wo man das Palais Saurau in der Sporgasse bewohnte. Der Aufenthalt hier war bei den Kindern meiner Großeltern immer schon sehr beliebt gewesen. In der Zeit vor dem Ersten Weltkriege, als die drei Töchter in Graz „in die Welt gingen“, war das gesellschaftliche Leben dieser Stadt äußerst ereignisreich. Noch waren viele wohlhabende Familien in Graz ansässig, wo sie große Empfänge und glänzende Bälle gaben. Die Veranstaltung solcher Festlichkeiten diente nicht nur der Unterhaltung, sondern auch der Zusammenführung der Jugend adeliger Häuser in entsprechendem Rahmen. Sie waren tatsächlich die erste und einzige Gelegenheit für ein junges Mädchen aus gutem Hause, eine größere Gruppe von Altersgenossen männlichen Geschlechts kennenzulernen. Die Bekanntschaft mit jungen Herren beschränkte sich vorher lediglich auf einige Freunde der Brüder oder ein paar Vettern, die im Hause verkehrten. Es war vollkommen ausgeschlossen, daß ein junges Mädchen das Haus ohne Begleitung eines erwachsenen Familienmitgliedes oder einer Erzieherin verließ oder gar irgendeine öffentliche Veranstaltung besuchte. Der unbeaufsichtigte Aufenthalt in einem Lokal oder einem allgemein zugänglichen Verkehrsmittel war undenkbar. Der Schulbesuch wurde durch privaten Unterricht im Hause ersetzt oder in strengen klösterlichen Internaten absolviert. Die so wohlbehüteten jungen Damen hatten also zu warten, bis es ihre Eltern für richtig hielten, sie auf ihren ersten Ball und somit „in die Welt“ zu führen. Bei diesen standesgenössischen Bällen war dafür gesorgt, daß alle Teilnehmer

Meine Mutter (zweite von links) mit fünf Freundinnen.

einander vorgestellt und den jungen Mädchen möglichst viele Tänzer zugeordnet wurden. Jede Dame erhielt ein „carnet de bal", eine Ballkarte, in der das vorgesehene Tanzprogramm des Abends angeführt war. Die jungen Kavaliere hatten gleich zu Beginn des Balles die Aufgabe, sich für bestimmte Tänze bei den Damen ihrer Wahl einzutragen. Besonders wichtig war für jedes Mädchen, sich für den sogenannten Cottillon einen begabten Tänzer zu sichern, was oft schon tagelang vor der Ballveranstaltung besorgt wurde. Der Cottillon war eine komplizierte Tanzformation mit vielen verschiedenen Figuren, die von einem sogenannten Vortänzer angesagt wurden. Er galt als Höhepunkt des Balles, und den anwesenden Müttern schien die Frage von größter Wichtigkeit, mit wem ihre Tochter den Cottillon tanzen würde. Wenn eine junge Dame während einer Faschingssaison den Cottillon mehrmals mit dem gleichen Kavalier tanzte, wurde dies als ein sehr ernst zu nehmendes Vorzeichen für eine bevorstehende Verlobung angesehen.

Es ist natürlich zuzugeben, daß diese Ballveranstaltungen für die adelige Jugend die Funktion eines großen Heiratsmarktes hatten. Zwar war dieser mit viel Kultur und Elegance garniert, mit großen Toiletten, viel Schmuck, herrlichen Buffets und erstklassigen Orchestern ausstaffiert, aber letzten Endes waren die enormen Aufwendungen für dies alles nichts anderes als eine Investition in die eheliche Zukunft der Töchter, die es an den Mann zu bringen galt. Der exklusive Charakter dieser Bälle, zu deren Teilnahme es persönlicher Einladungen bedurfte, ermöglichte eine sorgfältige Auswahl der in Frage kommenden Kavaliere. Diese wiederum genossen den Vorteil, während einer Faschingssaison praktisch die gesamte Schar heiratsfähiger adeliger Mädchen eines ganzen Landes in Augenschein nehmen zu können. So ergaben sich naturgemäß erste Kontakte, die, von aufmerksam waltenden Müttern sorgsam und mehr oder weniger taktvoll gelenkt, zu einer freudig deklarierten Verlobung und später zur wohlvorbereiteten Verbindung zweier Familien und somit zu einer standesgemäßen Heirat führten. Ungezählte erste Eintragungen in Ballkarten haben später ihre bekräftigenden Bestätigungen im kirchlichen Heiratsregister gefunden. Freilich gab es auch vom Schicksal weniger begünstigte Mädchen, die jahrelang, von Saison zu Saison „in die Welt gingen", ohne je dabei den Tänzer fürs Leben gefunden zu haben. Aber auch von diesen werden sich wohl die meisten in späteren Jahren gerne an die Bälle ihrer Jugend erinnert haben. Es war einer wohlbedachten Etikette zu verdanken, daß die jungen Kavaliere dazu angehalten waren, ihre Eintragungen für die bevorstehenden Tänze und Cottillons nicht nur auf die Ballkarten der von ihnen bevorzugten Mädchen zu konzentrieren, sondern sich auch der weniger erfolgreichen Damen anzunehmen. Die meisten der jungen Herren taten dies aus naturgegebener oder anerzogener Ritterlichkeit. Es gab freilich auch Fälle – und wir wollen hoffen, daß diese nur selten waren – in denen junge Herren untereinander einen regelrechten Handel um ihre Tanzpartnerinnen betrieben. Ich weiß von einer längst verstorbenen alten Dame, die, obwohl mit Schönheit, Charme und Geist nur karg bedacht und somit zum „Mauerblümchen" schlechthin geboren, bei ihren Adoleszentenbällen von Tänzern geradezu belagert wurde. Sie tanzte durch alle Bälle der Saison und ahnte nicht, daß einige wohlhabende „Kavaliere" sich von der ihnen auferlegten Erfüllung ihrer ritterlichen Pflichten für ein paar Kronen freigekauft hatten. Dafür gab es eine ganze Reihe netter junger Herren, die die Gute unentwegt zum Tanze führten und ihr das Gefühl strahlenden Erfolges gaben. Möge sie vor einer Erleuchtung bewahrt geblieben sein!

Ein Winter in St. Petersburg

Die Wintersaison eines der letzten Friedensjahre verbrachte meine Mutter im Hause ihres Onkels Douglas Thurn, der damals österreichischer Botschafter beim russischen Zaren in St.Petersburg war. Onkel Douglas, der Bruder meiner Großmutter, hatte seine direkte Kusine Franziska Thurn geheiratet. Diese beiden wunderschönen Menschen, die ihre vernunftswidrige Ehe in alles überwindender Liebe füreinander geschlossen hatten, wurde hiefür ein schweres Kreuz auferlegt, das sie und drei ihrer Kinder durch ihr ganzes Leben tragen mußten. Zwei Söhne und eine Tochter kamen taubstumm zur Welt.

Man hat uns Kindern später nie erlaubt, die vielfachen sich angesichts dieser Tragik aufdrängenden Fragen zu stellen, die mein jugendliches Denken stets beschäftigten. Fragen, die immer wieder um Begriffe kreisten, wie moralische Berechtigung, Verantwortung, Rücksichtnahme, Risiko, Mut, Verzicht, Verschulden und Sühne. Aber auch heute noch, da alle Betroffenen diese Erde schon längst verlassen haben, wage ich es nicht, an diese Problematik zu rühren oder mir ein Urteil anzumaßen. Ich weiß nur, daß sie alle, Eltern wie Kinder, ein Leben lang tapfer bemüht waren, ihr Kreuz in Würde und Demut zu tragen. Daß alles Erdenkliche getan wurde, um die körperlichen Mängel der Kinder durch technische und erzieherische Hilfsmittel auszugleichen. Ich weiß, daß die Behinderten selbst durch Jahrzehnte ihres Heranwachsens mit beispielloser Energie und bewundernswerter Ausdauer an sich selbst gearbeitet haben. Sie alle erzielten einen hochgradigen Ausgleich ihrer Mängel. Durch Ablesen von den Lippen der mit ihnen Sprechenden einerseits und durch eine weit entwickelte erlernte Sprechtechnik waren sie imstande, sich mit jedermann in mehreren Sprachen völlig zu verständigen. Sie waren hochintelligente, allseits interessierte und künstlerisch begabte

PAR ORDRE DE SA MAJESTÉ L'EMPEREUR LE GRAND MAÎTRE DES CÉRÉMONIES A L'HONNEUR D'INFORMER *la Comtesse Goëss et Mademoiselle sa fille*

QUE JEUDI, LE 21 FÉVRIER 1913, JOUR DE LA CÉLÉBRATION DE 300 ANS DE RÈGNE DE LA DYNASTIE DES ROMANOV, ELLES *sont* INVITÉES À ASSISTER AU SERVICE DIVIN, QUI AURA LIEU À LA CATHÉDRALE DE KAZAN, À $11^{3}/_{4}$ HEURES DU MATIN.

ROBE de VILLE et CHAPEAU.

Einladung durch den Zaren an meine Großmutter und meine Mutter zum Festgottesdienst anläßlich der 300 Jahrfeier der Dynastie Romanow.

Menschen, die ihr Leben in voller Selbständigkeit meisterten. Die beiden Brüder dienten im Ersten Weltkrieg als Offiziere, Marie als Pflegerin verwundeter Soldaten. Douglas starb mit dreißig Jahren, Otto studierte, erwarb die Doktorwürde und schuf viel beachtete Werke als Maler und Bildhauer nach seiner Ausbildung durch den berühmten ebenfalls taubstummen Meister Gustinus Ambrosi.

Marie war die liebste Kusine und beste Freundin meiner Mutter. Die beiden haben im Laufe ihres langen Lebens ungezählte Stunden in vertrauter Harmonie miteinander verbracht, und so zählten auch die gemeinsamen winterlichen Tage in St.Petersburg zu den schönsten Erinnerungen meiner Mutter. Hier konnte sie noch einen letzten

Glanz der Hauptstadt des riesigen Zarenreiches erleben und einen kurzen Einblick in das gesellschaftliche Treiben in den Palästen russischer Adelsfamilien nehmen. Unbeschwert tanzte man auf üppigen Festen und schien nicht wahrzunehmen, daß düsteres Gewölk sich anschickte, die sinkende Sonne zu verdunkeln.

Von meinem Großonkel Duxi Thurn muß gesagt werden, daß er die beiden Stammesmerkmale seiner Familie in vollendeter Weise besaß: männliche Schönheit und ausgeprägte Sparsamkeit. Man erzählte sich in Diplomatenkreisen belustigt, wie sich der österreichische Botschafter anläßlich sehr beliebter Pikniks, die sich das beim Zaren akkreditierte diplomatische Corps jährlich am Ufer der Newa zu geben pflegte, als Sparmeister hervortat. Als zu Ende eines solchen Festes die fröhlichen Gäste ihre geleerten Champagnerflaschen um die Wette in den Fluß warfen, schickte der Botschafter des österreichischen Kaisers einige Bedienstete mit einem Boot aus, um die Flaschen einzusammeln. Es ging ihm dabei keineswegs um den Schutz der Umwelt, sondern nur um das Inkasso des Flaschenpfandes.

Auch soll sich, wie boshafte Amtskollegen behaupteten, der schöne Graf aus Wien befriedigt über die Verschlechterung der Beziehungen zwischen Rußland und Österreich-Ungarn geäußert haben, weil ihm dieser kritische Zustand gestattete, seine Repräsentationspflichten und deren Kosten einzuschränken.

Es steht zu befürchten, daß Onkel Duxi in seiner diplomatischen Funktion eine gewisse Mediokrität nicht überschritten hat. Er habe, so heißt es, bei einem Besuch im russischen Außenministerium seine Tasche mit wichtigen Geheimunterlagen dort vergessen, was zur Folge hatte, daß er alsbald von diesem Posten abberufen und als Botschafter an den königlich Bayrischen Hof nach München gesandt wurde, wo er für die Dauer des Krieges verblieb.

Nachkriegszeit

Den Ersten Weltkrieg und seine unmittelbaren Folgen hat die Familie meiner Mutter gottlob einigermaßen unbeschädigt überstanden. Die Söhne waren heil aus dem Kriegsdienst zurückgekehrt, und die Besitzungen waren erhalten geblieben, da sie alle innerhalb der Grenzen des neuen Rumpfstaates Österreich lagen. So war man glücklicherweise dem Schicksal entgangen, das zahllose andere Familien, deren Väter und Söhne nicht heimgekehrt waren und deren Besitz nicht in Grund und Boden angelegt war, aus ihrer Bahn geworfen hatte. Die Familie residierte weiterhin in Ebenthal. Den beiden ältesten Söhnen waren Aufgaben in der Führung der Besitzungen übertragen worden. Eine der Töchter, Anna, war bereits mit Alfred Prinzen zur Lippe-Weißenfeld verheiratet, dessen bis dahin gräflicher Familienzweig vom fürstlichen Chef des Hauses in einem letzten Regierungsakt am 9. November 1918 in den Prinzenstand erhoben worden war.

Bald nach dem Ende des Krieges ereignete sich in Ebenthal eine furchtbare Feuersbrunst. Ein Trambalken, der wie oft in alten Häusern quer durch einen Kamin gezogen war, begann zu glosen und setzte den Dachstuhl des Schlosses in Brand. Im Nu stand das riesige Schindeldach in hellen Flammen, die alsbald auf das nahegelegene Rentamt, die Stallungen, Wirtschaftsgebäude, die Mühle und auf zahlreiche Häuser des Dorfes übergriffen. Als die Feuerwehren aus der Landeshauptstadt Klagenfurt und aus vielen Nachbargemeinden herangebraust kamen, wurden zunächst alle am Schlosse vorbeidirigiert und zur Rettung der Wohnhäuser des Ortes eingesetzt. Der Wohnsitz einer aristokratischen Familie schien den damals Verantwortlichen anscheinend nicht schützenswert. Erst einigen als Nachzügler eingetroffenen Löschtrupps gelang es nach etlichen Stunden,

den Brand des Schlosses einigermaßen einzudämmen. Die Verwüstung eines großen Teiles der Ortschaft war höchst beklagenswert. Zwar waren Menschen an Leib und Leben verschont geblieben, aber viele Häuser hatten ihre Dächer verloren, viele Stallungen waren niedergebrannt. Am Schlosse waren das gesamte Dachgeschoß und weite Teile des zweiten Stockwerkes mit kostbaren Prunkräumen vernichtet. Zum Glück hatte man während des Brandes die meisten beweglichen Einrichtungsstücke aus dem Hause schaffen können, sodaß sich der Verlust an unwiederbringlichem Kulturgut in Grenzen gehalten hatte. Ein Muster an unbeirrbarer Pflichterfüllung hatte während der ganzen Dauer des Brandes die Köchin meiner Großeltern gegeben. Sie hatte ihre Küche nicht ein einziges Mal verlassen und war unentwegt am Herd gestanden, um für das Rettungspersonal und die Feuerwehren stärkende Mahlzeiten zu bereiten. Am Abend, als die unmittelbare Gefahr vorbei war, lieferten meine Großeltern ein weiteres Mal ein Beispiel für das, was man „Contenance“ nannte. Nach einer flüchtig und improvisiert eingenommenen Mahlzeit, zu der man sich wie alle Abende umgezogen hatte, begab man sich in einen vom Brande verschonten Salon des unteren Stockwerkes zur Abhaltung der gewohnten Bridge-Partie . . .

Die republikanischen Zeitungen der nächsten Tage begnügten sich nicht mit der Schilderung der höchst bedauerlichen Brandkatastrophe, die so vielen Menschen in der friedlichen Ortschaft Ebenthal Unglück gebracht hatte, sondern versuchten dieses traurige Ereignis zur Rufschädigung der zwar entadelten, aber ihnen immer noch mißliebigen „herrschaftlichen“ Familie auszunützen. So konnte man unmißverständlichen Andeutungen einiger Blätter entnehmen, daß die trotz der allgemeinen Hungersnot in den Räumen des Schlosses in riesigen Mengen aufgestapelten Lebensmittelvorräte durch unbedachtsames Hantieren in Brand geraten seien und vor allem die Massen von Fett und Butter dem Feuer soviel Nahrung gegeben hätten, daß alle Löschversuche vergebens waren. Noch tagelang später wurden die Feuchtigkeitsflecken des Löschwassers an den Mauern des Schlosses böswillig als geschmolzenes Fett und herabgeronnenes Öl mißdeutet. Bei den selbst schwer betroffenen Bewohnern des Ortes hat diese Hetzkampagne wenig Eindruck hinterlassen. Viel zu gut kannten sie meine Großeltern, deren Sparsamkeit ihnen kein Geheimnis geblieben war. Schließlich stammte meine Großmutter aus dem Hause Thurn . . .

Mein Großvater regierte sein Haus und den Rest seiner Familie nach Patriarchenart. Er war wie alle alten getreuen Diener des Kaisers durch den Untergang der Monarchie in seinem Innersten getroffen, enttäuscht und verbittert und in seiner Lebenskraft gebrochen. Es wurde für seine Umgebung immer schwieriger, seine Unnahbarkeit zu durchbrechen und seine düstere Stimmung aufzuheitern. Bei den obligaten täglichen

Spaziergängen mußte man kunstvolle Routen erfinden, um nach Möglichkeit nicht eigenen Grund und Boden zu betreten. Denn mein Großvater war imstande, sich über oft unvermeidliche und lächerliche Unzukömmlichkeiten auf seinem Besitz so fürchterlich zu ärgern, daß ihm und seiner Begleitung alle Freude verdorben war. Ein gestürzter Baum, ein gebrochener Zaun, ein schlecht gepflegter Weg oder eine Schneewächte konnten solche Zornesausbrüche verursachen, daß man besser daran tat, den eigenen Besitz zu meiden und sich auf fremdem Boden zu ergehen, wo ihn dergleichen Mängel nicht beeindruckten.

Mein Großvater war so verschlossen und in sich selbst zurückgezogen, daß er es vorzog, allmorgendlich sein Frühstück für sich allein einzunehmen. Kein Wunder, daß meine Mutter ein wenig außer Fassung geriet, als ihr Vater sie eines Morgens in Ebenthal von der Terrasse aus, wo er bei seinem einsamen Frühstück saß, erblickte, sie zu sich rief und sie einlud, mit ihm gemeinsam zu frühstücken. Das geschah das erste Mal in ihrem Leben, und immerhin war sie damals achtundzwanzig Jahre alt und schon verlobt.

Mein Großvater starb mit vierundsiebzig Jahren. Auf einem einsamen Spaziergang, an einem schmalen Weg zwischen seinem Sägewerk und der Wallfahrtskirche von Ebenthal ereilte ihn der plötzliche Tod.

Die junge Ehe meiner Eltern

Zwei Jahre zuvor hatten meine Eltern geheiratet. Ihre Hochzeitsreise war den bescheidenen Verhältnissen angepaßt, in die man sich seit dem Ende des Krieges versetzt sah. Sie verbrachten ihre Flitterwochen im weststeirischen Ligist, einem der Schlösser, die mein Großvater von seinem angeheirateten Onkel Zeno Grafen Saurau, dem letzten seiner Familie, ererbt hatte. Ligist war ein einfaches niederes Gebäude im ländlichen Stil, eher einem geräumigen Gutshause ähnlich als einem prunkvollen Lustschloß. Es lag im Zentrum eines ausgedehnten Waldbesitzes, dessen hoher Wert erst etliche Jahre später, als er durch die Errichtung der sogenannten Packer Bundesstraße und weiterer öffentlicher Verkehrsverbindungen aufgeschlossen wurde, in Erscheinung trat. Da war aber der Besitz schon nicht mehr Eigentum der Familie.
Meine Großmutter Spiegelfeld hatte meinen Vater, der nach seiner Heimkehr aus dem Felde überhaupt erst zivil hatte ausgestattet werden müssen, für seinen Ehestand mit den notwendigsten Kleidungsstücken versehen, was in Anbetracht der damals herrschenden Knappheit an allen Gütern gar nicht einfach gewesen war. Ihr besonderer Stolz waren ein Dutzend nagelneuer Herrenhemden, die sie bei einem der besten Schneider hatte anfertigen lassen. Sie verpackte sie liebevoll und richtete das Paket für die Hochzeitsreise meines Vaters. Zu gleicher Zeit hatte sie eine Anzahl der am meisten verbrauchten Wäschestücke aus den Beständen meines Vaters ausgemustert, um sie irgendeiner untergeordneten Verwertung zuzuführen. Auch diese traurigen Stücke kamen in ein Paket. Bedauerlicherweise wurden in der Hektik der Abreise die

beiden Pakete verwechselt, welchen peinlichen Umstand meine Großmutter erst merkte, als es zu spät war. Sie starb fast vor Scham und Verlegenheit, als sie sich vorstellte, welchen Eindruck ihre Schwiegertochter vom schwiegermütterlichen Haushalte haben mußte. Meine Mutter hat, als sie die Hemden auspackte, herzlich gelacht. Sie hat ihren jungen Ehemann gewiß auch in seiner zerschlissenen und fadenscheinigen Leibwäsche nicht weniger liebenswert gefunden.

Während des ersten Ehejahres wohnten meine Eltern in ein paar einfachen Räumen, die ihnen im Palais meines Großvaters Goeß in der Sporgasse zu Graz überlassen worden waren. Mein Vater versuchte sich damals in einer seiner zahlreichen beruflichen Karrieren, von denen wir wissen, daß sie allesamt zu wenig Erfolg führten. Es war eine Stellung in einer Bank oder einer Versicherung, in einer Institution jedenfalls, die knapp vor ihrem Zusammenbruche stand. Trotz aller Bescheidenheit ihrer Lebensführung war dieses erste Jahr ihrer jungen Ehe, wie sich das für Jungvermählte gehört, eine Kette ungetrübten Glückes. Irgendein dienstbarer Geist muß sich um ihr leibliches Wohl gekümmert haben, denn wäre dem nicht so gewesen, sie wären beide glatt verhungert, da meine Mutter nicht kochen konnte. Es war ein erst viel später als solcher empfundener Mangel in ihrer ansonsten so sorgfältigen und wohldurchdachten Erziehung, daß man ihr diese wichtigste und höchstgelobte aller fraulichen Künste zu erlernen verwehrt hatte. Aber man hatte es in ihrer Jugendzeit für unpassend gehalten, daß Komtessen sich in den Küchen ihrer elterlichen Schlösser oder Palais aufhielten. Sie hätten dort nur das Personal behindert und ihrerseits womöglich Schaden an Umgangsformen, an Wohlgeruch oder an ihrem schicklichen Aussehen nehmen können. Welchen Wert man aber gerade auf letzteres zu legen gesonnen war, beweisen die Bestrebungen mancher strenger Gouvernanten, die die ihnen anvertrauten jungen Damen daraufhin erzogen hatten, beim Eintritt in den Salon mit kühlem, aber entspannt lächelndem Gesicht und rosa Ohrläppchen zu erscheinen. Zu diesem Behufe waren die bedauernswerten Zöglinge angehalten worden, den Weg zum Empfangsraume langsam und gemessen zurückzulegen und, vor der Türe angelangt, ihre Ohrläppchen zwischen Daumen und Zeigefingern leicht zu reiben und dazu das Sprüchlein aufzusagen: „Pepper, potatoes, prunes and prismes"! Der Erfolg, der sich nach Anwendung dieses Rezeptes mit Sicherheit eingestellt hatte, wäre ebenso sicher gefährdet gewesen, wenn das Komteßchen, geradewegs aus der Küche kommend, mit erhitztem Gesicht und zwiebelduftenden Haaren den Salon betreten hätte. So war es besser gewesen, die Küche zum verbotenen Reich zu erklären und die Ausübung der Kochkunst dem hiefür geschaffenen Personal vorzubehalten, von dem die Töchter des Hauses ohne jeden Zweifel auch in ihrem späteren Eheleben reichlich zur Verfügung haben würden.

Was hier eine fehlerhafte Einschätzung künftiger Gegebenheiten versäumt hatte, sollte meine Mutter nach Eintreten eben dieser Gegebenheiten viele Jahre später aus eigenen Kräften, aber mit ruhmreichem Erfolge nachholen.
Die idyllische Zweisamkeit meiner jung verehelichten Eltern nahm ein jähes Ende, als ein Jahr nach ihrer Hochzeit mein Großvater Spiegelfeld plötzlich verstarb. Es war ein Herzversagen, das den in seinem langen militärischen Leben so schneidigen, tapferen und hoch dekorierten Offizier aus einem dreijährigen sinnberaubten und ihm kaum mehr lebenswerten Dasein in einer Welt, die nicht mehr die seine war, befreite. Meine Eltern entschlossen sich, zu meiner nunmehr vereinsamten Großmutter in deren geräumige Villa in der Schanzelgasse zu ziehen. Somit wurde dieses Haus zum Schauplatz der Geburt und des Heranwachsens und zur Heimstatt einer neuen Generation unserer Familie.
Innerhalb der nächsten vier Jahre erschienen wir drei Söhne und erfüllten zunächst unser Vaterhaus mit dem fröhlichen Lärm unserer Kindheit und später seine weite Umgebung mit dem lauten Kampfgetöse unserer Bubenjahre. Dieses herrliche grüne Viertel vom alten Graz, umgrenzt von den Hügeln des Rosenberges und des Ruckerlberges, gekrönt von den schattigen Kuppen des Lechwaldes, durchrauscht von uralten Bäumen in hochumzäunten Gärten, durchflossen von den Gewässern des Ragnitzbaches und des Kroisbaches, geradewegs durchschnitten von der langen stadtwärtsführenden Elisabethstraße, dieses wochentags vornehm stille Viertel, durch dessen lange Alleen sonntags die fröhlichen Ausflügler aus der Stadt ins Grüne zogen: das war der Lebensraum unserer Kindheit und unserer Bubenzeit, den wir an der Hand der Gouvernanten betraten oder alleine abenteuernd durchforschten, radfahrend auf verbotenen Wegen, barfüßig watend in feuchten Bachbetten oder in kühner Entschlossenheit unterirdisch die dunklen Kanalsysteme durchquerend.

Elisabethstraße

Wann immer ich heute in Graz durch die ehrwürdige alte Elisabethstraße gehe, vorbei an den noblen Fassaden einst adeliger Häuser, deren Namen ich heute noch heruntersagen kann wie ein früh gelerntes Schülergedicht, vorbei an hochmütig in ihre Gärten zurückgezogenen Villen, durch die lange, gradlinige Allee großmächtiger Platanenbäume, deren Kronen über der verkehrsdurchfluteten Fahrbahn zusammengewachsen sind, wann immer ich da gehe, verführt mich mein Erinnerungsvermögen zu einem längst vertrauten Spiel: Es bedarf nur der Mobilisierung geringer Einbildungskräfte und schon verstummt der Lärm des Verkehrs, und mit den grellen Neonlichtern erlöschen gleichzeitig Hektik und Betriebsamkeit.

Fünfzig, sechzig Jahre sind hinweggezaubert, ich selbst bin der kleine Bub geworden, der an der Hand des Fräuleins durch die Elisabethstraße stadtwärts marschiert, durch diese geruhsame, meinem kindlichen Gemüt unendlich lange und immer ein wenig langweilig erscheinende Straße, in der es keine Überraschungen gibt, keine aufregenden Dinge, keine Geschäfte mit bunten Auslagen, keine „Elektrische", keine „schlimmen Straßenbuben", und überhaupt nichts Lustiges. In schnurgerader Linie liegen zu beiden Seiten die strengen großen Häuser, hinter deren mächtigen Portalen uralte Onkel und Tanten wohnen, die gewiß jetzt in diesem Augenblick, verdeckt von schweren Vorhängen, an ihren hohen Fenstern stehen, um durch Monokel oder Lorgnon mich zu beobachten. Genau dasselbe muß das Fräulein denken. Denn schon mahnt sie mich aufrecht zu gehen, die Füße nicht zu schleifen, die Fußspitzen auswärts zu drehen, die Hand aus der Tasche zu nehmen. Die wenigen Menschen, denen wir begegnen, sind meist alte Leute. Ein paar Dienstboten mit Körben und Taschen, ein paar dunkel gekleidete Frauen mit Blumensträußen auf dem Wege zum Friedhof in St.Leonhard, Hausfrauen, die vom Markt kommen, zwei alte Herren an der Straßenecke, auf Spazierstöcke gestützt, in leiser Unterhaltung. Die Hälfte der Strecke haben wir hinter uns. Die Villa der Gräfin Meraviglia haben wir passiert, die lange Front der Elisabethschule, hinter deren Mauern in der zweiten Volksschulklasse mein älterer Bruder Fritz die mir noch lange verwehrten Privilegien der „großen Buben" genießt, die vornehme Villa der beiden alten Tanten Carla Attems und Frieda du Mont, den dicht belaubten Garten von Tante Hilda Welserheimb, die Villa Brusselles, die Villa Lazarini, die Villa Viktor Attems, und in der nun beginnenden langen Reihe der aneinandergebauten Stadthäuser das Haus von Onkel Otto Welsersheimb, das Haus der Baronin Berg, die man nie genau anschauen durfte, obwohl sie doch so aufregend aussah mit einem blauen und einem braunen Auge, und nun endlich an der Kreuzung zur Merangasse das rosa Eckhaus, in dessen Belle Etage die guten Onkel Nikels auf mich warten. An diesem Hause führt für uns kein Weg vorbei. Hier wird Station gemacht, hier wird eingekehrt zu einem kurzen Plausch tagtäglich auf unserem Weg in die Stadt. Immer freundlich empfangen, immer mit einem kühlen „Trankerl" erfrischt, immer ausgefragt nach meinen kleinen Erlebnissen, verspüre ich die wohlige Nestwärme, die von den beiden Alten ausgeht und die Geborgenheit, in der unsere Großfamilie mich gebettet hält. Wie liebe ich diese großen hohen Räume mit den schweren dunklen Möbeln und den ungezählten Jagdtrophäen an den Wänden, den riesigen Ledersesseln, in denen ich ganz und gar verschwinden kann, mit den ungezählten Erinnerungen aus einem Jagd- und Reiterleben, die silbern und ledern aus dunklen Ecken schimmern. Eindeutig männlich erscheint mir diese Behausung und irgendwie vermeine ich den Geruch von Waldlaub und Pferden zu wittern. In seiner abgetragenen, lederbeknöpften Tweedjacke sitzt der alte Onkel mir gegenüber und lacht. Einen Vers will er mich lehren, ein Scherzgedicht von einem „Hottentottenstottertrottel", und immer wieder bleiben wir bei diesem Wort stecken und amüsieren uns königlich. Durch die Fenster mit ihren dunklen Vorhängen sieht die Fassade des gegenüberliegenden Mietshauses zu uns herein. Dort im ersten Stock, so sagt die alte Tante, hat einmal ihre Großmutter, meine Ururgroßmutter Attems, als Witwe bis zu ihrem Tode gewohnt. Sie war die letzte Gräfin Inzaghi, die die Herrschaft Kindberg und das Palais am Bischofplatz in die Familie gebracht hat. Eine stolze und strenge Frau ist sie gewesen, so stolz, daß sie sich weigerte, nach dem Tode ihres Mannes, mit dem sie im großen Palais Attems residiert hatte, das ihr zugewiesene benachbarte Witwenpalais zu beziehen, um ihren Platz ihrer Stiefschwiegertochter zu überlassen, wie es der Brauch der Familie erforderte. Ehe sie sich in die Rolle der zweiten Dame der Familie fügte und den komfortablen Witwensitz akzeptierte, der ihr wie ein Ausgedinge erschien, zog sie es vor, hier in dem bürgerlichen Zinshaus ein Stockwerk anzumieten. Während der achtzehn Jahre, die sie da in strenger Zurückgezogenheit verbrachte, hatten ihre Enkelinnen, Tante Louise und meine Großmutter, sie täglich zu besuchen, wann immer sich die Familie in Graz aufhielt. Vom Bischofplatz oder von der Schanzelgasse wanderten die beiden Mädchen Tag für Tag mit ihrer Erzieherin in dieses Haus, um der Großmutter ihre Aufwartung zu machen. All die vielen Jahre bekamen sie nicht ein einziges Mal irgendeinen Leckerbissen oder eine Süßigkeit von ihr . . .

Diese Geschichte erzählt mir die alte Tante Louise nicht zum ersten Mal. Ich habe sie schon oft gehört, aber nie konnte ich ihr rechten Glauben schenken. Eine Großmutter ohne Keks und Schokolade, wie konnte es das geben? Es wird Zeit, unseren Besuch zu beenden. Wir verabschieden uns von Onkel und Tante und auch in der Küche von den beiden dienstbaren Geistern Mizzi und Pepi. Die rothaarige Köchin steckt mir noch einen Apfel zu, dann folgt der Rutsch über das Stiegengeländer, vorbei an hundert Hirschgeweihen, und schon sind wir wieder auf der Straße. Einen scheuen Blick erhebe ich auf die schmalen Fenster des Bürgerhauses vis-a-vis, hinter denen meine Ururgroßmutter vor einer unvorstellbar langen Zeit täglich auf ihre Enkelkinder gewartet hat. Ohne Süßigkeiten und Schokolade? Dabei wäre es so einfach gewesen, solches zu bechaffen, denn im selben Hause zu ebener Erde gab es gewiß damals schon die „Viktualienhandlung“ des Herrn Vatterl. In diesem einzigen Ladengeschäft in der ganzen langen Elisabethstraße wird es doch gewiß schon damals jene „Spezereien und Kolonialwaren, Obst und Südfrüchte“ gegeben haben, die der Inhaber auf großen schwarzen Tafeln mit Kreide anpreist. Ich wende meine Gedanken wieder der Straße zu, die uns stadtwärts zieht. Zur Rechten erhebt sich die graue Front des Rudolf Mayr-Melnhof'schen Hauses mit seinem riesigen Einfahrtstor. Gegenüber ein weiteres Palais derselben Familie und daneben das Palais Kottulinsky, zur Zeit bewohnt von der Familie des Grafen Franz Meran. Das Fräulein war dort früher in Stellung. Nach ihrer Erzählung war der jüngste Sohn Joseph bei seiner Geburt so klein, daß man ihn rasch in ein Spital bringen mußte. In der Eile fand man kein geeignetes Behältnis für den Transport, und so bediente man sich einer Zigarrenschachtel, in der der kleine Joseph bequem Platz gefunden hat. Ich kenne Joseph gut, er ist drei Jahre älter als ich, und ich habe es nicht leicht, ihn mir in einer Zigarrenschachtel vorzustellen. Zur Linken folgen die großen Meranischen Zinshäuser, hinter denen der Park des Palais Meran sich bis hinüber zur Leonhardstraße erstreckt. Drinnen liegt breit und mächtig das Palais, das Erzherzog Johann für seine Familie erbaut hat. In einem stattlichen Hause an der rechten Seite wohnt eine Freundin meiner Großmutter, mit dem mir merkwürdig dünkenden Namen Gräfin Johanna von dem Broele, genannt Plater. Sie ist eine liebenswürdige alte Dame, deren Einladungen zum Tee allseits sehr geschätzt sind. Sie entstammt dem Hause Thun-Hohenstein und dokumentiert ihre böhmische Herkunft gerne durch herrliche Krautkolatschen, die sie – hierzulande ein wenig ungewöhnlich – zum Tee servieren läßt. Meine Verehrung genießt sie insbesondere, weil meine Brüder und ich manchmal zur „Restljause" eingeladen sind. Ein paar Häuser weiter vorn prangen über einem Eingangstor die Wappen der Grafen Attems und der Grafen Auersperg. Hier war es, daß man vor dem Hause meines verunglückten Großonkels Theodor Auersperg Stroh auf die Fahrbahn schüttete, um dem Sterbenden den Verkehrslärm zu ersparen. Am Ende der Elisabethstraße, dort, wo sie an den Stadtpark stößt, erhebt sich zur linken Seite das mächtige Palais des Herzogs von Berry, in dem seit langer Zeit das Korpskommando der Grazer Garnison untergebracht ist. Im Eckhaus zur rechten Seite wohnt eine liebe Freundin meiner Großmutter, Baronin Anna Hammer-Purgstall, über deren lange verstorbenen Ehegatten ich mir besondere Vorstellungen mache, denn er führte den seiner Familie verliehenen Titel eines „Erblandvorschneiders".

Bei der „großen Großmama“

Wir überqueren das Glacis und durchwandern unter hohen Baumgruppen den Stadtpark, vorbei an dem großen eisernen Brunnen mit seinen vielen wasserspeienden Figuren, die uns mit einem kühlen Schleier aus feinsten Wassertröpfchen benetzen. Über die Paulustorgasse und den Karmeliterplatz erreichen wir die Sporgasse. Dort ist das Haus Nr. 25 unser Ziel, das altehrwürdige Palais Saurau, in dem meine Großmutter Goeß lebt. Aber bevor wir in das hohe Portal treten, muß ich hinaufschauen zu einem alten Freund, dem hölzernen Türken, der sich hoch oben weit herausreckt aus einer Dachluke und grimmig seinen Türkensäbel schwingt. Wieder fasse ich den Entschluß, sobald man es mir erlaubt, zu ihm hinaufzusteigen, um mich davon zu überzeugen, ob es wirklich stimmt, wie meine Mutter behauptet, daß er weder Unterleib noch Beine besitzt, ja, daß auf der Innenseite der Dachluke von ihm überhaupt nichts zu sehen sei. Meine Mutter will als kleines Mädchen diese enttäuschende Entdeckung gemacht haben. Der hölzerne Türke soll daran erinnern, daß in diesem Hause der Kommandant der türkischen Truppen, die die Stadt besetzt hielten, Quartier genommen habe. Während eines üppigen Festmahles, das er mitten im Hof, auf dem Boden sitzend, mit seinen Offizieren eingenommen haben soll, sei eine Kanonenkugel, die die tapferen Grazer vom Schloßberg aus auf ihn abgefeuert hätten, geradewegs in seinem Suppentopf gelandet. Entsetzt habe der Pascha samt allen Truppen daraufhin die Stadt geräumt. Ein großes zeitgenössisches Ölbild im Stiegenhause vor der Wohnung meiner Großmutter zeigt diese ergötzliche Szene in aller Deutlichkeit. Ich kann mich nicht genug daran sattsehen und werde später einmal sehr enttäuscht sein, wenn mir mein Geschichtslehrer beweisen wird, daß die Türken niemals das Innere der Stadt erreicht haben.

Meine Großmutter empfängt uns liebevoll. Der hohe barocke Salon mit seiner vergoldeten Stuckdecke, von der ein riesiger kristallener Luster hängt, der schnörkelig verzierte hochragende Ofen, der gemalte Stammbaum aus uralter Zeit, die ganze Wand hinter dem Schreibtisch bedeckend, alles das hell durchflutet von strahlendem Sonnen-

Palais Saurau-Goeß in der Sporgasse in Graz.

schein, der durch die weiten Fenster lacht, das ist der richtige Raum für meine Großmutter. Das alles paßt zu ihr, zu ihrer hoheitsvollen Erscheinung, zu ihrem freundlichen Wesen. Tief herunter muß sie sich neigen, um ihr Gesicht dem meinen nahezubringen, und lange ruhen die Blicke aus ihren kurzsichtigen, starbehinderten Augen forschend auf mir. Das eine Auge ist kaum wahrnehmbar hinter der Milchglasscheibe ihrer Brille, das andere zittert in riesiger Vergrößerung durch das dick geschliffene Glas. Eine ihrer langen schlanken Hände hat sie auf meinen Kopf gelegt, ich spüre ihren kühlen Druck durch mein Haar. Wie bei einer Prüfung fühle ich mich, und es ist wohl auch eine Prüfung, nach der sie mich einordnen wird nach Wesensart und Charakter, nach Aussehen und Veranlagung in die Schar ihrer fünfundzwanzig Enkelkinder. Dann darf ich die Keksdose vom Marmortisch vor dem Spiegel holen, ein kristallenes Behältnis mit silbernem Deckel, in dessen Inhalt ich mich vertiefe. Und während die Großmutter dem Fräulein eine Botschaft für meine Mutter aufträgt, entschwinde ich in die Küche, die weitab von den Wohnräumen an der dem Schloßberg zugewandten Front des Hauses liegt. Dort waltet die Mimi, eine liebenswerte altjüngferliche Frau, die seit einigen Jahren meiner Großmutter den Haushalt führt. Die Mimi ist mir aber schon vertraut seit dem Tage meiner Geburt, denn sie war vordem im Haushalt meiner väterlichen Großmutter Spiegelfeld seit vielen Jahrzehnten als Kammerjungfer beschäftigt. In ihrem dürren Körper schlägt ein weiches Herz für uns drei Brüder, die wir unter allen Enkeln ihrer neuen Dienstherrin ihre Bevorzugung genießen. Ich habe meine Großmutter niemals besucht, ohne auch den Weg über die lange, eisenbewehrte Pawlatschen in die Küche der Mimi zu nehmen. Sie, die ihr ganzes langes Leben in den Häusern meiner beiden Großmütter dienend verbracht hat, scheint mir neben dem bestehenden Ehebund meiner Eltern so etwas wie eine zweite, aus Sicherheitsgründen angebrachte, Verbindung zwischen den beiden Familien zu sein. Wie gerne sitze ich jetzt bei ihr in der Küche und spiele mit dem Gasanzünder, dessen sprühender Funke mich an Christbaum und Weihnachten erinnert. Überhaupt fasziniert mich der sonderbare Gasherd, dessen Düsen man mit diesem Funken entzünden kann, wenn die Mimi einen Moment wegsieht. Dann riecht es in der Küche so eigenartig, und die Mimi kommt erschreckt herbeigestürzt. Das Fräulein kommt mich holen, es ist Zeit, nach Hause zu gehen. Noch einmal laufe ich über die lange Pawlatschen hinein zur Großmama, um mich zu verabschieden. Ein Kuß, ein Handkuß, das wird hier, wie ich weiß, sehr genau genommen. Noch schnell ein Keks aus der Dose, ein ganz kurzer letzter Ritt auf dem ausgestopften Kopf des Tigers, der mit bleckendem Gebiß und flachem Fell auf dem glänzenden Parkett liegt, und schon hat mich das Fräulein an der Hand und zieht mich auf den Heimweg . . .

Das gestörte Mahl der Türken im Hof des Palais Saurau zu Graz. Ölbild von 1532.

Onkel Zeno

Der älteste Sohn meiner Großmutter, Zeno Goeß, hatte nach dem Tode seines Vaters dessen Nachfolge als Inhaber der Primogenitur-Fideikommißgüter angetreten. Schon bei seiner Erziehung war auf seine künftige Rolle als Majoratsherr Bedacht genommen worden. Gewisse Bevorzugungen gegenüber den jüngeren Geschwistern wurden von ihm nicht ungerne akzeptiert und von den übrigen Kindern als naturgegeben hingenommen. Meine Tante Anna Lippe-Weißenfeld hat mir gegenüber als alte Dame einmal in spöttisch humorvoller Art behauptet, sie könne sich zwar nicht genau erinnern, aber sie sei überzeugt, daß der Nachttopf ihres ältesten Bruders Zeno einen Goldrand, der des nächstgeborenen Bruders Tono einen silbernen, der des letztgeborenen Bruders Poldi einen schwarzen und die der Schwestern überhaupt keinen Rand gehabt hätten. Die solcherart gekennzeichnete Rangordnung hat es tatsächlich gegeben und wurde nicht nur im Hause Goeß, sondern in den allermeisten Majoratslinien begüterter Familien eingehalten. Sie war bereits in den Kinderjahren spürbar, in deutlichen Differenzierungen während des Heranwachsens der Jugend, und im besonderen Maße bei der späteren Aufteilung des väterlichen Erbes. In dem jungen Zeno wurde schon sehr frühzeitig ein feines Gespür für die Bedeutung seines Namens und für die Verpflichtungen, die dieser ihm auferlegte zur Entfaltung gebracht. Er entwickelte ein ausgeprägtes Standesbewußtsein; um es genauer zu sagen, ein Wissen um die Position seines Standes in der Welt, um die Position seiner Familie in ihrem Stande und um die Position seiner selbst in der Familie. Er hegte ein besonderes Interesse für Kunstgeschichte, Geschichte und Genealogie. Vor allem in letzterem Fachgebiet brachte er es zu hohem Wissensstande und bemerkenswerten Kenntnissen. Im Laufe vieler Jahre hat er für seine eigene Familie, aber auch für viele Freunde und Bekannte komplizierteste Nachweise für interessante oder ungewöhnliche Abstammungstheorien und Verwandtschaftsverhältnisse erarbeitet. Da er auch die Wissenschaft und die künstlerische Gestaltung der Heraldik in hohem Maße beherrschte, war er imstande, seine genealogischen Erkenntnisse in Gestalt prachtvoll gemalter Stammbäume oder Ahnentafeln zu demonstrieren. An den Arbeitstischen seiner herrlichen Bibliothek im Schlosse zu Ebenthal sind ungezählte Dokumente dieser Spezies von seiner kundigen Hand gefertigt worden, die heute das Wissen so manches um die Historie seiner Familie Interessierten bereichern.

Nach einer heftigen Zuneigung, die er in jungen Jahren zu einer Freundin seiner Schwestern, einer besonders reizenden jungen Dame bedeutsamer Herkunft empfunden hatte, die aber ob ihres Makels, nicht „chapitral“ zu sein, von seiner Familie nur schwerlich akzeptiert worden wäre, heiratete Zeno dreiundzwanzigjährig Emma Gräfin von Welsersheimb. Diese war – wir erinnern uns der Urgroßmutter Goeß-Welsersheimb am kaiserlichen Hofe zu Wien – natürlich „chapitral“ und eine Verwandte, genau genommen eine fast gleichaltrige Tante zweiten Grades des Bräutigams. Das junge Paar nahm zunächst Wohnung im Schlosse Carlsberg, das, vordem in einem deplorablen Zustande, von Zeno in höchst kunstsinniger Weise zu einem komfortablen Wohnsitz ausgebaut wurde. Als man später nach Ebenthal übersiedelte, wurde Carlsberg für viele Jahre zum Sommersitz der Familie.

Soweit ich in meine Kindheit zurückdenken kann, habe ich mich vor meinem Onkel Zeno immer ein wenig gefürchtet. Das mag zunächst von dem Respekt hergerührt haben, den ihm gegenüber, als dem ältesten Bruder unserer Mutter, zu empfinden man uns anerzogen hatte. Gewiß hat auch sein uns Kindern gegenüber stets etwas distanziertes Verhalten dazu beigetragen, daß wir in ihm so etwas wie ein höheres Wesen erblickten. Ein höheres Wesen freilich muß nicht zwangsläufig auch gefürchtet sein. Daß er es dennoch war, dürfte seine Erklärung in folgendem finden: meine Großmutter hatte für den Winter ihren Witwensitz in ihren Räumen des Grazer Palais. Im Sommer, wenn die Familie nach Carlsberg übersiedelt war, bewohnte sie einige ihr überlassene Räume in Ebenthal. Jedes Jahr waren meine Eltern und wir von ihr eingeladen, den Monat August dort als ihre Gäste zu verbringen. Der größte Teil des Schlosses war zu dieser Zeit versperrt. Wir hatten unsere Unterkunft in einigen Gästezimmern in der Nähe der Räume unserer Großmutter. Es gab viele Tabus für uns Kinder; die versperrten Räume, deren Schlüssel wir natürlich rasch gefunden hatten, gehörten dazu. Der riesige mehrstöckige Dachboden, ein Dorado für uns, gehörte dazu. Die Wirtschaft, die Gärtnerei, das Marillenspalier und alle von uns gelegentlich entdeckten Spielsachen

Mein Onkel Zeno Goeß in der Uniform des Souveränen Malteser Ritter-Ordens.

der Kinder gehörten dazu. Ein besonderes Heiligtum durften wir nie betreten: Badezimmer und Toilette des Hausherrn. Und gerade dieses Tabu war den heftigsten Versuchungen preisgegeben. Für unsere leiblichen Bedürfnisse hatte man uns Kindern ein Klosett zugewiesen, das kaum geeignet war, unsere Sympathie zu erringen. Es lag weitab von unseren Wohnräumen, an einem Absatz des großen marmornen Stiegenhauses, dessen zur Sommerzeit geschlossene Fensterläden nur wenig fahles Licht einzulassen vermochten. In der Dämmerung dieser hohen steinernen Halle blickten aus ihren lebensgroßen Gemälden die ernsten Herrschergestalten längst vermoderter Habsburger in dunkler spanischer Tracht von den Wänden herab. Wir Kinder hatten es uns angewöhnt, den furchterregenden Weg zu der uns zugedachten Klause nur in allerdringendsten Notfällen zu nehmen, und auch dies nur zu zweit oder noch besser zu dritt. Nach einem beherzten Anlauf, der vor unseren Zimmertüren begann, stürzten wir mit geschlossenen Augen die Stufen des hallenden Stiegenhauses hinauf, rissen einen Flügel der riesigen Doppeltüre auf und fühlten uns erst erlöst, wenn wir in dem engen Raume zwischen den beiden Türen dicht aneinandergedrängt geborgen waren. Dann wurde die Reihenfolge der Benützung der angestrebten Örtlichkeit ausgelost. Durch heilige Schwüre waren wir gegenseitig gebunden, in der Doppeltüre aufeinander zu warten, damit auch der Rückmarsch in sicherem Geleitzug erfolgen konnte. Solcherart in dem natürlichen Ablauf körperlicher Funktionen erheblich behindert, ersannen wir andere Lösungen. Es war nur selbstverständlich, daß wir uns alsbald Zugang zu der uns versagten, durchaus nicht unheimlichen und überdies unseren Räumen naheliegenden sanitären Einrichtung unseres Onkels verschafften. Ebenso selbstverständlich war es, daß wir uns rasch entdeckt und verraten sahen. Die Aufdeckung dieses und vieler ähnlicher Verbrechen führte dazu, daß Mutter und Großmutter, die – selbst nur Gast im Hause – uns betreffende Verbote auf das peinlichste einzuhalten gesonnen waren, uns mit den fürchterlichsten Konsequenzen seitens des Hausherrn drohten, sobald dieser von unseren Untaten erführe. So nahm der gute Onkel Zeno in unserer kindlichen Phantasie das Bild eines gefürchteten Gottes an, der irgendwo in seiner Verborgenheit thronte und jederzeit rächend über uns armselige Sünder hereinbrausen könnte. Obwohl dies nie geschah und obwohl unsere zahllosen Lausbübereien, manches zerbrochene Fenster, manches zertrampelte Blumenbeet, manch geplünderter Marillenbaum und manche zerkratzte Politur großmütig verziehen von ihm hingenommen wurde, hat es lange gedauert, bis ich aufgehört habe, mich vor ihm zu fürchten.

Onkel Zeno war ein sehr barocker und sehr prachtliebender Mensch. Barock und prächtig war die Umgebung, in der er lebte und die er liebte. Er tat sehr viel für die Erhaltung dieser Umgebung und er pflegte einen Lebensstil, der zu ihr paßte. Um die-

sen Lebensstil in einer Zeit aufrechtzuerhalten, deren äußere Umstände dazu in krassem Widerspruch standen, bedurfte es bedeutender Energie und hochentwickelter Lebenskunst. Daß sich Onkel Zeno darin verstand, bewies er eines sommerlichen Morgens in Carlsberg. In der Nacht hatte ein heftiges Gewitter ringsumher erheblichen Schaden angerichtet. Onkel Zeno saß auf der Terrasse beim Frühstück und genoß gerade den täglich nur für ihn zubereiteten Heidensterz, der ihm in einer silbernen Terrine serviert wurde. Da stürmte, vom Diener vergebens zurückgehalten, der Verwalter herzu und begann, unaufgefordert, eine Meldung vorzubringen, derzufolge der Transformator vom Blitz getroffen und somit die elektrische Versorgung des Gutes ruiniert sei. Onkel Zeno, mit dem Genuß seines Heidensterzes beschäftigt, gedachte nicht, sich diesen verderben zu lassen. Mit einer Handbewegung wies er den Verwalter an zu schweigen und sich zurückzuziehen. Dann wurde das Frühstück feierlich zu Ende zelebriert. Als alles abgeräumt war, befahl mein Onkel dem Diener, den Verwalter nunmehr vorzulassen, damit dieser „Unglücksmensch seine Hiobsbotschaft vorbringe“. Nach beendeter Meldung reagierte er entsetzt und höchst besorgt und veranlaßte die entsprechenden Maßnahmen.
In seinem letzten Lebensjahrzehnt noch war Onkel Zeno mit Erfolg bestrebt, seinen sehr ausgedehnten Schloßpark zu Ebenthal gegen die beabsichtigte Verbauung durch neue Siedlungen der immer näher herandrängenden Vorstadt von Klagenfurt zu verteidigen. Dies gelang ihm, ja, viel mehr noch, er brachte es zustande, seinen Park noch um einige Hektar zu erweitern. Er hätte fürwahr für sich den Wahlspruch verdient, den das fürstliche Haus der Alt- und Rheingrafen zu Salm in seinem Wappen führt: „Contra torrentem!“
Als wir einmal an der Familientafel über dieses Thema sprachen und bedauerten, daß der genannte Spruch bereits besetzt sei, sagte Onkel Zeno in einen Augenblick des Schweigens hinein: „Per omnia saecula saeculorum“. Auf unsere erstaunt fragenden Blicke setzte er trocken hinzu: „Wahlspruch des Hauses Goeß“. Ich protestierte heftig und wies darauf hin, daß auch dieser Wahlspruch bereits besetzt sei, und zwar von niemand geringerem als von Gott dem Allmächtigen. Dies akzeptierte der Onkel und meinte: „Per omnia saecula, das genügt mir auch.“
Bei vielen seiner Freunde und Bekannten genoß er den Ruf, ein wenig verspätet in den Fußstapfen des Sonnenkönigs wandeln zu wollen. Damit mochte man auf seinen Eifer angespielt haben, mit welchem er stets um den Glanz seines Namens, seiner Familie, seiner Häuser, seiner Entourage und nicht zuletzt seiner selbst bemüht war. Wer immer sich diese Bemühungen zu belächeln bemüßigt gefunden haben mag, hat die Bedeutung jener wenigen, die „gegen den Strom“ schwimmen, nicht erkannt. Sie sind es, die in

Zeiten allgemeiner Demontage Rettenswertes retten, Erhaltenswertes erhalten. Gottlob hat es sie immer gegeben, in allen Revolutionen, in den Tagen der Bilderstürme, in den Phasen der Gleichmacherei, und immer dann, wenn das Niveaulose, das Gemeine zu obsiegen schien. Stets waren sie in einer Durchhalteposition, stets in hoffnungslos scheinender Minderheit. Es gab und gibt sie auf allen Gebieten, die der Menschheit geschenkt sind, um von dort zu lichten Höhen aufzubrechen: in der Religion, in der Kunst, in der Wissenschaft, in der Moral. Meist wurden sie verlacht, verfolgt, verachtet. Später, oft viel später, erkannt und verehrt.

Mein Onkel Zeno hatte einen feinen Sinn für die Persiflage, die er mit Vorliebe gegen sich selbst zu richten liebte. Es bereitete ihm Vergnügen, über Erlebnisse zu berichten, die sein eigenes, von ihm so gepflegtes „Image", in Gefahr brachten. Mit köstlicher Selbstironie erzählte er von einer Reise, die er kurze Zeit nach dem Zweiten Weltkriege nach Graz unternahm, wo er in seinem Palais zu nächtigen beabsichtigte. Damals waren die Prunkräume des Hauses von der britischen Besatzungsmacht requiriert, die dort eine Offiziersmesse eingerichtet hatte. Unter Bedachtnahme auf die Rechte des Hausherren waren diesem einige bescheidene Räume am Ende der beschlagnahmten Zimmerflucht reserviert worden. Als Onkel Zeno nach mühsamer Bahnfahrt am späten Abend ermüdet in sein Haus kam und die Räume der Engländer passieren wollte, um in sein Quartier zu gelangen, wurde ihm der Eintritt von zwei betrunkenen Soldaten verwehrt. Man feierte drinnen ein lärmendes Fest. Die Betrunkenen schienen ihn nicht verstehen zu wollen, als er seine Absicht erklärte, sein Recht forderte und einen Offizier zu sprechen verlangte. Ein solcher erschien zwar, zeigte sich aber von der Hausherrenwürde nicht beeindruckt, sondern befahl vielmehr, selbst stark bezecht, seinen Wachen, den lästigen Eindringling hinauszuwerfen. Dies geschah auf rüde und gewalttätige Art. Nach wenigen Augenblicken fand sich der von seiner eigenen Schwelle gewiesene Herr dieses Palastes im Hofe auf seinem Koffer sitzend und um Fassung ringend. Er war noch gar nicht imstande, das ihm widerfahrene Unrecht und die entwürdigende Situation in vollem Ausmaße zu begreifen und bemühte sich um einen ruhigen Kopf. Da trat aus der Dunkelheit der Toreinfahrt ein kleiner Mann in den Hof, ging auf ihn zu, zupfte ihn am Ärmel und sprach: „'Tschuldigen, san Se do da Hausmasta?" Mein Onkel war nicht imstande zu erfassen, daß es sich um einen harmlosen Bewohner eines Nachbarhauses handelte, der durch den Lärm des britischen Gelages um seine wohlverdiente Nachtruhe gebracht, hier sein Recht suchen wollte. Er begriff nur, daß die ihm schon angetane schmachvolle Beleidigung nun erst ihre Krönung erfahren hatte durch die Ungeheuerlichkeit des Insultes, die ihm dieser Mann aus dem Volke antat. Sein einziger Wunsch war, die Stätte seiner Schmach augenblicklich zu verlassen, und so ergriff er seinen Koffer und wankte, den kleinen Mann keiner Antwort würdigend und innerlich gebrochen, aus dem Hause. Er lenkte seine Schritte in das nahe Palais Wildenstein, den Sitz der Grazer Polizeidirektion. Hier wußte er einen Vetter, Ruef von Seutter-Loetzen in maßgeblicher Stellung, zu dem er seine Zuflucht zu nehmen gedachte. Dort angelangt, erhielt er rasch Verbindung mit dem Gesuchten. Dieser aber, außerstande, ihm in der zerbombten und menschenüberfüllten Stadt eine bessere Unterkunft zu verschaffen, bot ihm als einzig mögliches Quartier eine Zelle im Polizeigefängnis an. Mein Onkel, dessen Empfindungskraft für weitere Kränkungen erloschen war und der nichts sehnlicher wünschte, als seine geschändete Würde im Schlafe zu betäuben, akzeptierte. Er verbrachte diese Nacht auf dem harten Lager einer verwanzten Gefängniszelle in tiefem Schlafe. Es ward ihm gar nicht bewußt, daß dieser Ort seines Aufenthaltes erst die eigentliche Vollendung des schmachvollen Tages war.

Zur Zeit, als uns Onkel Zeno diese Geschichte mit vergnüglicher Selbstironie und reichlicher Übertreibung erzählte, hatte ich meine kindliche Furcht längst verloren. Ich begann zunächst eine scheue Bewunderung und dann eine aufrichtige Zuneigung zu empfinden, die in echter Trauer mündete, als wir ihn, viele Jahre später, verloren.

Seine Frau, meine Tante Emma, die fast sechzig Jahre an seiner Seite gelebt hatte, war ihm zwei Jahre zuvor vorausgegangen. Sie hatte ihn stets in vollendeter Weise umsorgt und betreut, und keiner, der sie gekannt hat, wird ihr weises und mütterliches Wesen, aber auch ihren trockenen Humor vergessen. Es gab kaum eine Gelegenheit, in der man sie ohne Stricknadeln und Wolle antreffen konnte, die sie stets bei sich hatte, selbst bei einsamen Spaziergängen im Walde. Sie muß im Laufe ihres Lebens tausende von Pullovern und Westen, Handschuhen und Schals verfertigt haben, mit denen sie ihre Familie, die Kinder ihrer Verwandten und die Bedürftigen ihrer Umgebung ausgestattet hat. Eine sehr unscheinbare Begebenheit hat uns Kindern einen nachhaltigen Eindruck gemacht. Meine Kusine Lori Goeß aus der Gradischer Linie war während der Kriegszeit durch einige Monate in Ebenthal untergebracht und besuchte von dort aus die Schule in Klagenfurt. Die Lebensmittelversorgung war knapp, und der Tisch des Hauses nur sparsam bereitet. Nach dem Essen gab es für jedes Familienmitglied ein Schokoladebonbon, von denen meine Tante aus geheimer Quelle einen kleinen Vorrat beschafft hatte. Die junge Lori, vierzehnjährig und stets hungrig, war dieser Süßigkeit verfallen und konnte, als sie einmal zufällig und unbeobachtet an die Schachtel geriet, der Versuchung nicht widerstehen. Sie entnahm ihr eine Handvoll, die sie sofort vertilgte. Als sie am Abend ihr Bett öffnete, fand sie darin den ganzen restlichen Vorrat mit einem Brief von Tante Emmas Hand. Darin bat die Tante das junge

Mädchen um Entschuldigung dafür, daß sie nicht bedacht habe, wie sehr dieses in seinem Wachstum solcherlei Nahrung bedürfe. Die übrigen Mitglieder der Familie, alle älter an Jahren, könnten sie leicht entbehren. Meine Kusine, nun Fürstin Orsini-Rosenberg und selbst vielfache Großmutter, schämt sich heute noch ihrer kindlichen Unbeherrschtheit. Für die feine, aber ein Leben lang wirksame Zurechtweisung weiß sie unserer Tante Emma Dankbarkeit bis ins Jenseits.

Die sommerlichen Aufenthalte in Ebenthal während vieler Jahre meiner Kinderzeit gehören zu den schönsten Erinnerungen aus dieser Lebensphase. Trotz des Bestehens mancher Verbote oder vielleicht gerade deretwegen, ob der Würze ihrer Übertretung, genossen wir Kinder diese Wochen aus vollen Zügen. Befreit von der Aufsicht strenger Gouvernanten, die sich während dieser Zeit auf ihrem wahrhaft verdienten Urlaub befanden, durchstreiften wir den weiten Park und seine Umgebung, befreundeten uns mit den schlimmsten Buben des Dorfes und verunsicherten mit ihnen die Gegend. Besonders gerne trieben wir unser Unwesen auf dem Gelände des gutseigenen Sägewerkes, wo wir mit den primitiven Transportwagen auf einer leicht abschüssigen Gleisstrecke höchst amüsante und gefährliche Rennen veranstalteten. Rätselhafterweise nahm der biedere Sägemeister namens Pirker an unserem Treiben keinen Anstoß. Offenbar glaubte er, in den Neffen seines Gutsherrn immer noch ein gewisses Maß herrschaftlicher Autorität anerkennen zu müssen. So fanden wir für unseren Unfug bei ihm nicht nur wohlwollende Duldung, sondern zeitweise sogar ausgesprochene Hilfsbereitschaft. Das Sägewerk wurde durch die Wasserkraft der vorbeifließenden Glanfurt betrieben. Ein Wehr, das einen Seitenarm dieses Flusses aufstaute, bildete flußabwärts ein breites Becken ruhigen Gewässers mit beachtlichem Fischbestand. Es war höchst vergnüglich, hier mit Angel oder mit schweren Hebenetzen der Fischwaid nachzugehen. Ich mag zwölf Jahre alt gewesen sein, als ich einmal dem wackeren Pirker gegenüber die Möglichkeit erwähnte, den Oberlauf des Staubeckens trockenzulegen, um eine größere Ausbeute an Fischen zu erzielen. Pirker zeigte sich sofort bereit zu einer solchen Aktion, die wir für den nächsten Tag festsetzten. Als nach Öffnung des Wehrs das Staubecken rasch entleert war, wimmelte der schlammige Grund von zappelnden Fischen, die um ihr Leben kämpften. Erstaunlicherweise hatten sich rechtzeitig auffallend viele Helfer eingefunden, die mit Netzen oder geschickter Hand das unglückliche Getier aus dem Moraste holten. Mir, dem von allen augenscheinlich die Rolle des verantwortlichen Veranstalters dieser Aktion zuerkannt war, wurde unbehaglich zumute, als das Herausfischen und Abschlachten kein Ende nahm und zuguterletzt die Strecke an die hundert Karpfen, Barben, Barsche und Weißfische betrug. Ich hatte keine Vorstellung, was da mit der üppigen Ernte geschehen sollte, von der doch höchstens zwei oder drei Stücke an der Tafel meiner Großmutter Verwendung finden konnten. Hier aber fand sich rasch eine Lösung, denn, nachdem ich diesbezüglichen Bewerbungen zunächst zaghaft zugestimmt hatte, griffen meine freundlichen Helfer eifrig zu, und bald war die gesamte Ausbeute in mitgebrachten Rucksäcken und Taschen verstaut. Meine dankbaren Freunde entfernten sich eilig, und das geleerte Bachbett begann sich, nachdem das Wehr geschlossen war, langsam wieder zu füllen. Am Abend roch es im ganzen Dorfe nach gebratenem Fisch. Als die Großmutter mich ob der Bereicherung ihrer abendlichen Tafel belobte, fühlte ich mich keineswegs stolz. Ich mußte daran denken, daß man zur gleichen Stunde an vielen Tischen des Dorfes meiner anerkennend gedachte und ich so recht eigentlich der Held des Tages geworden war. Dennoch kam keine Freude in mir auf und die Sorge, die Kunde meiner angemaßten Rolle als Wohltäter der Dorfbevölkerung könne an das Ohr der Güterdirektion oder gar an das des fernen Onkels dringen, bereitete mir schlechtes Gewissen. Gottlob hat Onkel Zeno davon nie etwas erfahren. Zumindest nicht in seinem irdischen Dasein. Wenn ihm vielleicht im Jenseits ein besonderer Lohn für eine ihm zunächst nicht erinnerliche wohltätige Speisung der Dorfbewohner zu Ebenthal zuteil geworden sein sollte, mag er mir gnädig verziehen haben. Ob die Tatsache, daß der wackere Pirker seinem bald nach diesem Ereignis zur Welt gekommenen Sohn meinen von mir selbst keineswegs geschätzten Vornamen Gisbert gegeben hat, mit der vorerwähnten Gegebenheit in Zusammenhang gebracht werden könnte, ist mir nicht bekannt . . .

UND WIEDER GRAZ

Unsere Villa in Graz (von der Gartenseite) in der Schanzelgasse.

In der Küche

Wenn wir nach den Sommerferien aus Kärnten wiederum in den Alltag unseres Schülerdaseins nach Graz zurückgekehrt waren, zeigten wir Buben uns eifrig bestrebt, den uns angelegten straffen Zügeln tunlichst zu entkommen und einen möglichst großen Teil unserer Freizeit nach unserem eigenen Geschmacke zu gestalten. Unser bevorzugter, wenn auch von allen unseren Erziehungsbefugten sehr ungerne gestatteter Aufenthalt war die große Küche im Souterrain. Hier umschmeichelten wir die alte Köchin Louise, bis sie uns Schokolade reiben oder Schnee schlagen ließ, oder wir boten ihr unsere niederen Dienste an, wie etwa das Schmirgeln des die mächtige Herdplatte umsäumenden stählernen Randes mit Glaspapier, wofür dann mancher Leckerbissen für uns abfiel. Hier sahen wir ihr zu, wenn sie ihren berühmten Apfelstrudel bereitete und dessen Teig nach der ihr eigenen Methode so lange walzte und auszog, bis er die erforderliche hauchdünne Konsistenz erreicht zu haben schien. Dann schickte die Köchin Louise das Küchenmädchen auf ihr Zimmer, um die „Glasaugen" zu holen. Diese setzte sie sich umständlich auf die Nase, dann griff sie sich ein Stück Zeitungspapier, schob dieses unter den Teig und versuchte den durchschimmernden Text laut buchstabierend zu lesen. Soferne ihr dies mühelos gelang, hatte der Teig seine Probe bestanden und wurde alsbald mit den Köstlichkeiten gefüllt, die diese Speise zu einem der österreichischen Nationaldenkmäler gemacht haben. Die alte Louise war ein Bollwerk konservativer Kochkunst, sie benötigte weder „Glasaugen", noch Kochbuch und schon gar keine Küchenmaschinen, um die raffiniertesten Speisen zuzubereiten, von denen wir heute nicht einmal den Namen mehr kennen. Die Vielfalt der Möglichkeiten für den „Speisezettel", den sie täglich des Morgens mit meiner Mutter besprach, sobald diese ihr Frühstück im Bette beendet hatte, schien unerschöpflich. Es mußte schon eine lange Zeit vergehen, bis etwa eine der ungezählten „Mehlspeisen" zum nächsten Male wieder auf den Speisezettel kam. Überhaupt diese Mehlspeisen! Dieser typisch österreichische Sammelname galt für alles, was als Nachtisch, Süßspeise oder Dessert auf den Tisch kam, ganz unabhängig davon, ob diese Speise Mehl enthielt oder nicht, ob es sich um ein festes, flüssiges oder cremiges Gebilde handelte, ob heiß oder kalt serviert, ob gekocht, gebacken, gebraten oder als Soufflé. Ich finde es heute noch bedauerlich, daß die pädagogische Praxis meiner Kindertage die Entziehung der Mehlspeise zu einer häufig angewandten Maßnahme in schwerwiegenden Fällen gemacht hat. Um wieviele Genüsse, die heute unwiederbringlich verloren sind, bin ich dadurch in meiner Kindheit und Jugend gekommen.

Tragödie in Raabs

Wenn ich heute in den sorgfältig aufbewahrten Kalendern meiner Mutter blättere, in die sie tagtäglich die wichtigsten Ereignisse in Stichworten eingetragen hat, staune ich über die Fülle des Programms, das von der Familie etwa in den späten 20er Jahren oder auch zu Beginn der 30er Jahre absolviert wurde. Es vergeht kein Tag ohne Gäste. Außerdem ist man täglich zu irgendeiner Mahlzeit auswärts geladen. Mindestens einmal wöchentlich wird eine Theateraufführung besucht, und häufig geht man ins Kino. Mehrmals im Monat fährt man aufs Land und verbringt ein oder zwei Tage bei Verwandten auf deren Schlössern. Zu kleineren und größeren Reisen im In- und Ausland hat man sich offenbar sehr leicht entschlossen, obwohl die Familie kein Automobil besaß und man auf umständliche Bahnverbindungen angewiesen war.

In diese Zeit fallen auch einige Besuche meiner Eltern beim Ehepaar Hugo und Sybille Klinger auf deren prachtvoller Burg Raabs an der Thaya in Niederösterreich. Tante Sybille war eine Tochter meines Großonkels Markus Spiegelfeld und somit eine direkte Kusine meines Vaters. Sie war eine außerordentliche Schönheit. In den letzten Kriegsjahren war sie von wohlmeinenden Freunden, die sich für sie um eine gute Partie bemühen zu müssen glaubten, mit dem sehr reichen Baron Hugo Klinger von Klingerstorff zusammengebracht worden. Klinger war alsbald Sybilles Charme und Schönheit erlegen und bestürmte sie, seine Frau zu werden. Die Zuneigung war nur einseitig, und dennoch stimmte Sybille seinen Anträgen zu, vielleicht in Hinblick auf die bescheiden gewordenen Vermögensverhältnisse ihrer Eltern. Hugo besaß ein reiches Vermögen, war Miteigentümer der Herrschaft Porcia in Spittal in Kärnten und Herr auf Burg Raabs an der Thaya mit ausgedehnten Waldungen und herrlichen Jagden. Meine Eltern, die im Laufe etlicher Jahre mehrmals zu Gast dort waren, mußten mit Sorge feststellen, daß die junge Frau keineswegs glücklich war. Von Hause aus künstlerisch begabt und vielseitig interessiert, fand sie an ihrem Ehemann, dessen alleinige Passion die Jagd zu sein schien, die das einzige Thema war, über das man mit ihm sprechen konnte, immer weniger Gefallen. Der überall zur Schau gestellte Reichtum des Hauses war ihr zuwider, und nur die drei Kinder schienen die Ehe vor einer Lösung zu bewahren. Die Problematik wurde von Mal zu Mal deutlicher sichtbar und meine Eltern waren eines bevorstehenden Unglücks gewärtig. Dieses trat dann auch mit voller Tragik ein. Ein Jagdfreund des Hausherrn, ein eleganter russischer Flüchtling namens Orlow war von den Reizen der jungen Frau aufs höchste beeindruckt. Der Umstand ihrer unglücklichen Ehe kam ihm zugute, und dies führte zu einer Situation, die die Wachsamkeit und Eifersucht des Ehegatten hervorrief. Orlow wurde aus dem Hause gewiesen. Unmittelbar danach sah sich Klinger auf einem Pirschgang im Walde plötzlich von dem vermutlichen Nebenbuhler verfolgt und mit der Waffe bedroht. Es kam zu einem Schußwechsel, dem Orlow zu Opfer fiel. Die junge Frau, die die nahen Schüsse gehört hatte, flüchtete sich in ihrer Bedrängnis in ihr Schlafzimmer und versperrte die Türe. Ihr alter Vater, Markus Spiegelfeld, der Furchtbares ahnte, versuchte verzweifelt, zu ihr zu gelangen, um weiteres Unheil zu verhindern. Vergebens rüttelte er an der Türe und beschwor seine Tochter zu öffnen. Ein Schuß beendete das Drama. Als man eindrang, fand man die Unglückliche tot auf dem Boden liegend. In einer Hand hielt sie noch den Revolver, die andere umkrampfte ein Wäschestück eines ihrer kleinen Kinder. Tief unter dem Fenster, am Fuße des hohen Felsens, zog gerade eine kirchliche Prozession vorbei, und die Glocken läuteten.

Der tief betrübte Witwer erbaute für seine tote Frau an einer wunderschönen Stelle dieses Tales ein prächtiges Mausoleum. Er ließ sich nach seinem Tode an ihrer Seite bestatten. Auch eine Tochter dieses Paares, Magdalena, fand hier ihre letzte Ruhestätte. Sie liegt an der Seite ihres Mannes, Franz Xaver Spiegelfeld, der ein Bruder ihrer Mutter war.

Raabs an der Thaya wird wegen seiner malerischen Lage und der das Tal beherrschenden Burg heute gerne von Touristen besucht. Häufig wird ihnen als Attraktion das Mausoleum gezeigt, wo man ihnen mitunter eine schaurig-romantische Geschichte von Liebe und Tod der schönen Gräfin Sybille erzählt, die sich anhört wie eine Sage aus alter Zeit, wenngleich seit dieser dunkelsten Episode in der Geschichte meiner Familie kaum sechzig Jahre vergangen sind.

Meine Tante Sybille Klinger-Spiegelfeld.

Fräulein Mary und sonstige Einschränkungen

Unter den vielen Freunden und Verwandten meiner Eltern in Graz gab es eine Kusine meiner Mutter, die einen angesehenen und sehr kultivierten Industriellen dieser Stadt geheiratet hatte. Tante Nini war eine wunderschöne Frau von außerordentlicher Elegance und hätte viel besser in eines der mondänen Zentren dieser Welt gepaßt, als in das doch ein wenig provinzielle Leben der Gesellschaft unserer Stadt. Sie führte an der Seite ihres sehr erfolgreichen und stets arbeitsüberlasteten Mannes und gewiß auch unter Zuhilfenahme seiner finanziellen Mittel ein sehr offenes Haus, so offen, daß es eines Tages zu unliebsamen Entdeckungen und zur Scheidung ihrer Ehe kam. Die drei Kinder aus dieser Ehe, damals noch im Volksschulalter, wurden vom Gericht, der effektvolleren Betreuung wegen, wie es hieß, der Mutter zugesprochen. Der unschuldig geschiedene Vater bemühte sich um eine Revision dieser Entscheidung und suchte zu diesem Behufe nach Beweisen für eine mangelhafte Betreuung seiner Kinder. Zu diesem Zeitpunkt waren meine Eltern zur Erkenntnis gekommen, daß ihr durch Inflation und sonstige Ungunst erheblich dezimiertes Vermögen eine Aufrechterhaltung des bisher genossenen Lebensstandards nicht weiterhin rechtfertigte. Sie entschlossen sich zu einigen Einschränkungen, die unter anderem auch die Stellung unserer Gouvernante betrafen. Fräulein Mary H., Tochter eines angesehenen Grazer Hauses, war schon seit einigen Jahren bei uns in Stellung und wurde von der ganzen Famlie sehr geschätzt. Wir Kinder standen mit ihr auf sehr vertrautem Fuße. So war es kein Wunder, daß wir in naiver Neugierde von ihr immer wieder Geschichten aus ihrer Vergangenheit, aus früheren Stellungen und über die von ihr betreuten Kinder zu hören verlangten. Es war uns zwar aufgefallen, aber wir hielten es nicht für erheblich, daß sich in dem von ihr berichteten Lebenslaufe eine gewisse Lücke ergab, über die sie nichts Interessantes zu erzählten wußte. Wir fügten uns darein ebenso, wie wir uns zu fügen hatten, als meine Eltern beschlossen, den Aufwand für Dienste von Fräulein Mary zu halbieren, indem diese fürderhin gemeinsam für uns und für die Kinder von Tante Nini geleistet werden sollten. Ja, es war eigentlich vergnüglicher, nunmehr in größeren Gruppen spazieren zu gehen oder mit verdoppelter Mannschaft Ballspiele zu betreiben. Natürlich waren wir auch einer Lockerung der bisher straff gehaltenen Zügel nicht abgeneigt. So kam es, daß wir nachmittags gemeinsam mit den drei zusätzlichen Zöglingen des Fräuleins ins Grüne wanderten, ohne zu ahnen, daß uns in unauffälliger Entfernung ein Detektiv folgte. Als uns ein Ball auf der Straße entrollte und wir ihm unachtsam nachliefen, kam es zu einer ein wenig unangenehmen Begegnung eines der Kinder von Tante Nini mit einem vorbeifahrenden Auto. Es gab kaum eine Verletzung, und das Ganze wäre nicht der Rede wert gewesen, hätte nicht der Detektiv seinem Auftraggeber davon Meldung gemacht. Dieser, der Vater der Kinder, besprach den ihm hoffnungsvoll erscheinenden Fall mit seinem Rechtsanwalt. Der Anwalt mußte ihn enttäuschen, da der Anlaß zu geringfügüg war, um daraus Kapital schlagen zu können. Dennoch nahmen die Dinge eine überraschende Wendung, als dem Anwalt der Name von Fräulein Mary H., die die Kinder zu beaufsichtigen hatte, bekannt wurde. Eine kurze Suche in alten Unterlagen eines Gerichtsfalles, den er vor Jahren bearbeitet hatte, führte zum gewünschten Erfolg. In einer neu aufgenommenen Verhandlung wurden die vom Vater der Kinder vorgebrachten Beweise für deren mangelhafte Betreuung vom Gericht gewürdigt. Die Kinder wurden der Obsorge der Mutter entzogen und dem Vater zugesprochen. Das Urteil wurde mit der mangelhaften Betreuung der Kinder begründet, die die Mutter zur Aufsicht einer verurteilten Kindesmörderin anvertraut hatte. Fräulein Mary H. hatte jene geheimnisvolle Periode ihres Lebens, die wir trotz eifriger Befragung nie zu ergründen vermochten, in einem Zuchthaus verbracht, da sie ihr neugeborenes Kind, die Frucht einer verschwiegenen Beziehung in einem Ofen verbrannt hatte. Natürlich hat man uns die Gründe für den raschen Abgang des Fräuleins aus unserem Hause nicht mitgeteilt. Durch lange Zeit haben wir Fräulein Mary H. vermißt und in liebevoller Erinnerung behalten. Tante Nini blieb meinen Eltern in jahrelanger Freundschaft eng verbunden. Ihr geschiedener Gatte hat mich zwanzig Jahre später in eine Vertrauensstellung seines Betriebes berufen, wo ich die Grundlagen für meine spätere Laufbahn erworben habe. Ich bin ihm, der mir zu einem väterlichen Freunde geworden war, über das Grab hinaus dankbar.

Nach dem Ausscheiden von Fräulein Mary H. wurde keine weitere Gouvernante mehr eingestellt. Die Vermögenslage der Familie hatte sich weiterhin drastisch verschlechtert. Für meine Mutter und ihre Schwestern, denen nach dem Willen ihres Vaters ein ansehnlicher Erbteil hätte zufallen sollen, ist bedauerlicherweise dieser Fall nicht eingetreten. Bald nach dem Tode meines Großvaters wurde die Allodherrschaft Ligist verkauft, um aus dem Erlös die Geschwister auszuzahlen. Trotz seiner ausgedehnten Waldungen von gut dreitausend Hektar wurde der Besitz infolge seiner ungünstigen Verkehrslage weitab von befahrbaren Straßen und wegen der dadurch verursachten hohen Bringungskosten einerseits sowie in Hinblick auf die damals niedrigen Holzpreise andererseits, sehr bescheiden bewertet. Als nach langwierigen Verlassenschaftsverhandlungen, nach Abzug von Steuern und enormen Rechtsanwaltskosten das Erbe an die drei Töchter zur Auszahlung kam, herrschte in Österreich eine Inflation bis dahin unvorstellbaren Ausmaßes. Innerhalb weniger Tage verloren flüssige Vermögen ihren ursprünglichen Wert bis auf einen winzigen Bruchteil. Genau das geschah auch mit dem Erbe meiner Mutter und ihrer Schwestern. Nach jahrelangem Warten erhielten sie Zuweisungen in außerordentlicher Nominalhöhe, denen ein geradezu lächerlicher Realwert gegenüberstand. Einige Jahre später wurde das Forstgebiet von Ligist durch eine neue, die beiden Bundesländer Steiermark und Kärnten verbindende Alpenstraße erschlossen. Seither zählen diese Waldungen zu den wertvollsten unseres Landes.
Als ich etwa zwölf Jahre alt war, waren die Sparmaßnahmen und Einschränkungen, denen sich die Familie unterwerfen mußte, auch von uns Kindern nicht mehr zu übersehen. Zwar blieb der Haushalt selbst uneingeschränkt, und auch die Zahl der Dienstboten erfuhr zunächst keine Verminderung.
Aber die Familie rückte im großen Hause zusammen, damit freiwerdende Zimmer an sogenannte „paying guests" vermietet werden konnten. Das waren meist Söhne von Verwandten, die in Graz Gymnasien oder die Hochschule besuchten. Sie wohnten im Hause, waren der Familie völlig angeschlossen und mehr oder weniger auch meinen Eltern zur Erziehung anvertraut. Die von ihnen bezahlte Miete rechtfertigte eine gepflegte Küche und entsprechende Bedienung, somit eine uneingeschränkte Weiterführung des Haushaltes. Hingegen sah man sich genötigt, weite Teile des ausgedehnten Parks um die Villa zu verkaufen. Bald entstanden fremde Villen, wo wir als Kinder fernab von unseren Pflichten unsere Spiele getrieben hatten, und unser Paradies war erheblich kleiner geworden. An größere Reparaturen oder Modernisierungen war nicht mehr zu denken. Ein Anschluß an das städtische Kanalsystem unterblieb, und wir wurden noch, als dies schon höchst ungewöhnlich geworden war, wöchentlich einmal von den „Königen der Nacht" aufgesucht. Diese gehörten zur schon spärlich gewordenen

Truppe der „Faßbrigade“, welche die nicht kanalisierten Haushaltungen von deren in Fässern deponierten Fäkalien befreiten. Dieser Dienst geschah seines üblen Geruches wegen des Nachts. Ein vertrautes Rumoren im Souterrain des Hauses zu mitternächtlicher Stunde, ein Knirschen auf dem Sande des Gartenweges, ein rollendes Geräusch, ein „Ho-ruck!“ und ein „Hioh!“ verriet uns, daß die irdischen Reste unseres Hausstandes wieder einmal fortgebracht und einer zweckmäßigen Verwendung zugeführt worden waren und daß neue, leere Fässer ihren Dienst aufgenommen hatten. Man erzählte uns, daß gar nicht so lange zuvor am oberen Ende der steilen Sporgasse im Inneren der Stadt ein gefülltes Faß den „Königen der Nacht“ einmal ausgekommen, fröhlich über das Kopfsteinpflaster der ehrwürdigen, vornehmen Straße hinabgerollt und am Eckpfeiler des bogengeschmückten Luegg zerschellt sei. Es soll ein schwieriges Problem gewesen sein, den damals noch nicht kanalisierten Hauptplatz von den Folgen dieser Überschwemmung zu befreien . . .

Es wird langsam dunkel

Aus den Kalendereintragungen meiner Mutter sehe ich, daß um die Mitte der 30er Jahre die Teilnahme der Familie am gesellschaftlichen Leben eine deutliche Einschränkung erfuhr. Die einstmals häufigen Besuche von Theater, Konzerten sind nur mehr selten vermerkt, die Eintragungen „. . . zum Souper bei uns" werden spärlicher. Zwar sieht man immer noch viele Gäste, aber sie kommen nur mehr zu einem einfachen Tee, zu Kartenpartien oder zum „Mah Jongg", einem damals hierzulande modern gewordenen uralten chinesischem Spiele mit bemalten Holztäfelchen, ähnlich unseren Dominosteinen. Die Gäste, die in diesen Jahren am häufigsten zu uns kommen, werden in Zukunft die besten Freunde meiner Eltern sein, und die enge Verbindung mit ihnen wird über die schwierigen Jahre, die vor uns liegen, hinausreichen auf Lebenszeit.
Das Jahr 1934 bringt gleich zu Anfang schwere politische Unruhen in unserem Lande. Mein Vater, Onkel Poldi, der jüngste Bruder meiner Mutter, und die Älteren unter unseren „paying guests" versehen in Uniformen der Heimwehr oder der Jugendorganisation „Jungvaterland" Dienst in der Stadt und in den westlichen Vororten, von wo heftiges Gewehrfeuer zu uns herübertönt. Nach einigen Wochen hat sich die Lage beruhigt, man sammelt für Verwundete, man besucht Versöhnungsgottesdienste. Kaum fünf Monate später, am Morgen des 25. Juli finde ich meine Mutter weinend in ihrem Zimmer. Das habe ich noch nie erlebt. Ich habe meine starke, tapfere Mutter noch nie weinen sehen. Ich will den Grund wissen. Es fehlt ihr nichts, sie hat keine Schmerzen.

Es muß ein Kummer sein. Wer hat ihr den angetan? Wer meiner Mutter einen Kummer antut, ist ein Feind. Endlich erfahre ich es: sie haben unseren Kanzler Dollfuß ermordet. Wer? Die Nationalsozialisten. Ich weiß kaum etwas über den Kanzler Dollfuß und gar nichts über die Nationalsozialisten. Ich weiß nur, daß sie es sind, die meine Mutter zum Weinen gebracht haben. Sie sind die Feinde. Von diesem Augenblicke an hasse und verabscheue ich sie aus meinem ganzen kindlichen Herzen. Ich werde nie aufhören, sie zu verabscheuen, solange es sie gibt, aber noch blieben wir unbefangene Kinder.

Irgendwann um diese Zeit gab es eine Mondfinsternis. Total oder partiell – ich weiß es nicht mehr. Ich erinnere mich nur daran, daß man sehr aufgeregt war, und daß jedermann sich bemühte, den seltenen Vorgang ganz genau zu beobachten. Man lieh sich Fernrohre und Jagdgläser, man verschaffte sich für diesen Abend Einladungen zu Familien mit einem Balkon oder einem Garten, und ganz Eifrige sicherten sich Plätze auf der hohen Aussichtswarte im Lechwald. Wir Buben erfuhren, daß sich die Gräfin Bea P. während der maßgeblichen Stunde auf dem Dachboden ihres Hauses aufhalten würde, um von einer hochgelegenen, dem in Dunkelheit verschwindenden Gestirn zugewandten Dachluke das Schauspiel präzise zu studieren. Gräfin Bea P. war eine unverheiratete Dame mittleren Alters, überall geachtet, stets freundlich und hilfsbereit, sehr gesetzt und gesittet. In ihrem fünften Jahrzehnt stehend, galt sie in unseren Augen als alt. Als alte Jungfer also, die dazu geschaffen schien, unseren grausamen Späßen als Opfer zu dienen. Als der Abend gekommen war und uns das himmlische Ereignis schon nach wenigen Blicken auf die unendlich langsam sich verringernde Mondscheibe zu langweilen begann, begaben wir uns zum Telephon und wählten die Nummer des Hauses P.. Nach längerer Zeit meldete sich dort das Dienstmädchen, dem wir dringend nahelegten, sofort die Comtesse Bea an den Apparat zu holen, da wir ihr eine Mitteilung von allergrößter und unaufschiebbarer Wichtigkeit zu machen hätten.

Das Dienstmädchen entfernte sich, und wir verfolgten in unserer Phantasie seinen Aufstieg in die Finsternis der Dachkonstruktion, aus der sie aufgeregt nach ihrer Dame rief, die hoch über ihr aus der Luke durch einen Feldstecher auf den eben in seine interessanteste Phase eintretenden Vorgang starrte. Grausam herausgerissen aus der hingebungsvollen Beobachtung des einsamen, um sein Licht bedrohten Mondes, entschloß sich die so dringend Gerufene nach kurzem Zögern zur Entgegennahme der wichtigen Botschaft und somit zum mühevollen Abstieg von ihrer hochgelegenen Warte. Über schwankende Bretter, steile Leitern und knarrende dunkle Treppenstufen stieg sie, spärlich beleuchtet, in die Niederungen ihres irdischen Daseins hinab und erreichte, heftig nach Atem ringend, den ihrer harrenden Telephonapparat. Dort vernahm sie unsere Stimmen, die ihr voll Eifer verkündeten, daß heute, genau in die-

sen Minuten, ein einmalig interessanter Vorgang am nächtlichen Himmel zu sehen sei, eine Mondesfinsternis, die sie unbedingt beobachten solle, am besten von einer Dachluke aus, wobei die Mitnahme eines Fernglases sehr zu empfehlen wäre. Nach dieser lange und umständlich mit vielen artigen Floskeln vorgebrachten Mitteilung bedankte sich unser unglückliches Opfer liebenswürdig für unsere freundliche Empfehlung, der sie sofort nachkommen werde, ja eigentlich schon früher zu folgen im Begriffe gewesen sei, bis sie durch unseren Anruf, – aber das sei ja nur überaus freundlich von uns gewesen, und sie danke uns nochmals herzlich, nun wolle sie wieder auf ihren Beobachtungsplatz, gute Nacht! Das Gespräch war beendet und die Mondesfinsternis auch. Denn als die Ärmste keuchend über dunkle Treppen, steile Leitern und schwankende Bretterstege wieder ihre Warte erreicht hatte, stand hoch über ihr der runde Vollmond in seinem kalten Silberlichte und strahlte unversehrt auf sie herab, wie er das alle vier Wochen ihres Lebens vor dieser Nacht der Enttäuschung getan hatte und weiterhin tun würde, solange sie ihre einsame Bahn auf dieser Erde ziehen würde.
Ich hoffe, daß die arme Gräfin Bea P. irgendwann später doch noch die eine oder andere Mondesfinsternis gesehen hat. Jedenfalls wird sie aber nunmehr von ihrer Warte in lichten Höhen die Konstellationen unzählbarer Myriaden von Gestirnen beobachten dürfen, ewig und unerreichbar von den Störaktionen jugendlicher Quälgeister aus der Schanzelgasse zu Graz.

Seckau

Mit bemerkenswerter Schamhaftigkeit habe ich bisher eine wesentliche Komponente meiner Menschwerdung verschwiegen, die doch gewiß zu den wirksamsten Eindrücken eines jugendlichen Daseins gehört und nach allgemeiner Auffassung maßgebend für das ganze spätere Leben ist: Meine schulische Karriere. Es ist nun keineswegs so, daß mich jene zwölf Jahre, die ich auf stets wechselnden, aber immer gleich splittrigen, tintenbefleckten, messergekerbten, säuerlich riechenden und für meine Körpermaße zu engen Schulbänken abgesessen habe, daß mich jene zwölf Schuljahre also, nicht entsprechend wirksam beeindruckt hätten und etwa nicht maßgebend für mein Leben gewesen wären. Nein, ganz im Gegenteil: Noch heute, nach mehr als sechs Jahrzehnten meines gewiß nicht ereignisarmen Erdendaseins sind es nicht die Schrecken des Krieges, nicht Bombenhagel und Feuerstürme, Flucht und Gefangenschaft, nicht Not und Einsamkeit, Todesangst und Verzweiflung, deren Gespenster meinen Schlaf stören, sondern immer wieder das Bewußtsein meiner totalen Ohnmacht gegenüber der grausamen Allmacht eines wißbegierigen Lehrkörpers, dessen völlig unverständliche Prüfungsfragen mir den Schweiß aus allen Poren treiben. In diesem Schweiße gebadet erwache ich mit schöner Regelmäßigkeit aus wöchentlich sich mehrmals wiederholenden Alpträumen klopfenden Herzens und in wilder Angst, die sich nur langsam legt und in das süße Bewußtwerden meines wahren Alters wandelt, dem kein Lehrkörper mehr etwas anhaben kann.

Nein, mangelnde Eindrücke oder fehlende Wirkung meiner Schuljahre sind es nicht, die mein großzügiges Darüberhinweggehen verursachen. Es schien mir bisher nur ein wenig umständlich, dem staunenden Leser klarzumachen, daß ich nach Absolvierung der Volksschule nicht weniger als fünf verschiedene Gymnasien mit meiner Anwesenheit beehrt habe. Um allen falschen Verdächtigungen zuvorzukommen, beeile ich mich festzustellen, daß ich niemals von einer Schule geflogen bin. Ich war – und ich kann das beschwören! – fast immer das Opfer politischer Verhältnisse. Und sooft diese in unserem Vaterlande wechselten, wechselte auch ich die Schule. Einmal war das Gymnasium zu nazistisch, meine Eltern nahmen mich heraus. Dann war das Abteigymnasium der Seckauer Benediktiner den neuen Machthabern zu christlich, sie sperrten es zu. Die nächste Schule mußte ich wechseln, weil meine Eltern unter politischem Druck meine Heimatstadt Graz verließen. Nur ein Schulwechsel erfolgte ohne politischem Zwang. Das war eher am Anfang meiner schulischen Laufbahn, als ich, in den ärgsten Flegeljahren stehend, von meinen Eltern nur mehr mit größtem Aufwand gebändigt werden konnte. Wir drei Brüder waren damals, was Rauflust und Lausbübereien betraf, in Hochform, und der Ruf unserer Untaten verbreitete sich in unserem Stadtteil und im Kreise unserer Bekannten. Eltern mit sittsamen Kindern begannen ihre Besuche bei uns einzuschränken und hielten ihren Nachwuchs an, den Umgang mit uns zu meiden. Unsere Leistungen in der Schule waren dementsprechend. Mein Abschlußzeugnis in der 3. Klasse Gymnasium war fürchterlich. Ich mußte die Klasse wiederholen. Da traf es sich günstig, daß am Abteigymnasium des Benediktinerklosters im obersteirischen Seckau, wo nur jedes zweite Jahr ein neuer Klassenzug begonnen wurde, gerade eine 3. Klasse zu laufen begann. Meine Eltern entschlossen sich, mich den Erziehungskünsten der Patres zu Seckau anzuvertrauen, und so trat ich mit 13 Jahren in diese Internatsschule ein.

Wenn ich unter den Scharen von Professoren und Erziehern, denen ich jemals als Schüler ausgeliefert war, Männern begegnet bin, die wahrlich Pädagogen gewesen sind, erfüllt von ihrer Berufung, jungen Menschen Lehrer zu sein, die, ohne Furcht zu säen, Ehrfurcht ernteten, dann traf ich solche in den Mauern dieses altehrwürdigen Stiftes. Hier wirkten die Erzieher und Lehrer im schwarzen Habit des heiligen Benedikt vollkommen im Einklang mit den uralten Regeln ihres Ordensgründers, der die Kultur des christlichen Abendlandes geprägt hat wie kein anderer.

Die zwei Jahre, die ich in dieser Internatsschule verbracht habe, dürften für mich die wirkungsvollste Zeitspanne meiner ganzen Erziehung gewesen sein. Das Gymnasium – eine Privatschule mit Öffentlichkeitsrecht – hatte zu meiner Zeit nur neunzig Schüler in vier Klassen. Diese geringe Zahl erlaubte eine außerordentlich individuelle Betreuung

Benediktinerabtei Seckau.

der Zöglinge, die zum größten Teil auch im Internat untergebracht waren. Wir wurden nach heutigen Maßstäben sehr streng gehalten. Es gab wenig Freizeit, man war immer unter Aufsicht. Keiner von uns durfte die Stiftsgebäude allein verlassen, alle Wanderungen, Spaziergänge oder Bergtouren erfolgten in großen Gruppen. Der Tagesablauf war genauest eingeteilt in Schulstunden, Studium, Sport und Gebet. Zu bestimmten Zeiten war uns strengstes Silentium auferlegt. Übertretungen dieser Ordnung wurden streng geahndet. Es gab damals noch die Strafe der körperlichen Züchtigung, die ich mehrmals redlich ausgekostet habe. Wir schliefen klassenweise in geräumigen Schlafsälen und studierten in den großen Klassenzimmern mit hohen Fenstern unter barocken Stuckplafonds an hölzernen Pulten, wo wir neben unseren Schulbüchern auch unsere kleinen privaten Besitztümer unterbringen durften. Die Mahlzeiten erhielten wir im sogenannten Schülerrefektorium. Ein Teil der Essenszeit verlief unter Silentium mit Vortrag einer Tischlesung. Das Essen war reichlich, aber von bescheidener Qualität.
Früh, mittags und abends waren wir zum Gebet in der Studentenkapelle versammelt, der Tag begann stets mit einer Meßfeier. Sonntags feierten wir das Meßopfer zweimal, da wir am Hochamt des Konvents in der romanischen Basilika teilnahmen. Am Nachmittag war der Besuch der Sonntagsvesper Pflicht. Die musikalischen Schüler waren, soweit sie noch vor ihrem Stimmbruch standen, als Chorsänger Mitwirkende bei diesen Feierlichkeiten. Andere fungierten als Ministranten oder erhielten kleine Aufgaben im liturgischen Bereich.
Ich fürchte, unter meinen jüngeren Lesern wenig Verständnis für die Feststellung zu finden, daß diese Jahre strenger Abgeschlossenheit in karger Umgebung zu den schönsten Zeiten meiner Jugend gehören, daß ich all das dort Erlebte, Erlernte und Erfahrene zu den wertvollsten Erwerbungen meines Lebens zähle, und daß die Abtei Seckau mir heute noch als ein zweites Zuhause ans Herz gewachsen ist. All das, was mir an Grundwerten von meinem Elternhause in meine kindliche Seele versenkt worden ist, hat in der klösterlichen Erziehung von Seckau seine Weiterbildung erfahren und wurde zur gültigen Richtlinie für mein späteres Leben entwickelt. Mein Sinn für Tradition, mein Respekt vor der Geschichte, die Bindung zu meinem Stand, zu meinem Land, die Gnade einer unangefochtenen Gläubigkeit, alle diese Lichter, die mir mein Dasein erhellen, sind mir von meinen benediktinischen Lehrern entfacht worden.
Die tiefsten Eindrücke aber habe ich von der in Seckau praktizierten kirchlichen Liturgie erhalten. Der Orden der reformierten Beuroner Benediktiner, der in den 80er Jahren das nach der Aufhebung des alten Augustiner-Chorherrenstiftes durch Kaiser Joseph II dem Verfall preisgegebene Kloster wieder besiedelt hatte, ist an allen seinen Wirkungsstätten um die Pflege der althergebrachten Formen des Gottesdienstes be-

müht. Ob es nun die einfachen Wechselgesänge des mehrmaligen täglichen Chorgebetes waren, die gregorianischen Choräle während der Konventmessen, oder die festliche Zelebration der mit großer Assistenz gefeierten Pontifikalämter an den Höhepunkten des Kirchenjahres im orgeldurchrauschten Dom, zu Seckau geschah dies alles stets in höchster Formvollendung, mit meisterhaft geschulten Chören, mit begnadeten Stimmen, mit Organisten von hohen Graden, mit herrlichen Ornaten in allen vorgeschriebenen liturgischen Farben und mit einer Präzision der Bewegung, die dem Ballett jedes großen Opernhauses zur Ehre gereicht hätte. Aber zugleich geschah es in tiefer Demut und Frömmigkeit. Wenn auch die untadelige Perfektion aller Vorgänge ein gestrenges Walten des erfahrenen Zeremoniärs und vielfache Proben und Übungen erahnen ließen, wo ward das Ganze nie als „Aufführung“ im Sinne eines Schauspiels empfunden, sondern immer nur als ein Dienst in vollendeter Form, als eine Form also, die nur den Sinn hatte, einem unvergleichlich höherem Inhalt würdig zu dienen. „Omnia ad majorem Dei gloriam“ war gewiß das Motto dieses Dienstes, der sich an allen Tagen des Jahres in stets wandelnder Gestalt, in ungezählten Facetten mit tiefster Symbolik, in allen Ausdrucksformen, vom klagenden Todeskummer bis zum Jauchzen der sieghaften Erlösung im vollen Spektrum aller Farben der Liturgie entfaltete.
Wir heute verarmten nachkonziliaren Christen, die wir uns in den Verlust eines einstmals so vielfältigen Reichtums unserer Religiosität zu finden haben, der um der „höheren Beachtung des Wesentlichen, des eigentlichen Inhalts willen“ uns angetan wurde, wir müssen uns heute schon Mühe geben, um all das uns geistig noch einmal zu vergegenwärtigen, was wir in wenigen Jahrzehnten verloren haben. Denn Stück für Stück, in zunächst kaum merkbaren kleinen Streifchen wurde das bunte Festkleid der Liturgie beschnitten, hier ein wenig Brauchtum, dort ein paar vertraute Lieder, da die lateinische Sprache, dann dieser Heiligenkult, jener Segen, ein Titel, ein Ornat, ganze Passagen aus dem Ordo missae, so vieles, was wir liebten, was uns vertraut war seit alter Zeit, was uns die Kirche zur Heimat gemacht hatte, zu unserem Vaterhause mit seiner Geborgenheit, seinen Gerüchen, Geräuschen, Geheimnissen. Seit Johannes XXIII „die Fenster der Kirche aufgestoßen hat, um frische Luft hereinzulassen“, ist wohl die Zirkulation außer Kontrolle geraten. Es ist kalt geworden und ungemütlich, leerer und ein wenig fremd, und viele von uns fühlen sich nicht mehr recht daheim im Vaterhaus.
Ob wir nach all den Neuerungen der Liturgie, nach dem Zurückdrängen althergebrachter Andachtsformen, kunstbeflissener Kirchenchöre, lateinischer Messen großer Meister, nun wirklich den erhofften klaren Blick auf das Wesentliche gewonnen haben, ist schwer festzustellen. Die geheimnisvoll verborgene Gottheit, unseren Vorfahren einst durch die Schleier ihrer akustischen und optischen Rauchopfer ehrfurchtsvoll verhüllt,

bleibt – so meine ich – auch nach gründlicher Lüftung der Kirche weiterhin geheimnisvoll verborgen. Und wer kann schon sagen, ob dem Allmächtigen seit dem 2. Vaticanum die „Gestaltung“ des Meßopfers durch Kindergärtnerinnen und Blue jeans-Gitarristen und durch Priester im Rollkragenpullover wohlgefälliger erscheint, als die „Aufführung“ der Krönungsmesse Mozarts zum Pontifikalamt eines Bischofs mit langer Seidenschleppe. Ich habe nichts gegen Rollkragenpullover und schon gar nichts gegen Seidenschleppen, nur – vor die Wahl gestellt – würde ich meinen, Ort und Anlaß sollten entscheiden. Oder vielleicht besser noch: Lasset sie gewähren, wehret es ihnen nicht. Laßt sie darbringen ihr Te Deum, jeden auf seine Art. Mag es zirpen die Grille, quaken der Frosch, mag die Amsel es singen in süßen Flötentönen. Der Kindergarten mag es plappern, der Jüngling es an der Gitarre zupfen, die Solisten der Krönungsmesse mögen es trällern zu Geigenklang und Weihrauch. Es wird ein großes Te Deum sein, das da aufsteigt zum Herrn. Und der Herr, Er mag es gnädig lächelnd dulden. Vielleicht. Denn Er ist gütig.

Im Internat von Seckau traf ich mit etlichen Söhnen verwandter Familien zusammen. In meiner Klasse waren zwei Vettern Attems. Der eine von ihnen, Max Ernst, den ich noch nicht gekannt hatte, fand infolge seines gewinnenden Wesens und seiner sympathischen Erscheinung sogleich meine Zuneigung. Er gehörte zu jenen seltenen Typen, die in allen noch so dürftigen Lebenslagen stets gepflegt und sauber wirken und von keinem Unrat des irdischen Weges befleckt zu werden scheinen. Das schien mir, dem diese löbliche Eigenschaft ganz und gar nicht zueigen war, sehr bewundernswert. Einen weiteren Anlaß, ihn zu bewundern, bot er mir, als er sich meiner, des neu zur Klasse Hinzugekommenen, der üblicherweise seine Integration durch Duldung härtester Bewährungsproben und grausamer Behandlungen seitens der Mitschüler zu verdienen hatte, in großmütiger Weise annahm. Ich bemühte mich um eine echte Freundschaft mit diesem mir auf allen Gebieten überlegenen Gönner, die mir auch wirklich zuteil wurde. Als besondere Sternstunde meines Glücks schien mir seine Einladung auf eine Ferienwoche in seinem Elternhaus, dem Schlosse Oberkindberg, das ich zum ersten Male in meinem Leben betrat. Meine Großmutter, als sie hörte, daß ich das Heim ihrer Kindheit besuchen sollte, trug mir beim Abschied auf, in der Schloßkapelle vor dem Grab ihrer Eltern, meiner Urgroßeltern, ein Vaterunser zu verrichten, und dann nachzuschauen, ob im Möstlinggraben hinter dem Schlosse noch wie zu ihrer Jugendzeit die Brombeeren reiften. Ich tat das Aufgetragene gewissenhaft. Das Vaterunser ward gebetet, und die Brombeeren reiften.

Die schönen Ferientage vergingen im Walde und auf der Fischwaid und im hohen Gebälk des abenteuerlich dunklen Dachbodens. Den geringsten Eindruck hinterließ mir damals meines Freundes kleine Schwester Therese, ein pagenköpfiges Geschöpf mit Zahnspangen und Lederhose, das unsere bübischen Aktionen hin und wieder zu stören versuchte. Wie konnte ich auch ahnen, daß dieses Wesen, zehn Jahre später, zu einer beachtlichen weiblichen Erscheinung erblüht, zum Gegenstand meines Interesses, dann meiner Verehrung und bald darauf zu meiner Ehefrau werden sollte! Dank Dir, Max Ernst, guter Kumpan meiner fernen Jugend, Dank Dir über die kurzen Jahre unserer Freundschaft, über Deine so knapp bemessene Lebensspanne, über Dein vergessenes Soldatengrab in russischer Erde hinaus, Dank Dir für das Glück meines Lebens!

Zwei Jahre nur waren mir vergönnt in der klösterlichen Zucht des Seckauer Internats. Die glorreiche „Heimkehr“ Österreichs in das Dritte Reich brachte das Ende der Abteischule und die Vertreibung der Mönche aus ihrer Heimstatt. Das seit vielen Jahrzehnten ununterbrochene Gotteslob verstummte im ehrwürdigen romanischen Dom im Gebirge. Schüler und Mönche verließen die Stätte. In den geraubten Stiftsgebäuden, in unseren Schlafsälen und Klassenzimmern etablierten die braunen Machthaber eine „Napola“, eine Nationalpolitische Erziehungsanstalt. Mit heißem Zorn im Herzen kehrte ich in mein Elternhaus zurück.

Die „kleine Großmama“

Ich muß von meiner Großmutter erzählen, von der „kleinen Großmama“, der Mutter meines Vaters, in deren Haus wir leben. Immer noch ist sie der Mittelpunkt der Familie. Sie ist ein Symbol der Beständigkeit, ein Hort der Sicherheit. Um ihretwillen scheint die Zeit stehen geblieben zu sein in diesem Hause, um ihretwillen leben wir alle das Leben von gestern. Sie ist von allen zärtlich geliebt. Es ist, als spürten wir, selbst wir Kinder, daß alles um uns anders werden würde, wenn wir sie verlören. Diese abendlichen Stunden, wenn wir, von den Eltern zu Bett geschickt, noch rasch in ihren Salon eilten, um ihr gute Nacht zu sagen. Da saß sie, steif auf einem unbequemen Stuhl uns erwartend, und hatte sich schon vorbereitet auf die Geschichte, die sie uns erzählen mußte. Ihr ganzes Repertoire hatte sie schon ausgeschöpft, Erlebnisse aus ihrer Jugend, alte Familiengeschichten, Romane, die sie gelesen hatte, Balladen, die sie deklamierte. In ihrer Not suchte sie Zuflucht in der Opernliteratur und erzählte uns die Handlung aller Opern, die sie kannte, jeden Abend eine. Pünktlich um neun Uhr erschien der Franz mit einem Glas Wasser auf einem silbernen Tablett. Er stellte es vor sie hin und wünschte eine gute Nacht. Stets reichte sie ihm die Hand, die er küßte. In diesen Handkuß legte der Franz seine ganze Zuneigung und Verehrung, die er für sie empfand, seit sie noch eine junge Frau war. Das Glas Wasser hat sie nie berührt. Der Franz entschwand, und wir wurden zu Bett geschickt.

Meine Großmutter Anna Spiegelfeld-Attems in Balltoilette.

Wir waren die einzigen Kinder weit und breit, die jährlich zweimal Weihnachten feierten. Stets am 21. Dezember bereitete uns die Großmutter ihr „Vorweihnachten“, eine Bescherung, die sie allein für die ganze Familie richtete. Sie plagte sich den ganzen Nachmittag mit dem Aufbau ihrer großzügigen Geschenke, und wenn ich heute daran denke, daß wir Buben zuweilen die Ahnungslose durch das Fenster beobachteten und uns dabei selbst um die Freuden der Überraschung brachten, empfinde ich gleichermaßen Scham und Rührung.

Stets tags darauf fuhr sie nach Linz. Dort lebte ihre Tochter Anna, einzige Schwester meines Vaters, unsere geliebte Tante Annerl. Sie war verheiratet mit Gisbert Freiherrn von Wersebe, Hofrat und Bezirkshauptmann, dem Urbild eines alt-österreichischen Beamten. Die Ehe war kinderlos geblieben, und die beiden hingen in inniger Liebe an unserer Familie. Meine Großmutter feierte alljährlich das Weihnachtsfest bei ihnen.

Mein Onkel und Taufpate Gisbert Wersebe entstammte einer norddeutschen Familie, die seit mehr als tausend Jahren auf ihrem Familiensitz Mayenburg bei Bremen ansässig war. Ein Zweig seines Hauses stand in Diensten am Hannoveranischen Hof und emigrierte mit diesem nach Österreich, als 1866 die Preußen Hannover vereinnahmten. So wie etliche andere hannoveranische Familien ließen sie sich in der Nähe ihres exilierten Herrscherhauses in der Stadt Gmunden nieder. Alsbald traten sie in österreichische Dienste. Der Vater meines Onkels war General und österreichischer Militärattaché an der Botschaft zu Petersburg. Von der Zarin Maria Fjedorowna erhielt er einmal ein paar prächtige Manschettenknöpfe zum Geschenk. Diese waren nach russischer Sitte so schwer und von Edelsteinen überladen, daß er sie hierzulande nicht tragen konnte. Mein Onkel ließ später zwei Broschen daraus fertigen, die dann in unsere Familie gekommen sind. Es war bezeichnend für die Schmelztiegelfunktion des alten Österreich, daß tüchtige Offiziere oder Beamte aus aller Herren Länder hier Aufnahme und Fortkommen fanden. Ungezählte Männer ausländischer Herkunft haben im Dienste der Donau-Monarchie große Karriere gemacht und sind zu glühenden österreichischen Patrioten geworden.

Während ihrer Anwesenheit in Graz, die zusammengerechnet etwa zwei Drittel des Jahres betrug, war der Tagesablauf meiner Großmutter von einem festen Programm bestimmt. Jeden Vormittag fuhr sie in die Stadt, um ihre „Kommissionen“ zu erledigen. Das waren meist winzige und unbedeutende Besorgungen, die sie mit größter Sorgfalt und entsprechender Umständlichkeit verrichtete. Oft galten sie kleinen Geschenken, meist ihrer Garderobe. Obwohl sie seit dem Tode meines Großvaters, 1920, wie die meisten ihrer Schicksalsgenossinnen nur schwarze Kleidung trug, wurde den Fragen der Mode große Aufmerksamkeit zuteil. Die Kleider und Kostüme, die sie trug, waren zwar praktisch immer die gleichen, aber selten dieselben. Ständig wurden neue Accessoires angeschafft, Getragenes neu kombiniert oder geändert. Die Hausschneiderin und eine Kleiderpuppe mit der Figur meiner Großmutter waren stets im Einsatz. Dazu bedurfte es dauernd der Neuanschaffung von Knöpfen und Bändern, Stoffen und Zwirnen und sonstiger „Kurzwaren", die täglich den Gegenstand ihrer „Kommissionen" bildeten. Stundenlang pilgerte meine Großmutter durch die einschlägigen Geschäfte der Stadt, probierte, wählte und überlegte lange, bis sie kaufte, und kam am nächsten Vormittag gewiß wieder, um alles umzutauschen. Ich fürchte, meine Großmutter war der Schrecken vieler geplagter Verkäuferinnen in den Modegeschäften von Graz.

Zu Mittag präsidierte sie die große Familientafel im Eßzimmer. Sie überwachte streng die Einhaltung guter Tischmanieren bei ihren Enkeln. Ungezählte Male fuhr ihr harter Faustknöchel schmerzhaft über mein gekrümmtes Rückgrat, wenn ich wieder einmal nicht kerzengerade bei Tische saß, wie es sich gehörte. Nach Tisch hielt sie einen kurzen Mittagsschlaf, sitzend in einem sehr gradlinigen und überaus steifen Fauteuil. Das war die Stunde, in der wir vor ihrem Fenster Ruhe zu halten hatten, die ihr, so fürchte ich, nur selten zuteil wurde. Gegen halb vier Uhr Nachmittag begannen die Vorbereitungen zum Tee. Soferne dieser nicht in ihren eigenen Räumen gegeben wurde, was etwa alle vierzehn Tage der Fall war, erschöpften sich die diesbezüglichen Vorbereitungen in der Auswahl der Garderobe. Wenn das Werk vollendet war, bot sich uns tagtäglich das gleiche Bild: die Großmama, schwarz gekleidet wie immer, im kühnsten Falle zeigte die dunkle Seidenbluse dezente weiße Tupfen, ihr faltiger Hals verdeckt von einem „Collier de chien", einem Bande aus schwarzen und hellen Glasperlen geflochten, an den welken Händen etliche kostbare Ringe, in den Ohren die sehr großen Brillantboutons, die sie tagtäglich trug, die Großmama also, wie sie immer aussah, vielleicht ein wenig kleiner geworden seit dem vorigen Jahr, doch vielleicht etwas weniger schlank als die Kleiderpuppe im Nähzimmer und vielleicht ein wenig mehr nervös nach der Uhr schauend, wenn sie endlich ihren schwarzen Hut mit einer langen Nadel in ihrem hochaufgesteckten weißen Haar befestigt hatte. Dann ging sie aus dem Hause und trippelte den Gartenweg hinunter, etwas unsicher auf ihren sehr kleinen Füßen und natürlich ohne den Spazierstock mit dem Silbergriff, den ihr meine Eltern zum siebzigsten Geburtstag geschenkt hatten. Denn die Großmama war eitel. Niemand sollte merken, daß sie alt war, so wie auch niemand von diesem Geburtstag Kenntnis haben durfte, als wäre er eine Schande gewesen.

„Erlaubt denn das der Kaiser?“

Täglich also ging die Großmama zu einem Tee. Stets war das Ziel die Wohnung einer ihrer Freundinnen, einer der vielen alten Damen in Graz, die einander täglich reihum besuchten. Der Kreis dieser alten Damen, von uns liebevoll „die Mimerln“ genannt, war ein letztes lebendes Überbleibsel der alten Pensionopolis. Sie waren allesamt Witwen lange verstorbener Militärs oder hoher Beamter, die, vom Kaiser gnädig in den Ruhestand entlassen, in dieser Stadt einst auf ihren Tod gewartet hatten. Die alten Damen bezogen eine bescheidene Rente und lebten hinter schweren Vorhängen, zwischen dunklen Möbeln in den Resten ihrer einst üppigen Haushaltungen, zurückgezogen auf wenige Zimmer ihrer einst geräumigen Häuser, deren Großteil sie zahlungskräftigen Mietern überlassen hatten. Die meisten lebten allein, umsorgt von einem getreuen Wesen, uralt und gebrechlich, übriggeblieben aus der dahingegangenen Schar herrschaftlichen Personals. Die „Mimerln“ waren wahrhaft Relikte einer dahingegangenen Zeit. Sie waren wie die allerletzten welken Blätter an einem Baum, den der Herbstwind nicht vollends zu entlauben vermocht hatte, wie Blätter, die noch an ihren Zweigen hängen, an letzten spröden Fasern, die bald, vielleicht morgen schon heruntertaumeln würden in ein weißes Grab von frisch gefallenem Schnee. Es fiel ihnen schwer, eine Beziehung zu ihrer neuen Umwelt zu finden, die sie an den Maßstäben ihrer Zeit vergeblich zu messen versuchten. Die Sprache dieser neuen Zeit verstanden sie nicht, und ihre Gesetze waren ihnen unbegreiflich. „Erlaubt denn das der Kaiser?“, dieses einer von ihnen in den Mund gelegte Zitat mag ihre Isoliertheit demonstrieren. Kein Wunder, daß sie im Bewußtsein ihrer Verlassenheit sich aneinander schlossen zu einem engen Kreise von Gleichgesinnten. Hier fanden sie sich verstanden, ihre Anschauungen bestätigt, ihr Dasein berechtigt. Viele von ihnen trafen einander täglich zu nachmittägiger Stunde, zum „Thee" reihum in ihren Wohnungen. Da ihre sich auf natürliche Weise langsam vermindernde Zahl sich damals auf etwa zwei Dutzend belief, wäre ein dreiwöchiger Rhythmus ihrer Einladungen eine logische Folge gewesen. Manche unter ihnen, die noch über die entsprechenden Mittel verfügten, zeigten sich willens, in kürzeren Intervallen als Gastgeberinnen zu fungieren, wodurch andere, weniger Glückliche, die vielleicht über keinen geeigneten Haushalt verfügten und den „Thee" in einem Kaffeehaus servieren ließen, auf taktvolle Weise von allzu großen Ausgaben verschont blieben.

Unter den in vierzehntägigem Rhythmus einladenden Damen zeichnete sich eine sehr entfernte Großtante, Gräfin Hilda Welsersheimb durch besonders eiserne Regelmäßigkeit aus. Dies mochte in ihrer Herkunft gelegen sein. Sie entstammte der in Preußisch-Schlesien begüterten Familie von Uechtritz. Ihr Mann, Rudolph Graf Welsersheimb, ehemals österreichischer Botschafter, war vor Jahrzehnten gestorben. Tante Hilda war nicht nur überaus korrekt in der Einhaltung ihrer Einladungstermine, sondern auch recht steif und förmlich, eine Eigenschaft, die, obschon durch Güte und Großzügigkeit gemildert, auch nach Jahrzehnten der Dazugehörigkeit zum Kreise der alten Damen in Graz unverändert wirksam blieb. Der Jour fixe von Tante Hilda war jeden zweiten Donnerstag. Zwei Tage vorher, am Dienstag, hatte ihre Jungfer, ein ältliches Geschöpf namens Angela, die einzuladenden Damen reihum telephonisch „aufzuläuten" und zum Tee zu bitten, ein Auftrag, dessen sie sich Jahre hindurch mit unveränderter Stimme und unveränderter Formulierung entledigte: „Ihre Exzellenz, Frau Gräfin Welsersheimb, läßt Frau Gräfin fragen, ob Frau Gräfin am kommenden Donnerstag um halb fünf zum Tee kommen würden." Auch meine Großmutter erhielt diesen Anruf jeden zweiten Dienstag. Der Telephonapparat hing im Vorzimmer, stets waren wir Buben als erste da, wenn es läutete. Die Großmama wurde verständigt, stets lautete die Antwort „ja". Ihre dankende Zusage wurde von uns telephonisch der wartenden Angela übermittelt. Zwei Tage später zu pünktlicher Stunde verließ die Großmama ein wenig nervös und besonders eilig das Haus. Zum Tee bei Tante Hilda gab es immer eine sorgfältige Auswahl von Gesalzenem und Süßem, nach Angelas telephonischer Bestellung von der nahegelegenen Konditorei Preinsack auf Silberplatten appetitlich angerichtet, knapp vor dem Eintreffen der Gäste frisch und verläßlich per Lieferwagen zugestellt.

Das unveränderliche Zeremoniell, dem sich die guten alten Damen an sechsundzwanzig Donnerstagen jährlich durch viele Jahre schon widerstandslos unterworfen hatten und offensichtlich auch weiterhin zu unterwerfen gesonnen waren, schien uns hoffnungsvollen Sprößlingen des zwanzigsten Jahrhunderts mit immerhin beinahe anderthalb Jahrzehnte langer Lebenserfahrung nun doch schon dringend reformbedürftig. Wir hielten die Zeit für gekommen, um die willenlosen „Mimerln“ aus ihrer Sklaverei zu befreien. An einem Montag schritten wir zur Tat. Wir riefen alle betroffenen Damen an und luden sie mit der uns wohl vertrauten Stimme Angelas für kommenden Dienstag halb fünf zum Tee bei „Ihrer Exzellenz, Frau Gräfin Welsersheimb“. Am anderen Ende der Leitung herrschte Fassungslosigkeit. „Wie bitte, Dienstag? Nicht Donnerstag? Nicht nächste Woche?“ „Nein bitte, morgen, Dienstag!“ Schwere Atemzüge waren zu hören, nervöses Schlucken. Dann eine Zusage mit etwas zaghafter, unsicherer Stimme, die auf ein Wanken der Weltanschauung und auf beginnende Glaubenszweifel schließen ließ. Nach Beendigung des telephonischen Dienstes benachrichtigten wir unsere eigene Großmutter. Auch hier erfolgte akustisch und optisch die gleiche Reaktion, die wir ungerührt und kalt beobachteten. Nachdem wir die alten Damen einer schlaflosen Nacht überlassen hatten, verständigten wir am nächsten Vormittag mit Angelas Stimme die Konditorei Preinsack und gaben die übliche Bestellung durch. Als gegen vier Uhr Nachmittag die arme Großmama in verdoppelter Nervosität und höchster Eile das Haus verlassen hatte, radelten wir frohgemut in die Elisabethstraße und verbargen uns gegenüber Tante Hildas Villa hinter Büschen im Garten des Grafen Brusselle. Wir kamen gerade noch zurecht, um das Ausladen der Preinsack'schen Lieferung zu beobachten. Ein für uns nicht wahrnehmbarer, aber mit Sicherheit erfolgter Widerstand gegen die Annahme der nicht bestellten Speisen dürfte aufgegeben worden sein in dem Augenblicke, als die ersten alten Damen eintrafen. Erste leise Zweifel an der Gottwohlgefälligkeit unserer Aktion begannen uns am Herzen zu nagen, als sie daherkamen, eine nach der anderen, alle in schwarz, alle ein wenig hilflos wirkend, manche gekrümmt auf Stöcke gestützt, manche mit winzigen Trippelschritten vorsichtig die Straße überquerend. Wenn zwei einander begegneten, tuschelten sie ein wenig aufgeregt und verschwanden kopfschüttelnd im Haustor. Ihrer aller Weg führte ganz nahe an dem Busch vorbei, hinter dem wir lagen. Die Spannung des Abenteuers war in uns längst einer Beklommenheit gewichen, die sich von Mal zu Mal verstärkte, sobald eine der Damen unser Versteck passierte. Als dann endlich, in letzter Minute, unsere eigene Großmutter vorbei kam, schwer atmend und unsicheren Ganges, natürlich ohne ihren Stock, da rührte sich in uns das Gewissen. Wir begannen zu begreifen, daß die „Mimerln“, dieser Kreis einsamer alter Frauen, keinesfalls das anonyme Objekt unserer leichtsinniger Streiche hätten sein dürfen. Als sie einzeln an uns vorbeigekommen waren auf einem Weg, den zu gehen wir sie veranlaßt hatten, auf ein Ziel zu, das wir ihnen vorgegaukelt hatten, waren sie mit einem Male in unserem Bewußtsein aus dem von uns belächelten Kollektiv herausgetreten und zu Einzelwesen geworden, zu alten Menschen von unantastbarer Würde und zugleich von tiefer Verletzlichkeit. Es mag wohl sein, daß in diesem Augenblicke zum ersten Mal im Leben jene Ritterlichkeit in unser Gewissen drang, die von Blut und Erziehung her dort ihren Platz haben sollte. Als nach einiger Zeit keine mehr kam, verließen wir unser Versteck und fuhren beschämt nach Hause. Am Abend kam die Großmama zurück. Es sei alles wie immer gewesen, erzählte sie, wie an jedem zweiten Donnerstag. Den Grund für den ungewöhnlichen Termin der Einladung allerdings habe sie nicht in Erfahrung bringen können. Weder sie, noch eine der anderen Gäste habe den Mut gehabt, die Gastgeberin danach zu befragen. Daß sie und die übrigen Damen der armen Tante Hilda durch ihr unerwartetes Erscheinen ein noch viel größeres Rätsel aufgegeben hatten, wußte sie freilich nicht. Und welches Ausmaß an Förmlichkeit und steifer Zurückhaltung diese daran gehindert hatte, ihre ungeladenen Gäste ganz einfach nach dem Grund ihres Kommens zu fragen, blieb ihr und allen anderen für immer verborgen. Wir, meine Brüder und ich, die als einzige des Rätsels Lösung wußten, schämten uns und schwiegen.

Das Festhalten an althergebrachter Förmlichkeit legte den meisten Damen dieses Kreises Hemmungen auf, die sie nur schwer zu überwinden vermochten. Ein peinliches Erlebnis meiner Großmutter mag dies beweisen. Als sie eines Tages bei einem der üppigen Tees, die die Gräfin Johanna Plater zu geben pflegte, im Kreise ihrer Freundinnen saß, meinte eine der Damen erstaunt: „Aber Anna, du bist ja heute so jugendlich geschürzt!“ Meine Großmutter blickte an sich herab und sah mit Entsetzen, daß sie vergessen hatte, einen Rock anzulegen. Die „jugendliche Kleidung“ war nichts anderes als ihr schwarzer Unterrock, der, obschon mit einigen Rüschen verziert, als solcher einwandfrei erkennbar nun wirklich keinen Anspruch auf Salonfähigkeit erheben konnte. Die arme Großmama fiel fast in Ohnmacht. Niemand lachte, und alle Damen waren peinlich berührt. Hilfreiche Hände versuchten, den Mangel mittels einer Decke zu kaschieren, und meine Großmutter zog sich, von Schamröte überzogen, aus dem Salon zurück. In einem von der Hausfrau entliehenen Rock eilte sie nach Hause und litt noch tagelang unter ihrer Schande. Meinen Eltern und uns, die wir sie zu trösten versuchten, war die von ihr empfundene Peinlichkeit der Situation kaum verständlich. Ein ähnliches Mißgeschick in unserem Kreise hätte für den spontanen Ausbruch befreiender Heiterkeit gesorgt.

Es scheint heute wohl nicht mehr möglich festzustellen, wer eigentlich zu der überwältigenden Mehrheit der österreichischen Bevölkerung gehört hat, die im März 1938, als die Truppen des nationalsozialistischen Dritten Reiches in Österreich einmarschierten, diese und die Massen der inländischen illegalen Braunhemden mit frenetischem

Jubel begrüßt hat. Diese für unser Volk an sich schon beschämende Tatsache wird jedoch überboten von der Schamlosigkeit, mit der später eine überwältigende Mehrheit der damaligen überwältigenden Mehrheit ihre begeisterte Mitwirkung so erfolgreich zu verschleiern, ja abzuleugnen verstand, daß zuletzt wirklich nur mehr ein kleines Häuflein Verführter übrig zu bleiben schien, auf die man in eifriger Empörung mit dem Finger zeigen konnte. Ich weiß nicht, wie Hunderttausende noch heute lebender Menschen, die in den Unglückstagen der nationalsozialistischen Machtergreifung in durchaus zurechnungsfähiger Verfassung einen verhängnisvollen Irrweg eingeschlagen haben, mit ihrer späteren Lebenslüge fertig geworden sind. Ich weiß nur mit vollkommener Sicherheit, daß allen Mitgliedern meiner Familie derartige Gewissenskonflikte erspart geblieben sind. Sie gehörten zu jenen, die nie in Versuchung gerieten, ihre stets unwandelbare österreichische Gesinnung zu verleugnen. Die Anzahl derer, die das guten Gewissens von sich behaupten können, dürfte nicht allzu groß sein. Daß die „Mimerln" dazu gehörten, steht für mich außer Zweifel.
In den Tagen des „Umbruchs", als machtberauschte Braunhemden lümmelhaft-provokant durch die Straßen der Innenstadt zogen, erschien ein bekannter Grazer Cafetier bei meinem Vater und bat ihn inständig um Intervention. Die alten Damen, die sich zu regelmäßigen Terminen in seinem Kaffeehaus zu treffen pflegten, legten seit einiger Zeit ein Verhalten an den Tag, das, obschon er es durchaus verständlich fände, ihn und sein Etablissement in größte Gefahr zu bringen drohe. An ihrem Tisch an einem großen Fenster sitzend, hätten sie es sich zur Gepflogenheit gemacht, jedesmal, wenn auf der Straße ein Trupp von Braunhemden sichtbar würde, zischende Verwünschungen auszustoßen und diese mit drohend erhobenen Stöcken und Fäusten zu unterstreichen. Dies sei bereits innerhalb und außerhalb des Cafes unliebsam aufgefallen und dürfe sich keinesfalls mehr wiederholen. Ob mein Vater nicht vielleicht auf die verehrte Gräfin-Mutter und durch diese auf die übrigen Damen kalmierend einwirken könne. Nachdem eine entsprechende Intervention erfolgt war, wurde das Kaffeehaus von den „Mimerln" nicht mehr frequentiert. Sie verlegten ihre Tätigkeit in den „Untergrund" ihrer verschwiegenen Wohnungen. Die Unliebsamkeit, die sie „höheren Orts" erregt hatten, blieb ohne weitere Folgen. Denn ein Ratschluß noch höheren Orts hielt ihre Zeit für abgelaufen und nahm sie aus dieser Welt, die längst nicht mehr die ihre war. In wenigen Monaten gingen sie dahin, betrauert von dem schwindenden Rest der Zurückgebliebenen. Seit fast einem halben Jahrhundert ruhen sie nun alle im Friedhof zu St.Leonhard unter marmornen Grabsteinen mit ihren klingenden Namen. Ich wünschte, die Posaunen des Jüngsten Tages möchten sie dereinst gelinde wecken mit der sanften Melodie des „Gott erhalte!" Sie hätten es sich verdient.

Als eine der ersten unter ihnen verließ uns unsere Großmutter. Ein schwerer Anfall ihres jahrelangen Herzleidens nahm sie dahin. Der Tag, an dem wir sie begruben, war der letzte Tag meiner Kindheit. Mit ihr verloren wir die letzten Reste dessen, was als Hort unserer kindlichen Geborgenheit um uns errichtet war. Der alte Franz war knapp vorher gestorben, der Haushalt auf ein Mindestmaß reduziert, der Lebensstil zur Unkenntlichkeit verfremdet.

Die nach unserer kindlichen Meinung unfehlbare und allmächtige Autorität unseres Vaters war durch politische Verfolgung und Demütigung schwer angeschlagen.

Schloß Moosburg, nach Pernhard, um 1850.

EIN NEUER ANFANG

Wie die meisten österreichischen Adelshäuser war auch unsere Familie den neuen Machthabern im „Dritten Reiche“ höchst verdächtig und unliebsam. Und dies hatte durchaus seine Begründung. Sehr im Gegensatz zum Adel im sogenannten „Altreich“, wo es nicht wenige Standesgenossen gab, die in der nationalsozialistischen Machtergreifung zunächst ein Wiedererstarken vaterländischen Bewußtseins und einen Sieg über die proletarische Revolution begrüßt hatten, stand man in österreichischen Adelskreisen der braunen Bewegung im allgemeinen sehr ablehnend gegenüber. Hier war es ja nicht der Nationalsozialismus gewesen, der die kommunistische Gefahr gebrochen und die Machtentfaltung der Marxisten eingebremst hatte. Diese Arbeit war von den Machthabern des autoritären christlichen Ständestaates nach Auflösung des Parlamentes unter Bundeskanzler Engelbert Dollfuß verrichtet worden. Der christlich-sozialen Bewegung und ihren Organisationen gehörten die Sympathien der meisten österreichischen Adelsfamilien, die in dieser Zeit an ihrem offenen Bekenntnis zum exilierten Herrscherhause keineswegs gehindert wurden. Man glaubte vielmehr an eine Restaurationschance für die Monarchie, betätigte sich als „Legitimist“ und veranstaltete Kundgebungen für den fernen Kaisersohn Otto von Habsburg, dem damals von zahlreichen österreichischen Gemeinden die Ehrenbürgerschaft verliehen wurde. Den in Österreich illegal agierenden Nationalsozialisten und ihren in Deutschland zur Macht gelangten Gesinnungsgenossen waren sowohl das Haus Habsburg als auch die christlich-soziale Regierung in unserem Lande Ziele heftigster Angriffe, die in den Jahren 1934 bis 1938 in offenem Terrorismus gipfelten. Es ist verständlich, daß der österreichische Adelsstand für die Angreifer mehr und mehr zum Feindbild wurde. Beim Einmarsch

der deutschen Truppen im März 1938 waren viele seiner Mitglieder wehrlos der Verfolgung ausgeliefert, die lange andauerte und noch einmal hoch auflodern sollte, als Adolf Hitler 1944 beinahe einem Attentat durch eine Gruppe von Widerstandskämpfern erlag, der etliche deutsche Aristokraten angehörten.
Mein Vater, der seiner glühenden Verehrung für das in der Verbannung lebende Kaiserhaus stets Ausdruck gegeben hatte, war auch in der „Vaterländischen Front" und den ihr angeschlossenen Verbänden aktiv tätig. Überdies bekleidete er eine verantwortliche Position in der „Vereinigung katholischer Edelleute". Es gab also ausreichende Gründe, in ihm einen Gegner der Nationalsozialisten und somit einen „Volksfeind" zu sehen. Alle daraus resultierenden Leiden und Demütigungen sind mir durchaus verständlich. Daß man aber im politischen Sprachgebrauch von heute, in den 80er Jahren, die österreichische christlich-soziale Bewegung und ihre Anhänger, die den Nazismus bis zum eigenen Untergang bekämpften, „faschistisch" nennt, was meist mit „nazistisch" gleichgesetzt wird, bleibt mir unverständlich und stimmt mich empört.
An dem Tage, als Österreich „ins Reich heimgekehrt" war, hatte mein Vater seine Stellung durch fristlose Entlassung verloren. Als politisch Verfolgter bekam er natürlich keinerlei Arbeit und schon gar keine Unterstützung. Daraufhin hatte er sich zur Aufnahme als Offizier in die deutsche Wehrmacht beworben, da, wie man wußte, diese ihre Angehörigen der Verfolgung und Belästigung durch Partei und Gestapo zu entziehen vermochte. Tatsächlich war mein Vater durch eine wohlwollende Entscheidung als Angestellter im Offiziersrange bei der Wehrersatzinspektion in Graz aufgenommen worden. Aber bereits elf Wochen später hatte ihm sein ehrlich empörter Vorgesetzter mit allen Zeichen des Bedauerns eröffnet, daß die Parteibehörde des Landes sich seiner Weiterbeschäftigung mit aller Vehemenz widersetzt und seine sofortige Entlassung wegen Wehrunzuverlässigkeit gefordert hatte. Aufs neue und diesmal für endgültig verfügten meine Eltern über keinerlei Einkommen. Sie erachteten die vollständige Auflösung des kostspieligen Haushaltes, die Vermietung der Villa und den Aufbau einer neuen Existenz außerhalb der Steiermark für den einzigen Ausweg. Dieser Ausweg konnte unmittelbar nach dem Tode meiner Großmutter beschritten werden, der zuliebe man den bisherigen schon stark zerzausten Lebensstandard so lange aufrecht erhalten hatte.
In Kärnten, wo er sich vor dem Einfluß der Grazer Parteibehörden einigermaßen sicher glaubte, schuf mein Vater unter Einsatz seiner letzten Mittel eine neue Lebensgrundlage für unsere Familie. Er pachtete von meinem Onkel Zeno Goeß die zu dessen Herrschaft Moosburg gehörende Teichwirtschaft. Hier war lange Zeit zuvor eine Karpfenaufzucht betrieben worden, die mein Vater wiederum in Schwung zu setzen beab-

Teichlandschaft bei Moosburg, nach zeitgenössischer Kohlezeichnung.

sichtigte. Im Schlosse wurde ein leerstehendes Stockwerk angemietet und zum Wohnsitz unserer Familie ausgebaut. Im Frühsommer des Jahres 1939 verließen wir unsere Villa und unsere Heimatstadt Graz leichten Herzens und siedelten mit all unserem Hab und Gut in die alte Moosburg, deren ehrwürdiges Gemäuer uns schon vertraut war. In den vergangenen Jahren hatten wir stets am Ende unserer Ferien in Kärnten hier mit den Eltern zwei Wochen eines idealen Urlaubs verbracht und unsere Herzen an dieses Haus und seine Umgebung verloren. Ein besonderer Reiz jener vergangenen Tage war an der Primitivität unserer Unterkunft gelegen. Der hochaufragende Wohntrakt des Schlosses war von seinen Besitzern durch mehr als hundert Jahre nicht mehr benützt worden und zeigte bereits deutliche Spuren des Verfalls. Die Böden etlicher Räume drohten einzustürzen und durften nicht mehr betreten werden. Es gab kein elektrisches Licht, kein Wasser. Die sanitären Anlagen waren abenteuerlich. In dunklen Nischen hausten Fledermäuse, und durch die hohen luftigen Räume pfiff der Sommerwind. Wir hatten auf Feldbetten und einem Matratzenlager gehaust, tagsüber die herrlichen Wälder durchstreift und in den Teichen gebadet und in den Abendstunden auf der offenen Plattform der „Rondelle", eines runden schindelgedeckten Turmes, bei flackerndem Windlicht Berge des von der Förstersfrau bereiteten Kaiserschmarrens verschlungen. Ein Leben der Freiheit und des Abenteuers. Hier also war uns nun eine neue Heimstatt errichtet worden. Mit dem Tage unseres Einzuges begann für uns ein neuer Lebensabschnitt, eine überaus glückliche Zeit. Trotz der kurzen Dauer, die ihr zugemessen war und trotz der Düsternis, die sich über die Welt draußen breitete oder vielleicht gerade ihrethalben, empfinde ich heute die Jugendjahre in Moosburg als die schönsten meines Lebens. Jung und unbeschwert, von unbändigem Tatendrang erfüllt, nahmen wir alles in Empfang, was sich uns bot: ein neues Zuhause hinter den dunklen, meterdicken, verwitterten Mauern, die unsere Wohnung umschlossen, hoch oben unter dem wuchtigen Steindach, über hundert Stufen zu erklimmen. Aus den Fenstern ging der Blick hinaus weit über das ganze Land Kärnten, bis an die Gipfel seiner Grenzberge im Norden und im Süden. Unten lagen die Teiche, weit hingebreitet, verlockend zu Stunden herrlicher Fischwaid im Boote auf windgekräuselter Wasserfläche unter Glockengeläut und tiefblauem Himmel. Und Wald, überall Wald, in kleinen Schöpfen auf den winzigen Inseln schwimmend, in stillen Buchten geheimnisvoll sich spiegelnd, sanft aufsteigende Hänge und Hügel dunkel bedeckend. Über dem Teich, das jenseitige Moor überragend, die bröckelnden Mauerreste der uralten Kaiserpfalz des Arnulf von Kärnten, der vor elfhundert Jahren hier aufgebrochen war nach Rom, um sich Salbung und Krone zu holen. Und ringsumher der schicksalsträchtige Boden, ewiges Grenzland, schwer geworden unter der Last seiner Geschichte.

Als die viele Arbeit, die uns durch Übersiedlung und Einrichtung unseres neuen Hausstandes auferlegt war, zu Ende ging, als die Heimstatt eingeweiht war und Gäste kamen, um alles in Augenschein zu nehmen, und als wir alle uns dankbar und glücklich fühlten über die vollzogene Wende, brach der Krieg aus. Mein Vater fuhr sofort nach Klagenfurt und stellte aufs neue einen Antrag zum Dienst in der Wehrmacht. Die Gründe für diesen Entschluß waren die gleichen wie ein Jahr zuvor. Man würde prüfen, beschied man ihm, er habe zu warten. Er wartete geduldig ein ganzes Jahr. Wir lebten von den Erträgnissen der Teichwirtschaft, die den ursprünglichen Erwartungen längst nicht mehr entsprachen. Die notwendigen Futtermengen waren nicht mehr aufzubringen, es fehlte an Düngemitteln. Unzählige Karpfensetzlinge wurden zur Beute räuberischer Hechte, die in vergangenen Jahren zur Plage herangewachsen waren. Ein Umstand, der meinem Vater Sorge, uns aber höchste Wonnen bereitete. Täglich, kaum zurückgekehrt von den Schulstunden am Gymnasium in Klagenfurt, eilten wir zum Wasser. Ungezählte herrliche Stunden haben wir da mit Angelrute und Schleppleine verbracht. Unerschöpflich schien der Hechtbestand, den wir trotz gigantischer Erfolge nie auszurotten vermochten.

Eines spätherbstlichen Tages – ich war alleine zu Hause – erschien ein fremder Mann, der meinen Vater sprechen wollte. Er nannte sich Habicht und schien von einer Sorge bedrückt zu sein, die er nur mit meinem Vater besprechen könne. Ich empfahl ihm, sich schriftlich an diesen zu wenden. Der Mann ging und hinterließ in mir ein Gefühl des Unbehagens. Wenige Tage später kam ein Brief. Herr Habicht bekannte darin in unglaublicher Offenheit, daß er seiner politischen Einstellung wegen – er sei überzeugter Monarchist – von der Geheimen Staatspolizei verfolgt werde und auf die Hilfe meines Vaters angewiesen sei. Er benötige dringend Aufnahme bei diesem oder zumindest Kontakte mit verwandten Gesinnungsgenossen. Es sei höchste Eile geboten, er, Habicht, würde sich in wenigen Tagen zu vertraulichem Gespräche bei meinem Vater einfinden. Tag und Stunde seines Eintreffens mit dem Postautobus waren angegeben. Der Brief stürzte meinen Vater in ein furchtbares Dilemma. Herr Habicht mußte wahnsinnig sein, ein Schreiben derart hochverräterischen Inhalts der Post anzuvertrauen. Jedermann wußte, daß die Korrespondenz verdächtiger Staatsbürger überwacht und geöffnet wurde und daß Schreiber und Empfänger eines solchen Briefes höchster Gefahr ausgesetzt waren. Überdies schien ein Eingehen auf Habichts Vorstellungen illusorisch, ja, schon der Gedanke, ihn nur zu empfangen, kam selbstmörderischen Erwägungen gleich. Wir mußten damit rechnen, daß der Brief abgefangen und zensuriert worden war und daß man bei der Gestapo auf die Reaktion meines Vaters wartete. Ja, mehr noch, und dieser Gedanke dämmerte immer deutlicher ihn uns auf, es war möglich, ja wahrscheinlich, daß das Schreiben von der Gestapo selbst verfaßt worden war und Habicht die Rolle eines Agent provocateur spielte. Sollte dies der Fall sein, so beabsichtigte man offensichtlich, meinen Vater einer Prüfung zu unterziehen, die über die von ihm beantragte Einberufung zur Wehrmacht entscheiden sollte. Um diese Prüfung zu bestehen, hätte mein Vater sich als loyaler Staatsbürger zu erweisen, dessen Pflicht es wäre, den Empfang des „verräterischen" Briefes umgehend anzuzeigen. Wenn er dies unterließe, hätte er sich als Mitwisser staatsfeindlicher Umtriebe zu verantworten. Wenn nun aber andererseits Habicht wirklich nichts anderes war als ein politisch verfolgter Gesinnungsgenosse meines Vaters, der sich in Not und Verzweiflung auf diese gewiß naive und unvorsichtige Weise vertrauensvoll an ihn gewandt hatte? War es da nicht seine menschliche, seine christliche Pflicht, dem Unglücklichen zu helfen, ihn irgendwo zu verbergen, mit dem Dringendsten zu versorgen oder zumindest ihn zu warnen? Mein Vater geriet in völlige Verwirrung. Er eilte nach dem nahen Gradisch und beriet sich mit seinem Schwager Tono Goeß und seinem Vetter Luigi Lodron aus Himmelberg. Diese beiden, stets getreue Österreicher, die ihre mutige Gesinnung bald darauf durch qualvolle Jahre im Konzentrationslager von Dachau unter Beweis stellen sollten, besprachen sich stundenlang mit ihm. Dann bezogen sie eindeutig Stellung. Sie rieten meinem Vater, den Empfang des Briefes sofort bei der Geheimen Staatspolizei zur Anzeige zu bringen. Sie waren überzeugt, daß das Schreiben und der angekündigte Besuch meinen Vater provozieren sollten und belegten dies durch etliche ähnliche, sattsam bekannte Fälle. Es war ein beliebtes Spiel der Gestapo, Gegner des Regimes in Gewissenskonflikte zu bringen, in denen sie sich selbst verrieten. Man scheute nicht einmal davor zurück, als Priester verkleidete Spitzel in die Beichtstühle der Kirchen zu setzen, um Beichtende zu provozieren. Der Fall meines Vaters schien genau zu diesen Methoden zu gehören. Mein Vater kämpfte alle seine Zweifel nieder und fuhr, gestärkt durch die eingeholten Ratschläge und die Zusprüche meiner Mutter, nach Klagenfurt und begab sich in die Höhle des Löwen. Er legte den sich wohlwollend gebenden Beamten den Brief vor und erhielt von ihnen die Weisung, Habicht zur angegebenen Stunde zu erwarten. Die Beamten selbst würden entsprechend früher eintreffen, um die nähere Vorgangsweise zu besprechen. Als mein Vater kurz darauf zurückkehrte, war er verzweifelt. Wer immer ihn gekannt hat, wird das verstehen. Selbst die geringste Möglichkeit, mit seiner Anzeige einen Unschuldigen ins Unglück gebracht zu haben, lastete schwer auf seinem Gewissen. Aber der Stein war ins Rollen gebracht, nichts konnte ihn mehr aufhalten. Am Tage des angekündigten Besuches erschienen die beiden Beamten der Geheimen Staatspolizei rechtzeitig, um die Begegnung zu inszenieren. Mein Vater sollte Habicht empfangen und ihn zum Gespräche an den großen Eßtisch führen. Dort sollte er, sich schwerhörig stellend, den Besucher veranlassen, sich laut und vernehmlich zu äußern, damit den hinter den Türen lauschenden Beamten nichts entgehe. Ich, der als einziger der Familie Herrn Habicht gesehen hatte, sollte ihn bei der Haltestelle des Postautobusses erwarten. Er traf pünktlich ein, und ich begleitete ihn, den abendlich dunklen Weg durch die Allee mit einer Lampe erleuchtend, zum Schlosse. Schwer trug ich an der Versuchung, dem Besucher zu sagen, wer ihn oben erwartete und ihn zurückzuhalten von seinem Weg ins Verderben. In diesem Augenblicke war ich von seiner Unschuld überzeugt und ich wußte, daß es meinem Vater nicht anders erging. Dennoch widerstand ich und führte das Opfer zur Schlachtbank, wie es mir aufgetragen worden war. Mein Vater erwartete uns an der Haustüre. Habicht stellte sich vor: „Haberl". Auf die erstaunte Frage meines Vaters erklärte er, seinen Namen im Briefe aus Gründen der Vorsicht anders angegeben zu haben. Da begann ich an seiner Unschuld zu zweifeln. Der Spitzel hatte seine Rolle schlecht gelernt. Mein Vater zog seinen Besucher an den großen Eßtisch und begann das Gespräch. Ich ging in den Salon zu meiner Mutter, die dort saß und weinte. Wir konnten Teile der Debatte hören. Sie zog sich endlos hin. Wir merkten, daß mein Vater, um Unverfänglichkeit bemüht, auf deutliche Anspielungen seines Besuches nicht reagierte. Für die lauschenden Beamten mochte es dem Gespräche an Ergiebigkeit mangeln, denn eine ganze qualvolle Stunde ließen sie verstreichen, ehe sie eingriffen. Endlich war es soweit. Sie rissen die Türe auf, stürzten herein und erklärten den Besucher für verhaftet. Dieser zeigte keinerlei Anzeichen des Erschreckens und ließ sich wortlos abführen. Als mein Vater die Türe öffnete, sagte er zu dem Festgenommenen: „Verzeihen Sie mir, es tut mir unendlich leid". Die drei verschwanden in der Nacht. Mein Vater betrat den Salon und brach in einem Sessel zusammen. Er verfiel in eine tiefe Verstörtheit, die ihn durch Wochen gefangen hielt. Wortlos saß er auf immer demselben Sessel und starrte gegen die Wand. Er blieb unansprechbar für uns, unzugänglich allen vorgebrachten Überlegungen und versuchten Beweisführungen, die ihn von seinem Schuldgefühl befreien sollten. Mein armer, fröhlicher, humorvoller Vater hat in diesen Wochen Furchtbares durchgemacht. Er stöhnte unter den Qualen seines Gewissens und bezichtigte sich immer erbarmungsloser des Verrates und der Vernichtung eines Unschuldigen. Er weigerte sich zu essen, und sein Gemüt verdüsterte sich besorgniserregend. Es wollte uns nicht gelingen, ihn aus diesem Zustand zu befreien.

Etwa vier Wochen nach Habichts Verhaftung ging ich nach der Schule zur Mittagszeit durch eine lange einsame Straße in Klagenfurt. Ein Mann kam mir entgegen, erblickte mich, wandte sich ab und eilte an mir vorüber. Ich erkannte ihn genau und ich kann es beschwören, es war Habicht. Nie zuvor habe ich den Weg nach Hause und die hundert

Stufen zu unserer Wohnung schneller geschafft. Ich stürzte in den Salon und rüttelte an den Schultern meines Vaters, der versunken in seinem Sessel saß. „Ich habe den Habicht gesehen, er lebt, er ist frei, er ist ein Spitzel, das ist der Beweis!" Zuerst winkte mein Vater müde ab. Ich wiederholte meine Beteuerungen oft und oft. Immer wieder beschrieb ich die Begegnung, immer wieder beschwor ich ihn, mir zu glauben. Ganz langsam und unmerklich hob sich seine Verdüsterung, und erst nach Tagen fand er zu seinem alten Wesen zurück. Nach sehr kurzer Zeit erhielt er seine Einberufung als Offizier der deutschen Wehrmacht. Seine Dienststelle lag in Osttirol; so mußte er zum ersten Male sein Haus und die Seinen für lange Zeit verlassen.

Aber auch der Rest der Familie blieb nicht lange zusammen. Mein älterer Bruder Fritz begann sein Studium in Wien und wurde ein halbes Jahr später Soldat. Knapp vor ihm erhielt ich meine Einberufung nach Weimar in Thüringen.

In der letzten Nacht vor meiner Abreise lag ich lange wach. Altgewohnte Geräusche drangen an mein Ohr. Im Eßzimmer draußen klirrte es leise, als meine Mutter den Tisch für das Frühstück deckte. Das letzte Frühstück zu Hause, dachte ich, und mein Herz wurde mir schwer. Mein Bruder, mit dem ich das Zimmer teilte, sprach ein paar Worte im Schlaf, die ich nicht verstand. Dann war nur sein regelmäßiger Atem zu hören. Vor den Fenstern stand hell die Sommernacht. Tief unter uns, an den Ufern der Teiche, gaben die Frösche ein Doppelkonzert. Ein paar Solisten begannen, dann fiel der Chor ein, schwoll an, hielt lange seinen Ton, dann ebbte er ab und schwieg. Sofort ertönte der Gegenchor. Solisten, crescendo, lang anhaltendes forte, abschwellendes piano, silenzio. Da capo und wieder da capo. Zuletzt rief das Käuzchen ein paar Mal seinen lockenden Ruf kiwitt, kiwitt und dann war Stille, und ich schlief.

Der älteste Bruder des Verfassers, Fritz, fiel zwei Jahre später in Rußland. Seine Mutter starb vierundsiebzigjährig nach siebenundvierzig Jahren einer überaus glücklichen Ehe. Sein Vater zog sich als Witwer in das Stift Heiligenkreuz zurück und fand dort in der Geborgenheit des Klosters eine neue Heimstatt, in der Familie der Mönche eine liebevolle Gemeinschaft und in seiner Mitarbeit an der Stiftsbibliothek eine letzte sinnvolle Aufgabe. Dort starb er im Alter von fünfundachtzig Jahren.

Sein Bruder, Alexander, ist mit Sophie Gräfin Starhemberg verheiratet. Der Ehe entsprossen fünf Kinder und bisher fünf männliche Enkel.

Der Verfasser selbst kehrte nach einem zweijährigen Kriegsdienst an den Fronten in Rußland und Nordafrika und nach mehr als drei Jahren Kriegsgefangenschaft in verschiedenen Lagern Nordafrikas, Nordamerikas und Frankreichs 1946 in die Heimat zurück. Österreich war wiederum ein souveräner Staat, wenn auch aufgeteilt in vier Besatzungszonen der Siegermächte und aus tausend Wunden blutend.

Wie viele Hunderttausende in diesem Lande mußte auch der Verfasser ganz von unten beginnen, um sich eine neue Existenzgrundlage zu schaffen. Er bewarb sich als Verlagslehrling in einem renommierten steirischen Buchverlag und startete seine Berufslaufbahn mit einem Monatsgehalt von dreißig Schilling. Nach sechsjähriger Tätigkeit in diesem Verlagshaus erwarb er sich wertvolle Kenntnisse als Sekretär eines der führenden Industriellen des Landes, die ihn nach weiteren sechs Jahren zur Übernahme verantwortungsvoller Aufgaben im Management mehrerer Unternehmen eines bedeutenden steirischen Industriekonzernes befähigten. In dieser sehr vielfältigen Tätigkeit verblieb er bis in sein Pensionsalter.

Seit 1948 ist er mit seiner Kusine dritten Grades, Therese Gräfin von Attems-Heiligenkreuz, verehelicht, Erbin und heute Besitzerin der Herrschaft Oberkindberg und des Palais am Bischofplatz zu Graz, die schon Heimstätten seiner Großmutter gewesen waren. Die drei aus dieser Ehe stammenden Töchter haben ihn und seine Frau bisher zu neunfachen Großeltern gemacht.

GLOSSAR

Deszendenz	lat. Nachkommenschaft
Aszendenten	lat. Vorfahren
„Mater semper certa, pater saepe incertus"	lat. „Die (Feststellung der) Mutter ist stets sicher, (des) Vater(s) oft unsicher".
Majoratsherren	Erstgeborene Söhne, denen nach Erbfolgerecht der Besitz des Majoratsgutes zusteht.
„Magna mater Austriae"	lat. „Große Mutter Österreichs", Ehrentitel für die Muttergottes von Mariazell
„homme d'affaires"	frz. wörtl. „Mann für (geschäftliche) Angelegenheiten"
Fideikommiß	lat. unveräußerlicher, nur im Mannesstamme vererbbarer Besitz.
Collet	frz. der kurze Waffenrock des Kavalleristen
„Comme il faut"	frz. „wie es sich gehört"
Schönerianer	Anhänger des deutschnationalen österr. Politikers Georg Ritter v. Schönerer 1842–1921
Sub auspiciis Majestatis	lat. Unter Beobachtung durch den Kaiser
Mariage blanche	frz. Ehe ohne Vollzug
Kürchenraittungen	Kirchenrechnungen
Illyrien	Das nordöstl. adriatische Küstenland mit Laibach als Hauptstadt, 1815 von Frankreich an Österreich zurückgegeben.
„Merci, assez!"	frz. Danke, genug!
„Mon Dieu, qu'elle est belle!"	frz. „Mein Gott, wie schön sie ist!"
Polyhymnia	Muse der ernsten Musik
Thalia	Muse der heiteren Dichtkunst
Terpsychore	Muse der Tanzkunst
chapitral(e)	frz. hier: Den Abstammungsbedingungen des Kapitels des hochadeligen Damenstiftes (zu Prag) entsprechend.
Pawlatschen	österr. offener Gang meist an hofseitigen Fassaden.
„Contra torrentem"	lat. „Gegen den Strom".
„Per ommnia saecula saeculorum"	lat. „Von Ewigkeit zu Ewigkeit"
Entourage	frz. Einfassung, Umgebung
Persiflage	frz. Feiner, versteckter Spott
„paying guests"	engl. zahlende Gäste, Mieter mit Familienanschluß
„Omnia ad majorem Dei gloriam"	lat. „Alles zur höheren Ehre Gottes"
2. Vaticanum	2. Vatikanisches Konzil unter Johannes XXIII. u. Paul VI.
Collier de chien	frz. wörtl. „Hundehalsband", Bezeichnung für ein breites, die Halsfalten bedeckendes Schmuckband.
Gestapo	Geheime Staatspolizei im 3. Reich
Agent provocateur	frz. „Lockspitzel" der Polizei

Carl Graf von Goëss
Caroline Gräfin v. Kazianer
Leopold Gr. Welsersheimb
Antonia Gr. Szapary
Joh. Peter Gr. v. Goëss
Maria Gr. v. Welsersheimb
Leopold Gr. v. Goëss
Marie Gabri